本书属于2017—2018年度教育部国别与区域研究课题
"丹麦廉政建设及其对中国的启示"的研究成果

丹麦廉政建设

CLEAN-GOVERNMENT BUILDING IN DENMARK

张喜华　马　驰 ◎ 编著

上海社会科学院出版社
SHANGHAI ACADEMY OF SOCIAL SCIENCES PRESS

前言：幸福和清廉的丹麦

丹麦，一个小而强的国家，拥有500多万人口，占地4万多平方千米。这个遥远的国度，靠近北极，气候并不十分理想，自然资源也较贫乏；这个童话的国度，以安徒生、卖火柴的小女孩和美人鱼而著称；这个小巧的国度，以农业、海运和设计而闻名于世。

美国密歇根大学发起的"世界价值观调查"结果显示，在过去20年间，世界上"最幸福"的人都是斯堪的纳维亚半岛居民，其中丹麦人尤为突出。丹麦多次被联合国可持续发展解决方案网络（SDSN）发布的《全球幸福指数报告》确认为全球最幸福的国家。在2012年联合国发布的首份《全球幸福指数报告》中，丹麦被综合评估为全球最幸福的国家。丹麦哥本哈根机场的巨幅欢迎词即为"欢迎来到世界上最幸福的国家！"（Welcome to the world's happiest nation!）。丹麦的幸福源于他们追求极简主义的生活方式；源于他们的高收入和高福利；免费医疗、免费教育和长效廉租住房使得丹麦民众没有生活上的后顾之忧。丹麦的幸福还源于这个国家的清廉。在"透明国际"2013年12月3日公布的《2013年度全球腐败指数报告》中，丹麦与新西兰并列第一名，这并不是丹麦第一次荣登清廉指数排行榜的榜首。[全球清廉指数排行榜是由监视世界各国腐败行为的非政府组织"透明国际"发布的，"腐败指数"又译为"清廉指数"（英文名CPI）。这个排行榜自1995年起每年发布一次。]

2013年全球清廉指数排行榜（共177国家和地区）前10名：

排序	国家	2013年得分	2012年得分
1	丹麦	91	90
1	新西兰	91	90
3	芬兰	89	90
3	瑞典	89	88

续表

排序	国家	2013年得分	2012年得分
5	挪威	86	85
5	新加坡	86	87
7	瑞士	85	86
8	荷兰	83	84
9	澳大利亚	81	85
9	加拿大	81	84

丹麦前任驻华大使裴德盛（Friis Arne Petersen）先生在接受采访时说："在丹麦，对腐败的零容忍扎根于国民心中。"他认为丹麦能获得世界清廉国家称号的原因是多方面的。丹麦拥有一个建立在严格法律法规上的运作良好的司法体系。自1955年起，议会设立监察官（Ombudsmand，本人不得为议员），负责审理公众对中央和地方政府公职人员的投诉，也可自主决定展开调查，提出批评或处理建议。此外，丹麦的媒体有很强的监督力，媒体会对公共部门进行监督，并且对公务员的支出进行监督，舆论监督很有效，他们形成的媒介舆论对防止官员腐败起着重要作用。丹麦的福利模式为公民提供了公平的社会产品分配和相对平均的收入，社会贫富差距不大。根据基尼系数，丹麦是世界上贫富分化最小的国家。在这样的环境下，民众就会产生一种普遍的意识——腐败和欺骗是不能被接受的，贪污腐败很难滋生。

丹麦学者认为丹麦在廉政建设方面不是"反腐"，而是"防腐"。民众认为清廉是正常的政治和社会现象，不足为奇。为此，丹麦社会各行各业有一整套预防腐败的机制措施，特别是有系统的防腐教育措施，国民从小就懂得了什么事情可为，什么事情不可为。

丹麦廉政建设经历了300多年的历程，其中许多的政策、举措和设计，都有着自身的发展特点，其政治语境、社会语境和历史语境起着决定作用。要真正比较全面地理解丹麦清廉与幸福的根源，还需要多视角去细读其政策文件，多方位去参考丹麦人自己从内部的解读。

有鉴于此，北京第二外国语学院丹麦研究中心、上海社会科学院思想文化研究中心和丹麦哥本哈根大学就丹麦廉政建设问题展开了合作研究。北京第二外国语学院丹麦研究中心发挥优势，通过与丹麦哥本哈根大学合作，搜集、翻译了大量丹麦各个行业、部门预防腐败与廉政建设的政策法规。上海社会科学院思想文化研究中心对这些文献开展了相关研究。在此基础上，上海市政协社会法制委员会、北京第二外国语学院丹麦研究中心、上海社会科学院思想文化研究中心和丹麦哥本哈根大学于 2015 年月 10 月在上海社会科学院召开了"丹麦廉政建设对我们的启示"国际研讨会。基于研究和会议讨论内容，整理出本研究成果。本书结构为上、中、下三篇。上篇主要为丹麦廉政建设的政策、法规和举措的译介；中篇为丹麦学者对丹麦廉政建设的解读与阐释；下篇重点为中国学者对中国和丹麦廉政建设的对比和思考。

本书的出版得益于多方的支持和帮助。中国人民政治协商会议上海市委员会对会议予以了全面支持，时任上海市政协副主席周太彤先生莅临会议，发表了热情洋溢的致辞。北京第二外国语学院、上海社会科学院和丹麦哥本哈根大学对会议予以了指导和帮助，上海社会科学院党委书记于信汇教授莅临会议并予以指导致辞。我们要特别感谢哥本哈根大学跨文化系 Denise Gimpel 教授，她多年来奔走于中丹两国之间，无私奉献，为两国学者之间的交流与研究牵线搭桥，她的真诚与奉献令人感动。2015 年 10 月会议上，上海市政协向 Gimpel 教授颁发了上海市公共外交协会文化交流特约研究员的聘书，她是中丹友谊的践行者，是真正的民间文化大使。哥本哈根大学的 Ingolf Thusen 教授和 Marie Roesgaard 教授多年来致力于中丹学术交流，为中丹合作研究和人才培养尽心尽力。本研究集结了国内外学者的智慧和心血，特此一并感谢！

由于编者水平有限，本书只是对于中丹廉政建设的一些局部探究，谈不上系统和全面，很多问题在后续研究中有待进一步深化。本研究基于中国语境，旨在思考本土问题，探讨可资借鉴的对策和建议，有不妥之处还望同行专家批评指教。

编者

2017 年 12 月

目　录

前言：幸福和清廉的丹麦 ………………………………………… 001

上篇：丹麦相关廉政政策与举措

丹麦议会监察专员与《监察专员法》……………………………… 003
丹麦外交部国际开发署的反腐行为准则 ………………………… 009
丹麦计划生育协会反腐政策 ……………………………………… 016
丹麦贸易委员会反腐败政策 ……………………………………… 021
丹麦反腐政策——丹麦外交部 …………………………………… 030
《公共部门行为准则》概要版 …………………………………… 035
怎样预防腐败 ……………………………………………………… 040
丹麦国家廉政体系评估 …………………………………………… 051
丹麦向欧盟提交的反腐报告 ……………………………………… 058
联合国反腐公约 …………………………………………………… 068

中篇：丹麦学者对丹麦廉政建设的研究与思考

丹麦教育制度以及教育行业中的反腐败 ………… 梁　滔　整理　105
丹麦高校如何在管理中避免腐败指控 …………… Ingolf Thuesen　112
丹麦高等教育中的考试与学生权利 ……… Marie Højlund Roesgaard　122
腐败与不道德行为：关于丹麦反腐败准则的报告 …… A. Lindgreen　133
丹麦是如何成为丹麦的？ ………………………… Mette Frisk Jensen　146

下篇：中国学者对丹麦廉政建设的思考

丹麦商业反腐经验对我国的启示	李雨洋	153
从丹麦"零腐败"经验试析中国高等教育腐败的影响因素	王同彤	163
丹麦的监察专员制度对我国廉政工作的启示	张腾腾	178
探索自上而下与自下而上结合的反腐模式——丹麦工业联合会反腐行动给我们的启示	张 文	186
丹麦国家廉政体系建设及其对中国的启示	胡 俊	194
丹麦反腐败体系、政策和行为准则对中国的启示	赵红军 杜其航 胡 敏	203
中丹反腐建设的历史传承	邱文平	216
丹麦制度建设对我国反腐工作的启迪	马 驰	227
丹麦何以成为清廉国家	张喜华	236

上 篇

丹麦相关廉政政策与举措

丹麦议会监察专员与《监察专员法》

丹麦议会监察专员必须法律专业毕业，由丹麦议会选举产生，以调查针对公职部门的投诉。监察专员可以提出批评意见，并建议公职部门重新审理案件，或改变其决定，但监察专员本人不能做出决定。监察专员可以考虑法律问题，但不包括需要其他专业知识的事宜。近年来，监察专员每年收到来自公民的 4000 至 5000 起投诉，投诉公职部门的各种错误。监察专员也可以主动处理案件，例如调查监察媒体关注的问题。监察专员检查司每年都会走访大量公共机构，例如监狱、精神病院和社会护理院。监察专员儿童司走访儿童机构，并处理来自儿童和成人对儿童情况的投诉。议会监察专员雇用约 100 名工作人员。

谁可以向监察专员投诉呢？如果有人认为公共公职部门在办理他们的案件中犯了错误，可以向丹麦议会监察专员投诉。丹麦议会任命监察专员审议此类案件。他的任务是监督所有公职部门，包括国家、地区、地方公职部门和其他公共机构，但不包括对法院或议会的投诉。监察专员不受理对私营机构的投诉。任何人都可以投诉，投诉是免费的，但要具备几个条件：如果代表他人投诉，需要附上委托人授权书。投诉信没有特殊格式要求，不要求使用特定的法律术语，只要能说明所投诉的部门和原因即可，但无论是什么形式，都要署上真实地址和姓名，要附上公职部门已经形成的决定和其他重要证明，如来自相关部门的信件、答复或声明等。投诉有效期必须在公职部门决定之日起一年之内。很多情下，投诉信会送往被投诉部门，除此之外，监察专员必须遵守保密原则。

人们可以从投诉中获得什么呢？如果监察专员认为公职部门对案件做出了错误决定，他可以批评公职部门，并建议公职部门重新考虑案件，重新裁定。但是监察专员本人不能对案件做出新决定。只有公职部门才能这样做。因此，监察专员的任务是向公职部门解释和说明他们犯下的错误。监察专员不能审判公职部门或采取任何形式的制裁。

监察专员会考虑所有投诉案件吗？监察专员没有义务考虑所有投诉，但他会仔细评估他是否应该处理你的案件。如果人们能向其他行政部门投诉，则应该首先向行政部门投诉。如果还有疑问，可以联系案件处理的公职部门，或询问监察专员。如果投诉内容包含公职部门以前未曾考虑过的问题，监察专员则会将投诉发送给公职部门，并要求其予以答复。

丹麦《监察专员法》是丹麦监察专员任职、解聘和履职的基本依据。以下为条款具体内容。

第一条 监察专员的选举与解雇等

1.（1）每次大选后，当监察专员出现空缺时，丹麦议会应选举一名监察专员。

（2）监察专员的任期不能超过10年。

（3）在大选或监察专员任期届满后，监察专员将继续任职，直到议会选举新的监察专员开始任职。议会应在大选或监察专员任期届满后6个月内选举出监察专员。

（4）如果监察专员死亡，议会法律事务委员会应决定由谁执行监察专员的职能，直到议会选举出新的监察专员。

2.（1）监察专员不得是议会、市委或区委成员。

（2）监察专员应为法律专业毕业生。

3. 如果监察专员不再享有议会的信任，议会可以解雇他。

4.（1）监察专员可以提早六个月提出辞职，到月底起生效。

（2）监察专员须在其年满70岁的月底退休。

5.（1）议会决定监察专员的薪金。根据《部长薪酬和养恤金法案》第3~5节的相应规定，监察专员有权享受补助和养恤金。

（2）监察专员也可以不领取根据《部长薪酬和养恤金法案》发放的补助，而按照为议会公务员规定领取养恤金，参照《公务员养恤金法案》第一节第2条规定计算补助和养恤金，以便将监察专员的任期包括在可享受养恤金的总期限内。

6.（1）如监察专员不得不在没有通知的情况下退休，则须保留其自退休之月底后三个月的薪金。如果监察专员在任期未满之前去世，则在其去世时尚未支付的任何薪金，须支付给其配偶；如没有配偶，则须支付给有权领取子女抚恤金的子女。

（2）领取工资期间内，不予支付补助或养恤金。

第二条 监察专员权限

7.（1）监察专员监察公职部门的各个领域。如果私营机构中有根据公职部门的决定、建议、同意或批准的剥夺人们自由的情况，监察专员监察有权监察。

此外，监察专员有权监察与儿童事务直接相关的私营机构中的儿童情况。

（2）监察专员不得插手法院。

（3）如果理事会以令人满意的方式就私营方之间的争议做出决定，哪怕理事会在其他情况下属于公职部门的一部分。监察专员不得受理对理事会提出的投诉。

（4）如果公司、机构、协会等在法律上或行政上完全或部分遵守适用于公职部门的规则和原则，监察专员可以决定其对这些机构的监察程度。

8. 在评估城镇和区域时，监察专员应考虑到其公职部门运行的特殊条件。

9. 监察专员的权限应延伸至国家教会，直接或间接涉及教会的宗旨或教义的事项除外。

第三条　与议会的关系

10. 监察专员在履行职责时应独立于丹麦议会。议会应制定监察专员活动的总体规则。

11.（1）监察专员应向丹麦议会提交其年度工作报告，本报告应予公开。

（2）如果监察专员向议会、部长、市委或区委员会发出案件通知，参见第24条，或如果他在年度报告中涉及某个案件，通知或报告应说明相关部门或个人受控的内容。

12. 如果监察专员在处理特定案件时，注意到现有法律或行政法规中有任何缺陷，他应通知议会及其负责部长。如果市委或区委制定的附则有缺陷，监察专员应通知有关市政或区委。在监察活动过程中，监察专员应监测现行立法或行政条例是否符合丹麦确保儿童权利的国际义务，包括联合国"儿童权利公约"。如果监察专员意识到有缺陷存在，他应通知民政部及其有关部长。若市政府或地区规定的法规有缺陷，他应通知其市委或区委。

第四条　提出投诉

13.（1）任何人均可向监察专员提出投诉公职部门。任何被剥夺人身自由的人均有权向监察专员发送密封信函进行投诉。

（2）投诉人应说明其姓名。

（3）投诉须在不满事件发生后十二个月内提出。

（4）在特殊情况下，监察专员可延长本节第（3）款规定的期限。

14. 对于可能向其他公职部门提出上诉的事项，直到该公职部门就此事作出决定之前，不得向监察专员提出投诉。

15. 关于通过刑事司法以外的任何程序处理被剥夺自由者的待遇的投诉，应根据"章程"第71（7）条提交检查委员会。检查委员会可以寻求监察专员的协助,考虑这些投诉是否指向属于其职权范围内的任何人。

16.（1）监察专员应确定投诉是否提供了充分的调查理由。

（2）如果投诉不给监察专员提供批评、建议等的机会,案件可能得不到处理,监察专员不会提交给有关公职部门做出声明,参照 第20(1)条。

第五条　自主调查和监察

17.（1）监察专员可自行主动开展调查。

（2）监察专员可就公职部门的案件处理进行一般调查。

18. 监察专员可以监察属于监察专员管辖范围内的任何机构、公司和任何就业场所。除了根据第21节进行评估,并根据普遍的人性和人道主义考虑外,监察专员还可以调查评估有关机构与部门的组织和运作事宜,以及这些机构与部门对用户的态度与活动事宜。

第六条　案件调查

19.（1）属于监察专员权限范围内的公职部门有责任向监察专员提供他所要求的资料及文件等。

（2）监察专员可要求属于其权限范围内的公职部门的书面陈述。

（3）监察专员可传召他人在法庭上就任何对其调查的重要事宜提供证据。该程序受"司法管理法"第68章规定的保护。

（4）监察专员可监察任何就业场所,提出的要求必须无条件允许。

（5）如认为有必要,监察专员可以随时在没有法院命令和适当的身份证明的情况下,遇到剥夺人身自由的案件,监察私人机构(参照第7(1)(ii)条)以及监察与儿童相关事务的私人机构等。如有需要,警方会协助进行检查

20.（1）有关公职部门或有关人士有机会做出陈述之前,监察专员不得表示批评或提出建议等。

（2）监察专员可以拟定预备性的陈述、解释、报告或信件提交给有关部门,但在最终申明、解释或报告提交给公职部门前,不得批露公职部门对这些案件的答复。

第七条　评估与反应

21. 监察专员应评估属于其权限范围内的公职部门或个人是否违反现行立法,或在履职时犯下错误或纰漏。此外,第18条的规定适用于监察专员的监察活动。

22. 监察专员可以表示批评,提出建议或以其他方式陈述他对案件的看法。

23. 监察专员可建议为投诉人在属于其权限范围内的任何事项提供免费法律援助。

24. 如果监察专员通过对案件的调查，发现公职部门可能有重大错误或遗漏，他应将此事件报告给议会的法律事务委员会。监察专员还应向有关部长、市议会或区委报告此事。

25. 由于监察专员的决定、声明等而对其采取民事诉讼程序时，对监察专员采取的行动可能会因监察专员的反对而被驳回。

第八条　员工、组织、行为能力等

26. 监察专员应聘请和解雇自己的工作人员。其工作人员的人数、薪金和养恤金应根据"议会程序规则"确定。对监察专员办公室的支出应记入议会预算之中。

27. 监察专员可指定其一名工作人员暂时履行其职能。

28. 监察专员在履职时应遵守保密原则。监察专员的工作人员应同样遵守保密原则。

29.（1）如果案件涉及可能引起对监察专员公正性的怀疑的情况，他应将此事告知议会法律事务委员会。委员会应决定由谁来履行监察专员的职能。

（2）除非获得议会法律事务委员会的同意，监察专员不得在公营或私营公司、企业或机构任职。

30. 不得使用可能与监察专员称谓相混淆的任何其他称谓，除非经议会通过的法案授权。

31. 本法不适用于法罗群岛和格陵兰岛，但可基于法罗群岛和格陵兰的特殊情况根据皇家法令做出的修改，生效实施。

本法于1997年1月1日生效。同时，原有的《监察专员法令》现予废除。1986年9月17日第642号综合法，1962年2月9日第48号行政规章中关于监察专员的实践指导，以及《司法行政法》第779条，1992年11月10日第905号综合法，1996年4月24日第291号法令第4节，2005年6月24日的第556号法案，2009年6月12日的第502号综合法案，2012年6月18日第568号综合法案，2013年3月22日的第349号法案都对1996年6月12日的关于监察专员的第473号法案进行了补充和强化。

监察专员制度在北欧国家常见，瑞典监察专员制度在北欧具有最悠久的历史，丹麦监察专员模式虽然不是世界上最古老的，但是从20世纪60时代起，世界其他地方都在不断效仿。丹麦和挪威的监察专员制度和传统几乎相同。瑞典和芬兰监察专员制度相近。瑞典和芬兰的监察专员制度与丹麦和挪威的有所不同，不同点如下：

1. 瑞典和芬兰拥有一个以上的监察专员，丹麦只有一位。

2. 瑞典和芬兰着重于官员的个人责任和错误等,挪威和丹麦的传统是关注公职部门的责任和过失。

3. 瑞典和芬兰监察专员的监察内容几乎完全集中在程序要求和公民安全保障方面,通常不调查,不表达对重大法律问题的意见(例如,公民是否有权根据法律的相关规定获得许可证等)。瑞典和芬兰拥有行政法庭,为处理公民的具体民事事务提供了便利。

丹麦外交部国际开发署的反腐行为准则

2004 年 9 月 10 日

准则指南

1 简介

丹麦外交部国际开发署反腐行为准则旨在确保个人和组织的行为规范和职业道德诚信高标准,其目标群体是丹麦外交部国际开发署的所有员工,包括当地雇员和顾问。

行为准则并不是丹麦外交部国际开发署唯一旨在确保个人和组织诚信高标准的文件。其他规范性、战略性文件包括:

指导公务员行为一般文件:
- 关于雇佣关系的一般法律、法规、惯例和规定;
- 指导丹麦政府官员行为的一般法律、法规和惯例。

("公务员法""公法""公共管理""监察员准则"等)

指导丹麦外交部(丹麦外交部内部)员工行为一般文件:
- "丹麦外交部的使命、愿景和价值观";
- 丹麦外交部的指示(外交部说明);
- 2004 丹麦外交部提高效率的策略(有效策略);
- "公共管理主管取消资格的通知规则"。

丹麦外交部国际开发署援助管理的技术准则:
- 规定计划、采购、财务管理等专业行为和程序的丹麦外交部国际开发署 AMG 文件。

多数文件为政府官员行为设定具体和正式规则。但是,在现代公共管理中,尤其在丹麦外交部国际开发署的复杂环境下，这些规则并不足以指导行为。需要明确的道德规范和价值观对正式制度进行补充，从而指导丹麦外交部国际开发署员工的工作。与丹麦外交部整体的使命、愿景和价值观相一致，该行为准则致力于为丹麦外交部国际开发署员工制定以道德和价值观为基础的工作准则。

为了扩大对准则的了解及其实际影响范围，该指南将运用实用性定义并辅以案例对所有原则进行详细解释说明。

行为准则和指南既不可能也不旨在包含和解决每一个丹麦外交部国际开发署员工面临的道德问题。它也不能替代准确判断。它只作为期望和实际操作之间的一个桥梁。违背准则可能会影响如下方面：
- 在丹麦外交部的职业发展或雇佣情况；
- 在未来不允许参加丹麦外交部国际开发署的活动，或者在一段时间内或永久不能获得丹麦外交部国际开发署的雇佣合同；
- 扣留或者取消援助。

尽管行为准则存在，但是在实际操作中经常出现道德灰色地带，从而对准则的合理性提出质疑。但愿该准则及其指南可以减少灰色地带，但是一旦存在质疑，应及时与上级进行讨论。

应强调，该准则尤其是指南及实施机制皆为动态文件，随时间变化而不断更新。新的困境、冲突和灰色地带将会出现，甚至价值观和道德观也会跟随时间而变化。以自身生活经验为蓝本，我们鼓励您积极参与这种更新。

2 原则

在这部分中，指南将对十例原则分别进行详细解释说明。

2.1 利益冲突

我们将避免个人和丹麦外交部国际开发署的一切冲突——事实的或者潜在的。冲突一旦发生，我们将及时报告。

利益冲突发生的一种情况是丹麦外交部国际开发署雇员的个人利益将影响或者可能影响公务公正、客观的运行。

个人利益包括给予自身或者家庭、亲属、朋友，或者与自身拥有业务或政治关系的个人或组织的任何好处。

以下事例需要特别注意，从而避免利益冲突的发生：
- 政治活动：办公范围外的政治活动或者其他活动应当依据法律规定和行

政政策,在公正性执行中不得做出损害公信力的行为。
- 外部就业或活动:不应从事外部就业或活动,包括与前任雇主或者未来雇主打交道,以及参与与工作职责或丹麦外交部国际开发署职责相冲突的就业活动。
- 个人或财务联系:如与丹麦外交部国际开发署伙伴或者雇员有任何个人的或家庭的财务或其他自然联系,并且该联系影响决策目标或者工作内部事宜,应该告知上级部门,对进一步行动作出联合决策。例如,当代表丹麦外交部国际开发署与亲友或者与亲友所在公司签订合同或订单时,工作目标随即受到威胁。另一个例子是与自身关系密切或者相关的个人的就业事宜。与其相联系的人员包括:未婚夫/妻、配偶、同居者、亲友以及与姻亲关系相关联的人,亲戚、亲戚的子女、亲戚的配偶、同居者、配偶或同居者的亲戚、父母的亲戚、养父母和养子。

丹麦外交部国际开发署各代表主管负责监测潜在的利益冲突,包括与在职员工和当地员工关系密切的经济利益,参见丹麦外交部指示第一卷第C章第二部分。此外,还提及了丹麦外交部秘书长1998年4月1日就有关丹麦公共管理法案规定的通知照会。

避免利益冲突是每个人的责任,无论是真实的、潜在的或是明显的冲突。由于通常当事人是唯一知道是否存在利益冲突的个人,因此建议:
- 警惕任何实际的或者潜在的利益冲突;
- 采取措施避免此类冲突的发生;
- 当冲突可能影响职责行使的公正性或者令你警觉时,向上级报告这类冲突;
- 遵守任何最终决定,取消或者放弃导致冲突发生的情况。

2.2 政治地位和政治资源的滥用

不得出于私人目的利用政治地位或者提供好处试图影响任何个体。同样,不得出于私人目的利用公共财产、设施、服务以及财政资源,除非法律许可。

原则表明不得利用个人职务谋取个人、家庭或者经济利益。因此,不得从事与职责或已免除的职责不相符的任何交易、任何职务或职能或者任何经济、商业或其他类似利益。

2.3 遵守法律

遵守工作国家的法律。
一些丹麦外交部国际开发署合作国家的当地法律可能与丹麦法律截然不

同,可能经常与个人信念和丹麦政策相抵触。在职员工治外法权原则中包含维也纳公约的外交特权以及豁免权。但是,公约要求遵守当地法律以使用特权和豁免权。因此,应当避免可能被视为滥用外交特权和豁免权的行为的发生。这意味须支付停车和超速行驶的罚单,并履行个人法律义务。此外,应当避免违背地方法律的个人行动或行为的发生。但是,这并非指不能参与当地官员的重要对话,对话是丹麦官方政策与发展原则和惯例的组成部分。

虽然丹麦法律对此没有明文规定,当地员工仍应完全遵守当地法律,履行所有义务,并向上级报告任何法律冲突。

2.4　正确的个人行为

我们将确保个人行为不会对丹麦外交部国际开发署员工的本职工作产生危害。

丹麦外交部国际开发署尊重员工隐私,不会试图规范个人行为,除非这种行为损害员工工作的圆满完成或与丹麦外交部国际开发署员工的角色不相符。

即使个人行为完全符合所在国家的法律,并且没有影响工作表现,但是,当个人行为和丹麦官方发展政策相冲突时,个人行为和丹麦外交部国际开发署雇员的角色可能出现相互抵触。这可能涉及腐败行为,即收取好处费或者雇用童工,虽然这些行为在工作所在国是合法行为。

上述情况适用于丹麦外交部国际开发署所有雇员,包括本地工作人员。但是,对于驻海外丹麦员工来说,基于他们被看作丹麦或者丹麦政府"代表"的事实,他们具有额外的个人行为限制。当被派驻海外尤其对于当地环境来说,职业生活和个人生活区别不太明显,所以很容易在个人生活中把驻外丹麦员工看作丹麦外交部国际开发署的丹麦代表。

2.5　主动和被动贿赂

不能直接或间接给予、索取或者接受可能会影响行使职能、工作表现或判断的任何礼物或其他好处。这不包括传统的礼仪或者轻微的礼物。

如上原则所述,不应当给予、要求或者接受与个人具有商业或政治关系的相关人士或组织的可能影响或将要影响职责公正性的礼品、好处、招待或者其他利益。这不包括传统的礼仪或者轻微的礼物。相关准则将在下文进一步具体化。

2.5.1　接受礼品或其他好处

一般情况下,丹麦外交部国际开发署员工不许接受礼品或其他好处,例如免费或减价旅行、车辆使用、门票和大幅度减免。从某种程度上说,在合同协议、差旅费补偿和晚宴邀请等的基础上,这些规定不涉及全体员工。

当利益被给予"第三方"(配偶/伴侣,子女等),同样构成收取好处的行为。

轻微礼物和晚宴邀请的例外不应用于礼物或邀请造成明确或具体的利益冲突的情况。这适用于在招标中与投标人关系的情况。

如果被给予不正当好处,应采取如下措施保护自己:
- 拒绝不正当好处;证明没有接受好处的必要性;
- 试图确认好处提供者的身份;
- 避免长时间接触,但是知晓提供好处的原因可被当作证据使用;
- 如果无法拒绝或退还礼物,则应保留;但是,不能使用/利用或者捐助给慈善机构或者用于其他公共用途;
- 如有可能,确保证人在场,例如附近工作的同事;
- 尽快准备该事宜的文件;
- 尽快向上级报告该事宜;
- 继续正常工作,尤其是与提供利益相关的工作。

2.5.2 捐赠礼品与给予其他好处

只有在诚信、正确或独立的前提下,丹麦外交部国际开发署员工方可赠送礼品和好处。

例如,丹麦外交部国际开发署员工不允许提供支付便利。支付便利也被称作"超出"或者"贿赂",指用来保证或超出常规、法律或者必要行动的支付行为。丹麦外交部国际开发"零容忍"原则包含支付便利在内的任何贿赂的支付行为,因此应当避免这类行为的发生。

2.6 反腐败

按照"零容忍"原则,所有人有义务举报同事或者其他人可疑的或者可被证明的腐败行为。

该原则规定所有人有义务遵守并尊重丹麦外交部国际开发署行为准则以及对腐败的"零容忍"原则。有关该原则应用的进一步指导,请参见丹麦外交部国际开发署打击腐败行动计划以及丹麦外交部国际开发署反腐败电子学习课程。

有腐败实证或疑似腐败行为应首先向直属上级报告。

2.7 公开度和透明度规则——必要时须保密

对外部支持者努力实现公开度和透明度最大化。但是,必要时将采取保密措施,以保证合作伙伴、员工以及其他人的权利。

该原则与规定公众在公共管理中获取信息的一般规则相一致。必须注意此法也完全适用于丹麦外交部国际开发署海外代表。

该法的一般原则是公开丹麦公共管理中的所有信息,应向任何需要此信息的个人公开。但是,一些信息如有必要保护权益而事关重大,应当禁止公开。这尤其适用如下情况：(敏感)私人、个人或者经济事实(如商业机密)的信息,以及一旦公开则可能损害公共利益的信息,包括国家安全,与外国势力或者国际组织相关以及涉及丹麦政府商业和采购交易的国家经济利益的信息。因此,公布或者拒绝信息公开的任何事宜应由丹麦外交部国际开发署代表最终决定。

2.8 无歧视

工作中,不应出于性别、肤色、宗教、文化、教育、社会地位、种族或者国籍而有任何歧视色彩。

任何人在性别、肤色、种族、文化、教育、社会地位和国际中都享有平等待遇,因此,必须避免相关歧视的发生,丹麦法律规定或正当法律原因除外。例如,出于拥有丹麦国籍的目的而成为公务员。

此外,应指出有时职业方面的考虑会造成其他情况,例如排除具有特定国籍或缺乏一定教育的个人。这可能对求职者的学位提出要求或对其国籍进行检查。有必要使职业考虑清晰明确,从而避免出现歧视。

2.9 准则的传播

我们将告知专业合作伙伴行为准则。

作为丹麦外交部国际开发署的员工,应当努力向同事、合作伙伴或者对开发署感兴趣的其他人或机构传播该行为准则。作为一个组织,丹麦外交部国际开发署通过积极公开行为准则,提升遵守守则的意识。

该准则适用于丹麦外交部国际开发署员工,同时力图在相关方面规范开发署员工和专业合作伙伴之间的行为。因此,准则影响与专业合作伙伴的互惠行为。因此在传播准则过程中,应当努力寻求专业合作伙伴对准则的认可。

2.10 准则的遵守

有义务遵守准则的原则,举报任何证据确凿或者疑似违背准则的行为。负责人的上司应当在调查前、调查中和调查后确保举报人和被举报人的合法权益并给予适当保护。

了解准则,遵守原则。违背准则将影响员工在丹麦外交部国际开发署的工作及最终雇佣关系。

有义务举报任何证据确凿或疑似违背准则的行为。这类举报应第一时间通过正常渠道报告丹麦外交部国际开发署中存在的不法行为。因此,首先向直属上司抑或直属上司的上司报告。任何有关阐释工作或个人行为中的准则或其他方面的问题,应向上级征求意见并讨论何为正当行为。

领导者有义务严肃且充满信心地对待所有举报。在检举系统的运作中,举报人是否被视作见证者而非投诉者/告密者(即系统的叛徒)至关重要。因此,承担责任的领导者应确保举报人没有任何偏见。此外,应全方位保障嫌疑人在调查前、调查中和调查后的合法权益。

丹麦计划生育协会反腐政策[①]

1 简介

本反腐政策适用于丹麦计划生育协会(DFPA)管理委员中的所有志愿者、员工、领导及合作伙伴。上述所有人员须遵循本反腐政策。任何违反政策的行为将按本文件所描述的补充与举报规则进行处理。

丹麦计划生育协会将腐败定义为出于个人利益而滥用权力和手段。该定义由丹麦国际开发署使用,并出现于丹麦刑法与国际公约中。腐败包括受贿、诈骗、贪污和勒索。

腐败是良治、可持续发展、民主进程与良性商业活动的威胁,同时导致社会不平等。丹麦计划生育协会时刻对我们的目标群体、合作伙伴与捐助者负责。预防腐败是取得发展成果的关键,我们希望在工作中实现这一目标。

本反腐政策旨在支持工作伦理。这一工作伦理具有高度的个人和组织完整性,包括内部员工和有关合作者与捐助者。丹麦计划生育协会的规章制度与国际计划生育联合会(IPPF[②])丹麦计划生育协会成员均明确要求预防和打击腐败。我们将通过促进自身组织内部与南北半球合作组织中的透明度和民主控制履行这一职责。管理委员会和秘书处领导每年需要完成并签署文件,该文件对共同利益和冲突进行描述。

根据透明国际的腐败指数[③],许多与丹麦计划生育协会共事的国家腐败风险极高。丹麦计划生育协会必须保证其所管理的资金不会被挪作他用。丹麦计

[①] 文章来源:http://www.sexogsamfund.dk/Default.aspx?ID=27603
[②] 丹麦计划生育协会是国际计划生育联合会的伞式组织成员。
[③] http://www.transparency.org/.

划生育协会的资金来源于不同的捐赠者，因此我们有责任以负责的态度管理这笔资金。

丹麦计划生育协会与发展中国家共事，因此处于多种多样的语言和文化环境之中，同时认识到我们与合作伙伴之间必须能够在差异中共同工作。这高度要求各方保持并促进建立在知识、尊重与常识基础之上的高道德标准和负责行为。

丹麦计划生育协会遵循国内外的丹麦立法。我们遵循国家立法并于其中开展工作，同时遵守国际法律的规章制度。

2　原则

2.1　利益冲突

我们避免任何实际地或潜在地存在于个人、丹麦计划生育协会与我们合作者之间的任何不当的利益冲突。

避免利益冲突是反腐斗争的总原则。利益冲突可能源自以下情况，你作为一名拥有个人利益的丹麦计划生育协会的员工有可能影响你在丹麦计划生育协会或我们的合作伙伴中的职业表现。

利益冲突经常发生，但并不一定涉及腐败。重要的是如何识别和管理利益冲突。如果利益冲突没有得以正确识别和管理，可能危及丹麦计划生育协会和我们合作者的整体性，并可能导致腐败。工作人员需要表现出良好的判断力和常识，并在有疑问时及时联系上级。在利益冲突的问题上，有必要利用个人判断和常识作出正确决策。

2.2　滥用权力与勒索

我们不会试图利用官方立场或向他们提供私人好处影响任何人或机构。同样，我们不会未经允许私自挪用丹麦计划生育协会的财产、设施、服务和财政资源。我们不会采取任何形式的敲诈来获得好处。

这一原则意味着你无法利用自身在丹麦计划生育协会或合作组织中的地位谋取私利，例如滥用与供货商的良好关系为自己获得低价利益（例如电脑、汽车、食品、顾问支持或私人旅行等），同时无法用自身的权力获得个人好处或员工服务。

2.3　欺诈与挪用公款

欺诈与挪用公款是非法行为，禁止通过该行为获得个人利益、职位优势或与丹麦计划生育协会、合作组织或与其他股份持有者有关的财产。

欺诈被定义为涉及欺骗、诡计与欺诈的经济犯罪，以此非法获得好处或资金。挪用公款被定义为挪用被合法委托并处于职位上的代理人或监管人的财产或资金。欺诈和挪用公款的例子包括通过伪造文件、谎报资质、滥用权力和知识、盗取办公室钱财与设备，或者滥用委托于我方的资金。

丹麦计划生育协会和捐助者制定的会计和文件规则在任何时候均适用。例如，付款审批必须遵循《丹麦国际开发署项目预算与会计手册》。此外，项目和工程的审批必须遵循丹麦计划生育协会《方案与项目手册》。相关各方须诚实守信，杜绝滥用职位获取个人利益。

2.4 贿赂

贿赂被定义为一种通过向他人提供现金、服务或其他贵重物品来说服对方作出回报的行为。

贿赂在所有国家均为非法，它危害公司的透明公正，破坏民主社会的基础。我们不会通过接受潜在合作伙伴或供应商的贿赂签订合同，同样我们也不会通过给予合作伙伴贿赂而对其产生影响。同样丹麦计划生育协会不会在任何情况下接受贿赂以促进活动开展。我们与合作机构的合作关系建立在共同所有权、问责、参与、平等、和谐与对等的基础之上。

2.5 裙带关系与偏袒

在招聘、采购、提供援助和其他情况下，我们不会偏袒朋友、家人和其他个人关系。

裙带关系表现为偏袒亲友。例如，尽管他人更符合要求并愿意履行工作，却将合同提供给朋友或家人；或向与管理层有个人关系的员工提供更高的薪金或其他利益。为了在采购中避免偏袒与裙带关系，我们须遵循丹麦计划生育协会的《采购手册》。丹麦计划生育协会在招聘时须遵循总体透明的程序。我们有必要强调如果能够正确处理利益冲突，雇用或者与家人或朋友进行合作的行为可以被接受。

2.6 礼品

我们不会直接或间接地给予或接受任何可能影响我们行使职能和履行职责以及危害丹麦计划生育协会的礼物或其他偏袒行为。

礼品被定义为，但不限于此：服务、旅游、娱乐、物质的东西或好处。为了尊重当地传统和常规款待，小礼物可以接受。可被接受的礼物的价值在不同国家有所差异。礼金永远不可接受。我们希望丹麦计划生育协会与合作伙伴的所有员工均能表现良好的判断力，且当有疑问时，能够联系上级。经验法则即礼物不应影响人们的独立判断，倘若可能应与同事分享礼物。

3　投诉机制

对于个人难以解决的利益冲突情况，丹麦计划生育协会将采取立场。当丹麦计划生育协会或合作组织中的一名志愿者、员工或管理委员会的成员发现腐败事件时，他们必须通过如下报告系统进行报告。如有任何怀疑、传闻或疑问，可将其视为腐败事件并积极联系。在报告时，须填写报告表格并将其发送至 complaint@sexogsamfund.dk。

丹麦计划生育协会设有常务反腐委员会接收投诉。委员会由联络委员会指定的两名员工与管理委员会指定的一名代表组成。委员会任期一年且可再指定成员。管理委员会的负责人、部门领导和与机构金融部门和支付部门共事的员工不能成为委员会成员。常务委员会自动接收所有被发送至 complaint@sexogsamfund.dk 的副本。

在投诉举报的基础上，委员会将评估是否有必要指定调查委员会。该委员会的任务是在第一时间确保投诉所涉及的人员是否参与处理投诉，没有涉及投诉的处理人员具备资格。此外，委员会的职责在于决定案件是否需要接受进一步调查，并通知投诉者决定结果。

如果投诉不涉及领导或丹麦计划生育协会管理委员会的成员，则由丹麦计划生育协会秘书处优先处理，并报告至管理委员会。如果投诉涉及丹麦计划生育协会的领导，则由管理委员会来处理。如果投诉同时涉及丹麦计划生育协会和管理委员会的领导，该委员会有权委任一个公正的调查委员会。调查委员会可以包括反腐败委员会的一名成员、丹麦计划生育协会的一名管理者或外部专家，例如丹麦计划生育协会的会计师。

出于对发布报告者与涉嫌者或涉嫌组织的尊重，举报投诉予以保密。不接受匿名报告。所有腐败事件须报告至常务反腐委员会，包括在合作国已被合法调查的事件或存在个人安全风险的事件。

如果违反法律迹象明显，涉及腐败事件的人员将被解雇并被告知警察，或受其他类型制裁。在调查伊始时，捐助者也将被告知。

4 公告

丹麦计划生育协会希望在财政会计方面拥有开放的政策。协会会将腐败事件或因涉嫌而开展的事件公布于协会网站主页。本反腐政策也可公诸主页。

本协议由丹麦计划生育协会于 2011 年 6 月 6 日签订
本协议于 2011 年 9 月 12 日生效
主席：Christian Graugaard
总秘书长：Bjarne B. Christensen

丹麦贸易委员会反腐败政策[1]

2010 年 2 月

1 引言

近年来,全球化大大加剧了资金、货物和服务的流动。丹麦本国企业及外国企业的经营日趋国际化,它们在外国市场中的竞争带来了一系列收益。不断增长的国际贸易可以促进经济增长和社会发展,但国际贸易的增长有赖于透明公开、运行良好的市场。在这一点上,腐败成为了一个金融问题,因为它通过降低金融交易的透明度而阻碍了市场的有效运行。

调查显示,腐败对在外国市场中运行的跨国企业构成严重威胁。在一些国家,腐败已渗透至公共部门和私有部门。据估计,2009 年跨国企业中有超过 27% 的企业被发现存在贿赂或其他形式的腐败行为。[①] 调查还显示,过去 5 年在全球范围内,超过 40% 的企业认为他们因为腐败丢失了大量合约,而超过 35% 的企业由于担心腐败和贿赂的发生减少了许多经济利益诱人的投资。

企业需要防止腐败,有以下几个原因:

腐败使得合约和订单的达成不单单建立在价格与质量上,还建立在贿赂、好处费或个人关系上。对丹麦企业而言,不正当竞争会带来不利的经济后果,即合约的丢失。

腐败相当于给投资和贸易带来了额外的税款,因此增加了丹麦企业在某一特定国家投资的成本。

腐败和贿赂以及对它们的容忍会损害一家企业的声誉,随之而来的便是其

---

[1] http://um.dk/en/~/media/UM/English-site/Documents/About-us/Anti-corruption%20policy/TC%20Anti-Corruption%20Policy%20revised%202022010.

经济效益的滑落。反之,清廉、无腐败的声誉对任何一家企业而言都是种经济优势。

如果一家丹麦企业沾染了贿赂和腐败,这家企业将会对所有的丹麦企业产生损害性的超溢效应。

一旦一家企业参与了腐败,它就会陷入长期沾染贿赂或其他形式腐败的危险中。单是一次这样的行为就有可能使该企业在某一特定国家的总体投资成本越发高昂。

对于丹麦企业来说,这些即刻显现的经济后果还伴随着其他不良影响,例如声誉受损和合作伙伴关系变质,所有这些都会给个体企业以及丹麦企业界整体带来严重危害。丹麦企业因其无腐败现象享有盛誉,因而丹麦贸易委员会的目标就是帮助丹麦企业维持住这样的盛誉,这一盛誉对丹麦企业界而言是十分宝贵的财富。

另外,行贿受贿有悖于丹麦的基本价值观,并且根据丹麦刑法的规定是要受到惩处的。

鉴于这种将腐败定为犯罪的举措和上述防止腐败的充分理由,丹麦贸易委员会制定了反腐政策。

1.1 国内立法和国际立法

近些年来,国际社会越来越关注腐败问题,大量的区域性及国际性公约开始对个体、企业和公职人员的行为提出要求。经济合作与发展组织1996年会议要求其30个成员国以及6个非成员国将贿赂外国公职人员罪行化,此次会议在国内立法的发展中起到了重要作用。同样,《联合国反腐败公约》强调建立国家预防机制,该公约预计会在未来几年里在全球范围内对国内立法及国家机构的发展产生巨大影响。

另外,诸如《美洲反腐败公约》《非洲联盟预防打击腐败公约》的区域性公约及行动计划要求盟约国家在反腐工作中加强立法、完善机构。这是一项新的国际议程,破除了先前认为腐败是国际贸易中"必要的恶"的认识。

此项议程已在国家层面上推广开来,一些国家正在国际公约要求之外加强本国的反腐立法,并完善相关机构。个人、企业以及公职人员因此被要求遵守一系列综合互补的法律。另外,企业和公共机构也正在不断完善内部指导原则和反腐政策以确保员工和合作伙伴遵守现行法律。在丹麦,例如丹麦国际开发署在2004年正式采用了一项综合性的反腐政策。丹麦国际开发署也成为反腐之路的领头人,企业可以从开发署那里获取有关立法和当地法律事宜的信息。

零容忍政策的基础是：根据丹麦法律以及下文中丹麦已接受的国际义务，将主动贿赂和被动贿赂行为罪行化。

作为国际合作的一部分，丹麦已经接受了一系列的国际义务来反对和罪行化公共部门及私有部门中的贿赂和其他形式的腐败行为。2000年，丹麦批准了欧洲理事会的反腐败刑法公约（《欧洲理事会反腐败公约》），该公约涵盖了对国内外公职人员的行贿受贿、私有部门中的行贿受贿以及这些行为中的串通合谋。2002年，丹麦接受了经济合作与发展组织的《禁止在国际商业交易中贿赂外国公职人员公约》，该公约缔约国承诺会在全国范围内采取必要的防范措施以惩处并能够起诉那些贿赂外国公职人员的个人。2003年，丹麦又签署了《联合国反腐败公约》，该公约除了要求缔约国将贿赂国内外公职人员罪行化外，也要求将公职人员侵吞公款或以其他形式利用职位之便非法挪用公款的行为定罪。《联合国反腐败公约》还要求将私有部门中发生的主动贿赂、被动贿赂以及串通合谋予以定罪。

2000年，作为欧盟成员国，丹麦批准了欧盟首个保护欧洲共同体经济利益的协定（《欧盟反诈骗公约》）。此协定涉及了对贿赂欧洲共同体或欧盟成员国公职人员，即公共部门中贿赂行为的打击。另外，丹麦还签署了一个打击贿赂欧洲共同体或欧盟成员国公职人员行为的公约（《欧盟反贿赂公约》）。与首个《欧盟反诈骗公约》相似，此公约针对的也是公共部门的贿赂行为，即对欧盟成员国和欧洲共同体公职人员的贿赂。此外，2003年在欧盟的支持下，丹麦做出了一项旨在打击私有部门中贿赂的框架性决议。此框架性决议要求成员国将商业活动中蓄意的主动贿赂和被动贿赂罪行化。

1.2 根据丹麦法律哪些贿赂行为应当受罚？

将主动贿赂和被动贿赂罪行化，包括先前提到的国际义务和作为欧盟成员国的义务，都已被融进丹麦刑法中。

刑法中关于公共部门中贿赂行为的相关规定为第122条和第144条。

根据《丹麦刑法》第122条规定，"无正当理由向丹麦、外国或国际公共服务处的公职人员给予、承诺或提供礼物或其他利益，以诱使该公职人员在履行其本职工作方面作为或不作为的"，应处以罚款或最高三年监禁。

《丹麦刑法》第122条涉及的是主动行贿外国或国际公共服务处的公职人员，也包括了无正当理由的收益，且没有要求这些收益仅被用来诱使公职人员做出越权行为。只要向公职人员给予、承诺或提供了（无正当理由的）礼物或利益以诱使其在履行本职工作方面作为或不作为，就足以定罪。在没有事先许诺的情况下为酬谢公职人员已做出的行为向其赠予礼物，不属于该法条规定的情形。

《丹麦刑法》第 144 条涉及的是对被动贿赂，即个人收受贿赂的罪行化。根据《丹麦刑法》第 144 条规定："丹麦、外国或国际公共服务处的公职人员无正当理由地接受、索取或被承诺礼物或其他利益，应处以最高六年监禁，在有减轻罪行之情节时，处以罚款。"

对于私有部门而言，将主动贿赂和被动贿赂罪行化的相关规定体现在《丹麦刑法》第 299 条 2 款中。

《丹麦刑法》第 299 条 2 款规定，"不符合适用本法第 280 条的情形，无正当理由接受、索取或被承诺礼物或其他利益的，以及给予、承诺或提供礼物或其他利益的，应处以罚款或最高 18 个月监禁"。

犯罪未遂（第 21 条）和串通合谋（第 23 条）的情形同样适用第 122 条、第 144 条和第 299 条 2 款。此外，前提条件是存在犯罪意图。当行贿人（或受贿人）使得上述刑法条款所规定的犯罪要件达成，或认为其行为必然或可能导致罪行发生，或仅认为犯罪活动可能发生，但即便对该活动有把握也不会实施犯罪活动，犯罪意图即存在。

1.3 当地习俗/小额疏通费

尽管贿赂外国公职人员罪和贿赂丹麦公职人员罪的犯罪要件是一样的，《丹麦刑法》第 122 条和第 144 条的制定预先假定了，不能排除的是，在一些国家存在特殊情况，即作为感激的酬谢（或小额疏通费）根据具体情形不在惩处范围之内，尽管贿赂在丹麦是会受到惩处的。这类疏通费是否应受惩处，是否为无正当理由，取决于对个案的具体评估，包括给小额疏通费的目的。在国际商业交易中通过支付一笔钱来引诱公共部门职员做出越权行为，通常都是无正当理由的，因而应受惩处。

应受惩处的贿赂行为与小额疏通费的区别在《丹麦司法部防腐指南》中有所强调（详见司法部官网 www.jm.dk，仅丹麦语版本）。

虽然有差别，丹麦贸易委员会认为，不管是小额疏通费还是其他当地习俗，实际上仍是贿赂的表现形式，都是不可接受的。并且，合法与不合法的区别在实践中会引发巨大争议。因此，当有小额疏通费发生时，有义务无条件地对贿赂进行警告。如果不能确定具体案例涉及的是小额疏通费的合法使用，还是应受惩处的贿赂行为，贸易委员会工作人员都应当通知贸易委员会秘书处，就权当它是应受惩处的贿赂行为。换句话说，只有当小额疏通费很明显属于合法使用时，贸易委员会工作人员才不必上报。

1.4 贸易委员会的作用

贸易委员会代表着丹麦这个国家,并且帮助丹麦企业在腐败成风的外国市场中开展经营。贸易委员会不提供直接的法律援助,但会告知企业相关法律问题,并就如何在特定市场中防止贿赂与腐败提出建议。在为丹麦企业创造一个更加透明有效的国际交易和投资环境的过程中,贸易委员会发挥了极为重要的作用。

这样的任务要求贸易委员会明确其自身的价值观念、规则以及程序。因此,贸易委员会的反腐政策包含了,当贸易委员会工作人员开始怀疑或意识到丹麦企业牵涉进贿赂和腐败中时,关于给企业提预防性建议以及通告和上报此类贿赂案件的指导原则。这些指导原则在第三章的第1、2小节有所表述。

2 零容忍政策

贸易委员会认为腐败就是为了一己私利滥用职权和公款的行为。这是腐败在《丹麦刑法》和国际公约中的定义。腐败有多种形式:为利益串通合谋、企业间的秘密协定、欺诈性报价、审计欺诈、未经同意的交付、不当价格或故障设备、员工或设备的虚假发票、贿赂或收礼、滥用公款、商务旅行诈骗和盗窃。《丹麦刑法》区分了主动贿赂和被动贿赂,并且规定"无正当理由地向丹麦、外国或国际服务处的公职人员给予、承诺或提供礼物或其他利益,以诱使该人员在履行其本职工作方面作为或不作为的"犯有主动贿赂罪,而接受贿赂的则犯有被动贿赂罪。

贸易委员会制定了针对腐败的零容忍政策,并且不接受贸易委员会、合作伙伴以及客户中出现的任何形式的贿赂或腐败行为。

政策中的关键信息如下:
- 我们既不行贿,也不受贿;
- 我们警告丹麦企业禁止行贿受贿——不论当地情形如何;
- 我们积极协助企业进行腐败风险管理;
- 当我们开始怀疑或意识到丹麦企业或委员会公职人员已经参与行贿或受贿时,我们会有所行动。

零容忍政策意味着对在最大可能程度上将腐败罪行化的现行法律的严格执行。就我们的咨询业务而言,零容忍政策意味着我们通常会告诫丹麦企业杜绝行贿受贿。不论贿赂在当地商业生活中是否为正常要素,该政策照样实施。零容忍反腐政策要求贸易委员会一旦发现有贿赂或其他形式的腐败行为发生就有

所行动。这就表示，根据通告贿赂案件的指导原则，贸易委员会的工作人员有义务向上级汇报这些情况。（参见第七章第2节）

丹麦企业仍可以安全地向贸易委员会寻求建议和指导。值得强调的是，零容忍政策和向警察举报企业无意中参与了贿赂或腐败是不一样的。贸易委员会不会主动调查腐败案件，但是会告知企业当地情况，并作为丹麦企业的顾问协助其进行尽职调查（参见第三章第1节）。

3　贸易委员会集体反腐政策

贸易委员会集体反腐政策一部分由内部政策所组成，另一部分则由向丹麦企业提供的有力建议所组成。贸易委员会旨在确保所有工作人员都具备必要的能力去依据已制定的指导原则处理腐败案件。委员会工作人员需要了解委员会的价值观念、规则与程序，并且能够为企业提供高层次服务，例如对于贿赂、腐败、当地情况及具体法律问题的建议和指导。

贸易委员会集体反腐政策由以下几个组成部分：

- 对贸易委员会工作人员实行的零容忍政策；
- 关于给企业提供预防性建议的指导原则，包括为反腐服务指定任务焦点；
- 关于通告和上报贿赂案件的指导原则。

驻外使团在反腐政策中有着重要作用，因为他们和在外国市场经营的丹麦企业有着日常接触。因此，在驻外使团工作的贸易委员会人员有必要熟知反腐政策的各个部分。

3.1　关于预防性建议的指导原则：有助于企业风险管理

鉴于商业反腐的强劲势头以及即使在艰难环境中也要维护商业诚信的丹麦传统，驻外使团必须积极主动地向企业提供所有能提供的预防性帮助，尤其是在企业很不愿意讲出他们所面临的困境时。越早面对挑战，就越有可能克服它们。

驻外使团应将贸易委员会业务领域范围内的反腐服务视为全球风险与机遇。当企业首次在一个新兴市场投资或者突然面对一个新的环境，如当地官员为了自身经济利益滥用新的法律时，预防性反腐服务便有助于企业的风险管理。

对待反腐建议的正常方式就是将它融入驻外使团给丹麦企业提供的正规商业服务中，这些服务包括市场调查、伙伴搜寻、协助建立贸易办公室、生产设施等。由于反腐是企业社会责任（CSR）中的重要部分，驻外使团应当常常在他们提供给企业的引导性企业社会责任服务中就某特定行业中的腐败风险作出概述。在有些市场中,企业社会责任通常在丹麦企业试图建立根基时所面临的挑战里并不突出,但腐败仍是一个必须加以解决的问题。

有效的预防性反腐服务中的关键词是尽职审查。贸易委员会反腐政策中的许多服务旨在加强企业在腐败盛行的国家投资时的尽职审查能力。为了支持驻外使团的咨询工作,贸易委员会准备了一个工具箱以作为丹麦国际开发署反腐网站(www.business-anti-corruption.com)不可分割的一部分。

这一网站是供驻外使团使用的封闭区域。工具箱为腐败风险评估与管理提供了以下工具:
- 用以检查代理商、顾问及合作伙伴的简单模型;
- 信息采集系统的模板;
- 公共合同援助;
- 在轻微案件中为企业提供一般援助的概述;
- 本地网络建立的模型;
- 与公共职能部门建立联系(小的实际案例和较大的政治案例);
- 关于最重要的法律和公约的纲要,以及关于在商业语境下具有特殊重要性的法规的简介;
- 在汇集现有指数的基础上对腐败作出的简要概述。

为此,需要强调的是,驻外使团不是向企业提供具体的法律援助。贸易委员会对驻外使团有以下期望:
- 熟悉贸易委员会的反腐政策,以及下文关于预防性建议和通告贿赂案件的指导原则;
- 熟悉当地及丹麦法律;
- 基本了解当地市场中的腐败程度,包括高风险部门;
- 熟悉反腐网络建立的方式;
- 熟悉反腐工具盒,并能够在商业咨询服务中运用它。

确保反腐政策实施的最实际方法是为丹麦贸易委员会在每个国家的驻外使团履行反腐政策时指定一个焦点。位于哥本哈根的贸易委员会将持续要求驻外使团为每个国家指定一个反腐焦点来完成如下工作:
- 确保所有员工参加基础课程以再次熟悉反腐政策,教学材料由位于哥本哈根的贸易委员会提供;
- 向同事提供所居住国家的反腐挑战概述,并帮助他们对所在部门中的特殊问题获得充分了解,就此,为单独的驻外使团建立本地反腐网络;
- 能够积极使用反腐工具盒为企业在尽职审查和其他预防性措施上提供专

门定制的建议；
- 确保驻外使团所有的相关商业服务中都存在反腐视角；
- 根据居住国丹麦企业的实际需求，帮助成立一个由企业代表组成的当地团体以交流关于在当地商业环境中保持企业廉洁的经验教训和最佳实践；
- 每月向位于哥本哈根的贸易委员会简要汇报驻外使团正在进行的反腐工作的要点。

这项倡议将由选中的驻外使团进行为期一年的试用，以考察其在贸易委员会更大范围内的可实施性。

3.2 关于通告及上报贿赂案件的指导原则

行贿受贿有悖于丹麦的基本价值观，因而在《丹麦刑法》中是要受到惩处的。由此，贸易委员会制定了上述零容忍政策。

3.2.1 关于通告的指导原则

零容忍政策要求贸易委员会在国内外的所有员工，包括当地雇用员工，一旦开始怀疑或意识到丹麦企业存在贿赂的情况，须立即通告给贸易委员会秘书处。

这条原则同样适用于贸易委员会的员工，包括当地雇用员工，如果怀疑或意识到贸易委员会员工存在行贿受贿，也应立即上报。如果使团团长还未被告知或未发现关于贿赂的消息，贸易委员会秘书处将通告给使团团长。

3.2.2 关于上报的指导原则

当确实怀疑或知晓贿赂情况时，驻外使团在没有与贸易委员会秘书处达成特别协定的情况下，不得接触有关的丹麦或外国职权部门，也不得接触涉案企业或个人。

当怀疑或知晓存在具体贿赂情况时，是否通告给丹麦或外国职权部门，包括有可能的警察部门，由贸易委员会企业发展部在可掌握信息的基础上结合外交部国际法律司的咨询意见来决定。不论贿赂发生在丹麦还是国外，也不论贸易委员会通过何种途径掌握的信息，此条原则均适用。

根据贸易委员会零容忍政策，一旦知晓存在贿赂情况，须通告给相关职权部门，包括警察部门。此条原则同样适用于在掌握可靠证据时对贿赂情况的怀疑。

在可能决定将贿赂情况通告给相关职权部门之前，是否让被怀疑存在贿赂行为的企业或个人面对怀疑，在任何情况下都由贸易委员会企业发展部决定，鉴于下文提到的这样的面对可能造成证据被毁及调查受阻的风险。

3.2.3 在什么样的情况下需要通告或上报？

根据丹麦法律，人们没有一般性义务或被要求上报应受惩处的罪行或对应受惩处之罪行的怀疑。这点同样适用于知晓或怀疑贿赂案件的情况。根据法律规定,人们没有义务或被要求上报对违反《刑法》中关于贿赂或腐败相关条例(即第122条、第144条和第299条2款)之情况的怀疑或知晓。

为了良好的行政管理实践,在特定情形下,一旦有应受惩处的罪行发生或怀疑有应受惩处的罪行发生时,一个职权机构应当将情况通告给另一个职权机构,也有可能是警察部门。此点同样适用于怀疑或知晓违反《刑法》中涉及贿赂条例的情况。

正如上文第三部分描述的那样,确定反腐焦点的驻外使团要随时告知贸易委员会企业发展部正在进行的反腐工作。这么做时,使团必须区分那些在不知情的情况下涉及腐败并向使团寻求建议以从中脱身的企业和那些很明显没有想要摆脱嫌疑者的身份或者甚至明目张胆地从事非法商业活动的企业。通常,后一类型的企业根本没有兴趣去联系使团或是从使团那里寻求帮助。使团可能也会碰到企业员工违背企业明确的反腐规定,因此从这一点上讲,使团应尽可能保持相关企业规定和政策的更新。

一旦贸易委员会业务发展部开始怀疑或意识到贿赂行为的发生,这是他们工作的一部分,贸易委员会会结合外交部国际法律司的咨询意见来决定,是否上报职权机构以及特定情况下上报给哪些机构。贸易委员会零容忍政策规定,一旦知晓有贿赂行为发生须上报职权机构,包括上报给警察部门。此点同样适用于在掌握可靠证据基础上怀疑有贿赂行为发生的情况。

丹麦反腐政策

——丹麦外交部

一、腐败现象零容忍

丹麦外交部是一个在全球范围运营的组织,在与周围世界交流中服务于丹麦的价值与利益。职员与全球范围内众多其他公共组织、非政府组织、平民、商业公司及其他对应机构有着密切联系。因此,外交部和丹麦积极支持国际反腐并为合作伙伴提供反腐建议。

在外交部,我们决心在员工之间以及活动的各个领域保持最高标准的廉洁和职业道德。因此我们对各种形式的腐败现象实行零容忍政策。此反腐政策及行为准则适用于在哥本哈根外交部以及丹麦大使馆工作的所有员工。它的目的是在对内或者对外与众多其他合作伙伴互动时保证并支持个人及组织行为和职业道德中最高标准的廉洁。

此反腐政策为员工在执行公务面对腐败、腐败行为、腐败想法及致力于防腐时提供了指导。

二、什么是贪污腐败?

贪污腐败被定义为为一己私利滥用委托权力的行为。它影响着我们每一个生活、生计和幸福与权力当局的廉洁直接挂钩的人,它威胁社会的安全与稳定,破坏民主机构和民主价值观念。

此定义与《丹麦刑法典》和《国际反腐败公约》中的腐败定义相吻合,它囊括了行贿、受贿以及其他类型的主动或被动的腐败行为。

贪污腐败最主要的形式有贿赂、诈骗、挪用公款以及敲诈索贿。然而,贪污不仅仅是把钱从一人手中换到另一人手中,它还包括通过提供服务来获取优待、特别保护、附加服务及更加快速的事件处理。

三、反腐行为准则

哥本哈根外交部及丹麦大使馆的所有员工都须遵守以下行为规范的各项准则。

1. 利益冲突
我们要避免各种现存或潜在的个人与外交部之间的利益冲突。

当员工的一己私利可能会影响到他工作职责的公平性及客观性的时候,利益冲突便会产生。个人私利包括对自己,对其家庭、亲戚、朋友或与其有商业往来或政治关系的伙伴或组织的任何好处。当面对潜在或真实的利益冲突时,员工必须立刻上报上级。

2. 贿赂
我们拒绝任何形式的行贿受贿。

贿赂是以影响官员在执行其公共或法定职责时行为为目的,提供、给予(行贿)、接收、索取或接受(受贿)有价值的物品的行为。贿赂在丹麦属于刑事犯罪。

3. 敲诈索贿
我们不会为一己私利,滥用自身职权或动用武力或威胁以影响他人或其他机构。

当官员通过恐吓的方式,非法要求或收取钱财时,即视为敲诈索贿。敲诈索贿包括伤害他人人身或财产安全的威胁,控告其犯罪或非法行为的威胁,或揭露令人难堪信息的威胁,某些形式的威胁偶尔被单独归类于勒索的法条条款中。敲诈在丹麦属于刑事犯罪。

4. 欺诈
我们不会通过欺骗、诡计或泄密以谋取不公或不实的优势。

欺诈是以谋取钱财或其他好处,规避职责义务或造成他人损失为目的的欺骗行为。它涉及故意不诚实,误导或有意施行欺骗行为,实施诡计或以虚假借口行事。欺诈在丹麦属于刑事犯罪。

5. 挪用公款

我们不会挪用或转移委托给我们的财产或资金。

挪用公款是指挪用或其他转移因某人职位而合法委托其管理的财产或资金的行为。挪用公款在丹麦属于刑事犯罪。

6. 礼物

我们不会直接或间接地给予、索取或接受礼物，这些行为可能会影响我们实施和履行职能或作出正确的判断。这不包括传统的好客之道或小礼物。

在腐败语境中，礼物被视为取得好处作回报而提供、得到、索取或收到的钱财或其他好处。礼物和招待也许本身就是贪污腐败行为的一种表现。它们可能会滋生腐败或者给人以腐败的印象。礼物包括赠送的现金或资产以及政治性质或慈善性质的捐款。

招待包括宴请、住宿、航班以及娱乐或运动项目。

一般原则下员工不能接受礼物或其他好处。但是，为了尊重个别当地好客的传统，可接受小礼物。

7. 裙带关系和徇私

我们不会在招募新人、采购、给予援助、领事服务或其他情况下偏向朋友、家人或其他亲近的人。

裙带关系是不考虑事情是非而偏向亲朋好友。对亲朋好友的特殊照顾仅仅是基于个人关系的亲近而不是建立在对他们的技能、资格的专业及客观的评估之上。

8. 检举腐败情况

我们会上报一切违反行为准则的证据或嫌疑。

所有员工必须熟知行为准则并且遵守规定。他们有义务向上级举报任何违反行为准则的证据或可疑行为。

四、公开、透明是规则

反腐时最大限度的公开和透明极为关键，关于公共领域的信息一般情况下需根据《丹麦公共管理法》和《丹麦公共管理文件访问权限法》规定对大众开放。

政府通过其官网向公众及其合作伙伴保证其信息的公开和透明度，网站的重点及链接如下：
　　政府的"经济与成果"；
　　丹麦贸易委员会反腐咨询服务；
　　丹麦"欺诈与腐败"网站（仅丹麦语）；
　　丹麦援助管理方针；
　　丹麦大使馆网站链接；
　　商业反腐门户网站。
　　对内，政府要确保每位员工通过以下途径熟知反腐条例：
　　反腐主题内网网页；
　　内部培训——例如：关于政府收送礼物的政策；
　　相关的培训与指导。

五、如何及去哪里检举腐败？

　　对腐败零容忍包括所有员工一旦怀疑或知晓其他员工、商业伙伴、项目伙伴或者其他有合作的伙伴有具体腐败情况，必须立即上报领导或直接上报主管。如若上报给领导，那么随后必须上报主管。
　　一旦怀疑或明确知晓他人的腐败行为，如收受贿赂，关于是否通知丹麦或外国当局，可能还包括向警察举报，应由哥本哈根丹麦外交部基于已经掌握的事实作出决定。不论政府通过何种渠道掌握这些信息，这一规定对于发生在丹麦和国外的案件同样适用。

六、行为准则的实施

　　外交部员工会定期参加相关反腐培训。
　　现有的、相关的，以及某个特定政策领域的新方针或说明会对行为准则进行补充。因此，丹麦国际开发署和贸易委员会已分别在发展合作和出口促进领域持续多年推出新的指导方针并积极打击腐败。

七、反腐行为准则

1. 我们要避免各种现存或潜在的个人与外交部之间的利益冲突。
2. 我们拒绝任何形式的行贿受贿。

3. 我们不会为一己私利，滥用自身职权或动用武力及威胁以影响他人与其他机构。

4. 我们不会通过欺骗、诡计或泄密以谋取不公或不实的优势。

5. 我们不会挪用或转移委托给我们的财产或资金。

6. 我们不会直接或间接地给予、索取或接受礼物，这些行为可能会影响我们实施和履行职能或作出正确的判断。这不包括传统的好客之道或小礼物。

7. 我们不会在招募新人、采购、给予援助、领事服务或其他情况下偏向朋友、家人或其他亲近的人。

8. 我们会上报一切违反行为准则的证据或嫌疑。

《公共部门行为准则》概要版[1]

2008 年 3 月

《公共部门行为准则》手册于 2007 年 6 月颁布。本手册旨在向职权部门及其公职人员传达一系列适用于公共部门的基本情形和规则。此概要版包含了手册中的精选段落和主要规定。

一、公共行政管理的基本价值观及原则

公共部门以下列价值观念为基础：开放、民主、法治、廉正、独立、公正和忠诚。同时，公共部门应能以灵活、高效的方式履行其职责，并提供高标准的服务。重要的是，公职人员不仅需要熟知总体规章和相关原则，还要了解适用于个体公职人员工作场所的特殊规定，包括处理不同状况的方式。遵守公共部门的基本价值观，是职权部门及其公职人员的共同责任。职权部门及其公职人员必须展现出良好的行政管理行为，即礼貌、考虑周到地接待每一位公民，并以加强公民对公共部门行政管理的信心为行为标准。职权部门任命公职人员时必须确保其对行为准则有必要的了解。在个体职员的工作场所，公职人员的行为也应遵守特殊规定。

二、发布指令的权力

公共工作场所日常工作的特点通常是公开对话和非正式的合作氛围。任务通常由主管和职员相互交换意见后合作完成。任职期间，只有极少数公职人员会遇到被要求做违背现行法律之事的状况。为了主管和职员的利益起见，应以

---

[1] 查看完整版《公共部门行为准则》，请登录 www.perst.dk 网站。

专业的方式和对法律的充分尊重来履行职责。然而,关于指令的合法性问题可能会增多,同时考虑到公共部门的法治和个体职员的合法权利,为如何应对具体情况提供总体性指导因此十分重要。职员必须遵守合法的指令。任何职员若发现指令违法,须让主管注意到该情况。若某项指令确实违法,职员不得遵从该项指令。若某项指令的合法性无法确定时,职员必须根据传统法规遵从该指令,即使该指令在全面评估后被视为违法。若职员拒绝遵从该指令,其所属职权部门有充分的依据追究其责任。

三、言论自由

公职人员,与所有其他公民一样,言论自由受丹麦宪法保护。丹麦宪法第77条规定,"每个人都有在刊物、著作和发言中表达思想的权利,但需对法律负其责任。检查制度及其他预防措施不再实行"。公职人员可以自身的名义参与公共辩论,并提出个人观点和意见。这也适用于和他们自身工作领域相关的主题。然而,根据工作领域的不同,言论自由会有一些限制。建议可在个体职员的工作场所公开讨论公职人员的言论自由,并在总体上尝试建立关于工作场所规定的建设性辩论的恰当规则。公职人员利用他们的言论自由,并用自身的知识和观点参与公共辩论,是有益且自然的。

作为个体,公职人员享有广泛的言论自由,包括针对可能对工作场所具有重要意义的资源问题进行评论的自由。言论自由很少有限制,除了保密信息、诽谤性言论以及关于工作场所明显错误的认知。考虑到公共职权部门的内部决策过程和执行能力,可能会对关键岗位职员的言论自由作些限制。

聘任关系中的忠诚义务不能对言论自由作进一步的限制。依法做出的言论本身不会受到主管层面的负面回应。批评性言论首先不能在内部发表,但一般鼓励在个体职员工作场所进行开放和建设性的辩论。

四、保密义务

一般情况下,公共行政管理部门的职员可以告诉别人他们的工作及所履行的职能。职员对周围环境的公开性可能也有助于增加公众对公共部门的理解和信任。然而,对于公职人员所披露的关于自身工作内容的信息有一些限制。例如,职员不得公开其所负责案件的相关个人信息。同样,职员也不得将其所属职权部门的详细决策过程直接公诸大众。

职员基本上可以和别人谈及他们的工作。职员对其通过自身工作所获取信息的公开权,受到保密义务规定的限制。若信息是机密的,且受制于保密义务规定,该信息通常就不能披露给其他公民,比如关乎个体的隐私或财产状况。将机密信息披露给其他职权部门时,适用特殊规定。在许多领域,有关于保密义务的特殊规定。不确定是否可以公开信息时,获得批准是正确的做法。

五、公正

公职人员必须公正,并且必须基于客观理由作出裁决,这是基本原则。为了避免被怀疑不相关的考虑因素影响了具体案件的判断,《公共行政管理法》规定,同时负责很多案件的公职人员不得参与案件的审查。这同样适用于涉及公职人员个人利益的案件,因为可能会出现不相关的考虑因素影响案件判断的情况。

公正规则很重要,它不仅保护了公职人员,也确保了公民对公共行政管理部门的信心。若公职人员自身——或其家庭成员——是案件当事人,或者在其他情形下,案件结果牵涉其特殊个人利益或经济利益,该职员不得参与案件的审查。

若出现对具体案件公正性的任何质疑,公职人员必须向主管上报。

六、收受礼物及其他利益

公职人员是否可以因其工作而收受礼物或其他利益这个问题,在行政管理一般法律原则和《丹麦刑法典》中均有所规定。另外,还有一些适用于个体公职人员工作场所的特殊规定。关于收受礼物或其他利益的原则和关于公正的规则紧密相关。在这两种情况下,目的都是避免质疑公职人员公正性的情况发生。因此,这也是为了保护个体公职人员。

公职人员通常应避免因工作而收受礼物。若某人或某企业向公职人员提供礼物,公职人员应拒绝接受,如果礼物还关系到该个人是否能被公共部门聘用,即使送礼者没有或尚未有需要该职权部门处理的事情,公职人员也应该这么做。

然而,公职人员因个人原因的事件是可以接受小礼物的,比如生日、周年纪念日或当永久离开岗位时。同样,在圣诞节或新年由于"业务关系"收到小礼物,也是可以的。另外,在返还礼物会显得不礼貌并且会使送礼者感到失望的情形下,公职人员可以收下源自感激的小礼物。因正式出访其他国家或当其他国家正式访问时,公职人员可以收下惯常的礼物。若个别职权部门已经制定了关于职员收受礼物的特别规定,职员也必须遵守这些规定。

七、从事其他工作

公职人员在其主职之外,享有从事其他有偿或无偿工作的权利。公职人员从事其他工作,可以拓宽其知识面,更好地接触公众,对其自身和主职都有利。同时,公职人员出现在社会公众视野中,还可以加深公众对公共部门的认识和信心。绝大多数情况下,公职人员在其主职之外从事其他工作不会有任何问题。但其他工作必须在一定限度之内进行。

公职人员可在其主职之外从事其他工作,公共部门和私有部门均可。但其他工作必须"与服务相协调",例如,不应存在任何出现利益冲突的风险。在特定领域内,关于其他工作可能会有特殊规定,其中包括某些类型的其他工作必须向所属职权部门上报。

八、责任

公职人员必须遵守关于其职位及职责履行的相关规定。公职人员在其他方面的行为要与其提供的服务相协调。这一规定主要适用于其主职的履行,但对于其主职之外的行为同样具有重要意义。

如果公职人员——不论在其履行职责时,还是空闲时间内——没有遵守关于其职位的行为准则,并犯有渎职罪,其所属职权部门可以对其采对取不同的应对措施。

职权部门会就公职人员在履行职责期间以及空闲时间内的行为是否合规进行具体的评估。若公职人员没有遵守行为准则,其所属职权部门会依据聘用法追究其责任。公职人员所属职权部门获悉渎职行为后,须在第一时间采取应对措施。触犯《刑法典》的案件交由普通法庭处理。

九、公职人员的应对方法

如果公职人员对某一具体情况的处理存疑或与主管层存在分歧,可以通过公职人员与主管层双方协商,或由主管层指明如何处理该情况的方式来寻求解决途径。

如果职权部门对其公职人员实施处罚,该职员有多种方法要求职权部门对其实施的处罚是否公正作出说明。公职人员也可以向其所属的专业组织寻求援助或向议会监察员进行投诉。

　　如果在公共行政管理中存在违法行政行为或其他可批判的问题，公职人员有权将非机密信息自由披露给媒体或外界其他团体。公职人员和主管层可以通过内部协商来阐明关于处理特定情形的所有疑问。对其公职人员实施处罚的职权部门必须遵守《公共行政管理法》的相关规定。公职人员有多种方法要求所属职权部门对其实施处罚的合法性作出说明。

怎样预防腐败

前　言

腐败是一场全球性的灾难,它不但涉及道德层面的问题,同时也是许多国家经济健康发展的绊脚石。丹麦积极响应全球反腐运动。在这一方面,丹麦已经签订了好几份国际性反腐文件,同时,丹麦也出席相关国际合作论坛来打击腐败。2003年,丹麦政府发起了"反腐行动计划书",目的是打击与开发援助相关的腐败。这一行动计划整合几个丹麦合作国家的重点区域,用以实现丹麦良好的治理。虽然丹麦多年来被公认为是一个清廉的国家,但是每一个国家都会有腐败事件。尽管如此,丹麦的腐败事件在如今依然屈指可数。为了确保这种情形可以一直保持下去,我们必须作出相应努力。我们必须统一观念,同时,社会和公民都非常有必要明确地拒绝腐败,因为腐败和贿赂是完全不可接受的行为。

这本册子的主要目的是提高读者对腐败和贿赂的认识。这本小册子对丹麦刑法(Straffeloven)中涉及贿赂的条款作出了解释,并就个人可以如何在反腐和反受贿上作相关贡献给出了建议。

2007年2月

司法部长　*Lene Espersen*

一、什么是腐败

腐败并没有一个普遍定义,在许多为了打击和防止这类犯罪的国际公约中也没有对这个概念的定义。反腐败组织透明国际和世界银行界定腐败的概念为"滥用权力谋取私利"。这是一个非常宽泛的定义,不仅包括传统意义上的受贿,还包括其他犯罪行为,如贪污、诈骗等。丹麦刑法(Straffeloven)不使用腐败这一术语。丹麦刑法规定,不仅行贿是一种犯罪行为,贪污、诈骗、刑事违反信托、处理不当等也属于犯罪行为。这本册子对行贿行为中腐败的不同类型给予了解释。

二、行贿

(一) 公职人员行贿

刑法第 122 条和第 144 条规定了公职人员行贿的相关条例。刑法第 122 条是关于所谓的主动行贿,即贿赂公职人员;而刑法第 144 条是关于受贿,即公职人员接受贿赂。第 122 条(1):任何对在丹麦,外国或国际公共机构行使职责的公职人员行使不当的保证、承诺、给予礼物或其他好处,以诱使其在其公务职责中采取或不采取行动,则处以罚款或者监禁 3 年。第 144 条(1):任何在丹麦,外国或国际公共机构任职期间,不当收到、要求、接受礼物或其他好处,则处以罚款或者监禁 6 年。

这些规定适用于行使"公职"的人,他们不仅包括公职人员,也包括行使选举或指定职能的人员,例如:
- 政府雇员[部委、警察、法院、DSB(丹麦铁路)员工等];
- 地方/区域当局雇员(社会工作者、卫生部工作人员、市立学校教师等),包括驻外员工;
- 丹麦议会成员(Folketinget)、市政委员会和教区教堂理事会;
- 陪审员和非专业法官。

案例分析:

在公开招标投标中,共有五个承包商提交市政大厅改造的投标书。市当局和市建委将确定哪一个承包商可以获得项目合同。其中一个承包商的雇员联系到一位当地议员,同时也是建筑和建设委员会的成员。如果该议员在授予承包商合同的相关工作中支持该承包商,承包商雇员愿意向该建筑和建设委员会成员支付 5 万丹麦克朗。建设委员会成员接受了该提议。在这个案例中,双方都犯贿赂罪。承包商的雇员将根据丹麦刑法第 122 条(主动贿赂)受到相应处罚,而该建筑和建设委员会的成员将根据该刑法第 144 条(受贿)接受相关处罚。在丹麦刑法中,贿赂在国外的丹麦公职人员也会受到惩处。

案例分析：

在德国法庭上，一位丹麦的居民控告德国企业。这名丹麦人电话联系对案件结果起决定作用的法官，给予法官1万丹麦克朗以换取赢得诉讼，法官接受该提议。在这个例子中，该丹麦居民将会根据丹麦刑法第122条（主动贿赂）受到惩罚。

同样，根据丹麦刑法第122条，向欧盟或国际公共组织（欧洲委员会、NATO、OECD、联合国等）的雇员行贿将受到处罚。当"礼品或者其他好处"已被接受时，丹麦刑法第122条和第144条下的受贿才得以成立。相应地，条款中已经包含钱财上或其他方面好处（例如非钱财性个人回报）的界定。尽管公职人员不是这些利益的直接受益者，这些行为也可能会构成犯罪。给予雇员配偶、子女、父母或者其他有密切相关的人送礼也构成贿赂行为。

案例分析：

一家销售手机的民营企业总经理，给市政疗养院经理的配偶价值5 000丹麦克朗的手机以换取其母亲无须排队便可直接在疗养院获得福利住房。

在这个例子中，根据刑法第122条（主动贿赂）民营企业总经理将受到处罚；同时，如果疗养院经理接受民营企业总经理这一提议，根据刑法第144条（被动受贿）疗养院经理要接受处罚。

给予公职人员礼物或其他好处，以诱使其在公务职责中采取或不采取行动，违反了丹麦刑法第122条（主动贿赂）。即使最后没有影响公职人员工作结果，这一行为依旧构成失职。某些国家有"便利小费"的传统，即支付少量的金钱或给予小礼物来让公职人员执行他们的任务，例如发放护照或者许可证。尽管单独看来，这一行为在丹麦是违法的，但是当某个国家有着根深蒂固的传统，"便利小费"在丹麦刑法下便不算犯罪。在国际商务关系中支付款项，以致公共雇员失职，是不当行为，构成犯罪。

案例分析：

中国软件采购部门要购买一些软件，一家丹麦软件企业的销售经理向中国软件采购部门递交了一份投标书，为了确保拿到合同，丹麦销售经理给予中国软件采购部门2.5万丹麦克朗以确保自己中标。在这个案例中，丹麦销售经理的行为违反刑法第122条的规定。该丹麦软件企业无权获得合同。此外，2.5万丹麦克朗是一笔不小的钱，在这个案例中，此销售经理给予的不再是"便利小费",而是贿赂。目的不是影响公职人员工作而给予公职人员礼物的行为不构成犯罪。

案例分析：

一位病人在公立医院接受了大手术。病人在医院治疗结束后，向给他做手术的医生一大笔钱，作为"对手术成功表达感谢"。病人和外科医生在手术之前没有进行过讨论，也没有提到和手术相关的话题。在这个案例中，病人不会因刑法第 122 条受到惩罚，因为给予医生的这笔钱不是以影响手术工作为目的的。

上述案例中，病人不会因刑法第 122 条收到惩罚，但这并不意味着相关的外科医生可以接受病人的送礼。

即使受贿行为发生在相关事件之后，而且并没有任何事先的许诺；即使给予方无意让公职人员在某一方面有所作为或不作为，根据刑法第 144 条（被动受贿），公职人员接受礼物或其他好处构成刑事犯罪。如果礼品或其他好处与公职人员行使工作相关，接受礼物依然构成刑事犯罪，然而，并没有相关规定来界定公职人员接受的好处与公职人员工作行为之间的关系。

有时这些规定会引起质疑：收到礼物或其他好处是否"不适当的"？这种情况常见于不涉及行使权力的公职人员（例如，医护人员和教育工作者）。然而，最为突出的规定是，接受礼物或其他好处是不适当的，并且根据丹麦刑法第 144 条这种行为是违法的。只有当礼物或其他好处具有从属属性并且对接受者工作表现没有任何影响时，才不构成犯罪。

任何对公职人员的特殊照顾，如与辞职或晋升相关的纪念活动，一般不会构成犯罪。

案例分析：

一位公职人员第 25 个工作周年纪念日，由同事在工作场所给他举办纪念会。该员工因自身工作原因与一个私营企业有多年的密切合作。在周年纪念会上，这家私营企业给了员工 3 瓶红酒。一般情况下，这 3 瓶红酒被视为与该公职人员的纪念会相关，因此，根据刑法规定该雇员接受红酒不会是"不当的"，同时根据刑法第 144 条该行为不构成犯罪。

（二）私营部门贿赂

不但涉及公职人员的贿赂构成犯罪，涉及私营部门的贿赂同样构成犯罪。

私营部门的贿赂在第299条(1)(ii)中被判定为违法。本条款适用的犯罪行为通常被称为"回扣"或"秘密佣金"。第299条：任何人……(ii)在其作为他人财产受托人的权力范围内，为自己或他人的经济利益、好处，或为其他利益及他人所保证、承诺、提供的其他利益，违反自己作为受托人的义务，而向第三方作出承诺或接受第三方承诺的，处罚款或一年半有期徒刑。

刑法第299条(1)(ii)一般适用于就职于企业或与企业有联系的人员接受来自企业之外的人的礼品或好处。如果该礼品/好处使得接受者在某些方面有所作为或不作为，则该行为构成犯罪。保证、承诺或提供好处的人（主动贿赂），以及要求或接受这种好处的人（被动受赂）都会受到惩罚。

案例分析：

一家私营企业生产早餐麦片，有一些超市连锁店对该早餐麦片的销售非常感兴趣，同时该产品在连锁店客户中的需求很高。这家早餐麦片企业的总经理指示销售经理，连锁超市的订单一来就立刻处理。然而，早餐谷物企业并没有生产出足够数量产品来处理接到的所有的订单。一家连锁超市的总经理联系了该销售经理。他向销售经理和他的家人提供6个月的免费食品，以获得该超市所有订单立即处理的优先权，无论该麦片企业在此订单之前有多少囤积的订单。销售经理接受该提议。

接受好处的销售经理和提供好处的连锁超市经理都会因违反刑法第299条(1)(ii)而受罚。

与刑法第122条和第144条（公职人员的主动受贿和被动受贿）相似，第299条(1)(ii)不仅包含钱财方面的好处，也包含其他好处（例如非钱财性的个人回报）。

（三）仲裁人

刑法第304a条涉及仲裁员贿赂，仲裁员即依据仲裁协议被要求解决纠纷的人。

第304条a.(1)任何对在丹麦或国外的仲裁员不当保证、承诺、提供礼物或其他好处，以引诱其对该仲裁有所作为或不作为，处罚款或一年半有期徒刑。(2)同样的处罚适用于在丹麦或国外的仲裁员，在行使职能时不当收到、要求、接受礼物或其他好处。这一条款中犯罪行为的描述与刑法第122条的主动受贿和第144条被动受贿相似，唯一的不同是，这一条款涉及的是仲裁员贿赂。

三、在腐败面前怎么办？

作为公民或私人企业代表，在公共行政部门或私营部门遇到贿赂，应立刻向警方汇报此事。如果你以支付或其他形式行使贿赂，你个人将被判有罪。

作为一名公共管理雇员，你怀疑你的同事已经收到来自公民或私人企业的贿赂，你应该立即将此事通报给你的上级以便上级进一步调查，如果有证据的话，可以将此事汇报给警方。当你作为公职人员，意识到公民、国企或私企向你行贿时，同样适用上述内容。作为一名私人企业的雇员，你怀疑你的同事已经行贿或受贿，你应该将此事汇报给你的上级以便他进一步调查，并向警方报告。

有许多种方法防止民营企业卷入贪污案件，其中之一是让企业制定腐败行动守则。这样的行为准则使得企业员工在面临贿赂和开展工作时，有章可循。此外，行为准则可以说明与之相随的违规行为及员工可能面临的后果。行为准则不仅可以有效规范员工面对贿赂，也可以向公司合作伙伴、客户、代理商等发出强烈信号，表明公司拒绝贿赂。另一个防止民营企业卷入腐败和贿赂案件的方法是，对公司内部有较大贿赂风险的区域加以识别，并且将风险最小化。例如，通过引入相应流程确保公司订立的合同经过两个或两个以上的公司员工复查和赞成。

无论如何，让企业管理和公司员工共同探讨腐败和贿赂问题是一个很好的建议，这样公司的每个人都会意识到公司拒绝腐败和贿赂。

四、补充材料

如果你想对腐败的问题了解更多，下面提及的几个官方部门和组织可供联系：

丹麦外交部

2003年丹麦外交部推出了一项被称为"打击腐败行动"的计划。计划将重点区域集中在丹麦支持治理的几个重点发展中国家。该行动计划介绍了一系列打击腐败的活动，并说明了何时会完成这一活动。活动内容包括增加反腐资金以及关于反腐的大型网上学习项目。所有受雇于或者从丹麦国际开发署（DANIDA）领工资的人员都需要完成这一网上学习项目。若想查找更多的信息可登录http://www.um.dk查找"发展政策"和"贸易与投资"。丹麦国际开发署（DANIDA）对群众举报（怀疑或有证据）腐败行为或者其他丹麦发展援助的不当使用开通了电话热线。可以通过网站 http://www.um.dk/da/menu/Udviklingspolitik/Antikorruption/HjaelpOsMedAtBekaempeKorruption 进行举报，或者信件举报。收信地址是：丹麦外交部，亚洲广场2号，1448，哥本哈根，丹麦，并在信封上标注"反腐"。

2006年8月，丹麦外交部、透明国际与全球资讯网合作建立了"企业反腐败门户"。这个门户提供许多信息，信息包括特定腐败相关问题和如何预防丹麦企业在发展中国家运行的腐败问题。门户网址是 www.business-anti-corruption.com，并为企业反腐提供一站式服务。

国家反贪集团（GRECO）

1998年，欧洲委员会决定成立国家反贪集团（GRECO）打击腐败。丹麦是国家反贪集团的成员之一，在斯特拉斯堡有它的一席之位。该集团参照欧洲委员会反腐行动计划，监管其成员国对国际反腐文件的遵守。关于国家反贪集团的更多的信息请访问网站（http://www.coe.int），点击"法律事务"。

经济合作与发展组织（OECD）

包括丹麦的30个经济合作与发展组织，在经济和社会政策的发展上进行合作。由经济合作与发展组织主办，推行了多项全球禁腐的倡议，其中包括在国际商务交易中打击外国公职人员公约的准备工作。丹麦已经加入该公约。更多关于反腐倡议的信息请访问网站（http://www.oecd.org）。

丹麦工业联盟

由工会和雇主协会组成，丹麦工业联盟已经发表了完善的关于腐败的信息材料（"避免腐败——公司守则"，2006年8月）。更多该材料的信息请访问网站（www.di.dk）。

透明国际

透明国际是一个在全球范围内打击腐败的国际组织。该组织的工作包括制作年度反腐指数（CPI，清廉指数）。清廉指数用于与个别国家的腐败盛行程度进行比较。该组织的更多信息请访问网站（http://www.transparency.org）。

丹麦透明国际

透明国际涵盖了包括丹麦的85个独立国家。透明国际丹麦分支的更多信息请访问网站(http://www.transparency.dk)。

五、案例分析

下文是五个特定的案例概述。

根据丹麦刑法贿赂条款(刑法条款第122条,第144条,第299条(1)(ii)或者第304a条),判断其中提到的行为是否该判定为有罪。答案请见第六点。

案例1

一名摩托车警官在高速公路上拦下甲,因为甲驾驶的摩托车超过了100千米/小时的时速限制。摩托车警官告诉甲,他要被罚款5 000丹麦克朗。摩托车警官同时说如果甲给他500丹麦克朗,甲违反丹麦道路交通法的行为将不会记录在案。

1. 摩托车警官的行为违法吗?
2. 如果甲接受摩托车警官的提议,并且支付该警官500丹麦克朗,甲会受到处罚吗?
3. 如果摩托车警官只要求甲支付给他20丹麦克朗,会有什么不同?

案例2

一个业主想在他的房产上建一个40平方米的附属建筑物。因此,他向地方当局申请了一项建筑许可。业主错误地认为他的房产已达到最大容积率,所以他认为地方当局会拒绝他的申请。业主为了防止地方当局的拒绝,向地方当局的一名女性工作人员提供好处,承诺如果她发放建筑许可证,将得到和家人在兰萨罗特岛一周的假期。她接受了他的提议。该工作人员认为她没有做错什么,因为该业主的房产还没达到最大容积率,无论如何他都可以得到建筑许可。但是她没有告知业主此消息,因为她很想去南方和家人度假。

1. 业主的行为违法吗?
2. 地方当局工作人员的行为违法吗?
3. 如果业主提供的是2瓶红酒,而非兰萨罗特岛的度假,会有什么不同吗?

案例3

在丹麦,一个年轻的女孩刚刚以非常优异的成绩通过高中期末考试。她的父母非常感谢女孩老师多年来的努力。因此,女孩的父母联系了相关老师,并询问是否可以给老师一个昂贵的金首饰作为答谢。

1. 家长向老师提供昂贵的金首饰是犯罪行为吗？
2. 老师可以接受金首饰，而不受到惩罚吗？
3. 如果所送的礼物不是金首饰，而是例如价值200丹麦克朗的科幻小说；如果送礼与该老师从该高中辞职有联系，上述两个问题的答案会有变化吗？

案例4

一家私人企业要购买20辆汽车，目的是为企业的所有销售人员提供汽车。企业的首席执行官对每辆车的预算是最高30万丹麦克朗，他将选车的任务委托给了人力资源经理。该经理联系了5个不同的汽车商，并向他们表示，他将选择私下秘密给他最多回扣的那家汽车经销商。之后，5个汽车经销商中的一家得到了销售20辆车的合同。剩下的4个汽车经销商之一因为不愿私下给钱，所以没有得到合同。他很不习惯该经理的行为，并且联系了警察。在人力资源经理的办公室的搜查中，警方发现的证据表明，一个汽车经销商给予人力资源经理1万丹麦克朗，一个给予了2万丹麦克朗，一个给予了3万丹麦克朗，一个给予了10万丹麦克朗。而提供10万丹麦克朗的汽车经销商得到了合同。

1. 人力资源经理会因贿赂受到惩罚吗？
2. 得到合同的汽车经销商会因贿赂受到惩罚吗？
3. 剩下三个分别私下给予人力资源经理1万、2万和3万丹麦克朗的汽车经销商，会因贿赂受到惩罚吗？

案例5

一个私人业主决定更换大楼第150层的所有马桶和洗脸盆。他雇了一个代管人，并让他从三个水管工中挑选出一个。业主告诉代管人，他打算接受三个水管工中报价最低的那个。代管人和其中一个水管工甲是好朋友。某晚，他俩在讨论房东的装修作业。代管人告诉水管工，房东会接受最低报价的那家。第二天，水管工甲在自己报价之前，暗示代管人去看一下另外两个水管工的报价，从而确保他自己的报价是最低的。作为交换，水管工甲给代管人的公寓免费安装温泉浴池。代管人同意了水管工甲的这一提议，并且把另外两个水管工的报价给了他。不出所料，因为水管工甲的报价是最低的，业主接受了他的报价。然而，代管人公寓的温泉浴池一直没有安装，因为他和水管工甲在事情结束的几天之后吵了架。

1. 水管工甲会因贿赂被惩罚吗？

2. 尽管水管工甲没有如事先说好的那样,免费给代管人公寓安装温泉浴池,代管人会因贿赂被惩罚吗?

六、答案

案例1

问题1:是的。摩托车警官的行为根据刑法第144条(被动受贿)应受到处罚。

问题2:是的,如果甲支付摩托车警官500丹麦克朗,他因违反刑法第122条(主动贿赂)受罚。

问题3:不,不会有任何不一样。无论数额是20丹麦克朗还是500丹麦克朗,摩托车警官和甲都会受罚。

案例2

问题1:是的,根据丹麦刑法第122条(主动贿赂),该业主该受罚。

问题2:是的,根据丹麦刑法第144条(被动受贿),该地方当局工作人员的行为该受罚。

问题3:不,不会不一样。无论是兰萨罗特岛的假期还是2瓶红酒,该业主和该地方当局工作人员都会受罚。

案例3

问题1:不,父母不会因贿赂受罚。原因是父母送礼的这一行为并不是为了让老师在教学工作中采取行动或不采取任何行动。如果父母送礼的目的是让老师在丹麦语或其他考试中给女儿一个好分数,将会违反丹麦刑法第122条(主动贿赂)。

问题2:不是,如果该老师不告知家长他不被允许接受这么昂贵的金首饰,该老师将会根据丹麦刑法第144条(被动受贿)受到惩罚。

问题3:是的,如果礼物是例如价值200丹麦克朗且由教师推荐的小说,老师将不会因为违反刑法第144条(被动受贿)而受罚。原因是,在这样一种情况下,礼物拥有了附属品的性质,而且授予礼物不再有影响老师工作的风险。

案例4

问题1:是的,人事经理根据丹麦刑法第299条(1)(ii)(私营部门的被动受贿)应受到惩罚。

问题2：是的，获得合同的汽车经销商根据丹麦刑法第299条(1)(ii)应受到惩罚。

问题3：是的，虽然没有拿到合同，但是私下分别给予人力资源经理1万、2万和3万的汽车经销商依据丹麦刑法第299条(1)(ii)应该受到处罚。

案例5

问题1：是的，水管工甲根据违反丹麦刑法第299条(1)(ii)(主动贿赂)受罚。

问题2：是的，代管人根据丹麦刑法第299条(1)(ii)(被动受贿)同样受罚。

如果对腐败和贿赂有任何疑问，请联系丹麦司法部。

丹麦司法部 Slotsholmsgade 10 1216 Copenhagen K

电话：+45 72 26 84 00   邮箱：jm@jm.dk

网址：http://www.justitsministeriet.dk

丹麦国家廉政体系评估[①]

透明国际(TI)是一个领导反腐斗争的全球性公民组织。该组织在全球设立90多个办事处,并在柏林设立国际秘书处,以此提高人们对腐败所造成的破坏性影响的认识。透明国际与政府、企业和民间社会组织展开合作以开发并实施有效措施进行反腐斗争。

丹麦透明国际(TI-DK)是透明国际在丹麦的办事处,旨在提高人们对腐败问题的认识。丹麦透明国际主张在国家和国际层面进行合法改革,开展有关腐败议题的辩论并且引起人们对丹麦廉政体系中存在的问题的关注。

发布者:丹麦透明国际

首席研究员:Marina Buch Kristensen(北欧咨询集团 A/S 主管)

研究团队:Marina Buch Kristensen(Finn Kittelman 北欧咨询集团 A/S)Natascha Linn Felix 和 Louise Scheibel Smed(丹麦透明国际)

内部审查员:Suzanne Mulcahy(透明国际秘书处)

外部审查员:Hans Krause Hansen(哥本哈根商学院跨文化交际与管理系博士)

项目协调员:Natascha Linn Felix and Louise Scheibel Smed(丹麦透明国际),Paul Zoubkov(透明国际秘书处)

排版:Karin Diget Tschicaja

2012 年 1 月首次发布

本刊物是欧洲国家廉政体系项目的产品。国家廉政体系评估由透明国际开发和协调。经透明国际许可,允许对本刊物进行整体或部分复制;允许复制品以整体或部分形式出现在其他作品中,其余情况复制品一概不得出售。

[①] http://www.transparency.org/whatwedo/publication/national_integrity_system_assessment_denmark_executive_summary.

© 2012 丹麦透明国际。版权所有。

声明

本报告尽力证实信息的准确性。2011年12月止，所有信息皆被认为正确无误。尽管如此，出于其他目的或在其他情况下使用本报告，丹麦透明国际概不承担后果。政策建议反映了丹麦国际透明的意见。除非特别声明，这些意见不被视为代表那些被引用或采访的意见。该项目受预防和打击犯罪计划欧洲委员会——民政事务总署的资助。本出版物只反映作者意见，委员会对其中所含信息的使用概不负责。

预防和打击犯罪计划欧洲委员会——民政事务总署财政资助

执行摘要

丹麦国家廉政体系（NIS）的这项研究根据其预防腐败和维护体系廉洁的能力评估机构的法律依据和行为。本报告审查丹麦机构在多大程度上按照预期进行运作以及丹麦是否具备一个有效的反腐战略。为了评估机构能力，本报告对机构在经济、政治和社会文化背景中的运作情况进行评估。对于机构及其运作环境的研究勾勒出一幅丹麦国家廉政体系及其反腐败能力的全貌图。

这项研究并没有提供任何机构或支柱机构的详细分析。但是，它对该系统的整体反腐潜力进行综合分析，描述支柱机构之间的互动以评估廉政体系的稳健性及其长处和短处。以这种方式，该研究可以突出一些支柱更为强健的原因及它们互相影响的方式。国家廉政体系方法背后的关键假设是一个机构的弱点会导致整个系统的严重缺陷。

这一研究方法由柏林透明国际秘书处开发，以定量和定性数据为基础，这些数据收集来源于研究文章、报告以及国家和国际研究和调查等形式的二级数据。这项研究开展于2011年1月—8月，因此包括2011年8月前发布的相关文献。除了相关研究和二次文献以外，该研究在准备支柱机构报告的过程中对2～5人（至少有1人在机构工作和1个局外人）进行深入访谈。每一个主要机构报告都经举报人证实并经位于柏林的透明国际秘书处、丹麦透明国际、相关咨询小组和一位外部审查员的讨论。

这项研究得出结论：丹麦国家廉政体系"健康"。这主要得益于公共行政的强势文化。丹麦机构具有相对较少的廉政和反腐的正式条例。尽管形式化程度不高，但是廉政实践强大。问题在于如果行政文化被削弱，只有较少的条例可以依靠，这可能导致体系变得极为脆弱。国家廉政体系应受保护，因此我们应该格外关注体系中的弱点。这项研究已经确定体系中存在如下弱点：文件获取问题，官员不敢利用自己的权利揭露腐败，礼品往来缺乏透明度，以及国会议员的财务权益和政党融资缺乏透明度。

腐败不是丹麦的主要问题，因此在公开辩论中也不是一个常见的主题。同时，反腐败也不是政治议程中的主要议题。这可能是一个潜在的弱点，但是在实践中却并非如此。丹麦只有极少数彻底腐败的例子。丹麦被丹麦人和外人视为世界上腐败最少的国家之一。[①] 通过贿赂得到社会福利和服务的案例在丹麦几乎不存在，丹麦人普遍认为丹麦机构和官员没有腐败。然而，近年来丹麦媒体报道了几个高层官员和部长从私人企业接受旅行、音乐会和晚餐的案例。研究发现，惩罚性行为与接受往来形式的精美礼品和其他福利之间的界限难以界定。丹麦没有（已发布的）关于行政实践的法律，（已发布的）刑事审判也极为有限，而且这样的案例通常是基于行为和补偿的直接交换。因此，研究得出结论：尤其在接受往来形式的礼品时，特定机构需要向公众澄清并提供信息。

国家廉政体系的基础

下面的国家廉政体系的"神庙结构"说明丹麦的廉政体系十分坚固。丹麦是一个繁荣的国家，具有很强的包容性政治文化。丹麦在传统上也一直是一个开放和宽容的国家。然而，近年来，一场激烈的争辩正在丹麦展开，这是一场关于丹麦人和移民，或是穆斯林背景的移民后裔之间的关系的争辩，这场争辩正破坏着丹麦的共识模式。同时还出现了某些人群经济边缘化的现象。虽然丹麦的社会凝聚力依然强大，但是越来越多的不平等和随之而来的社会排斥最终可能会威胁丹麦社会的强大凝聚力。

---

① 透明国际腐败感知指数。

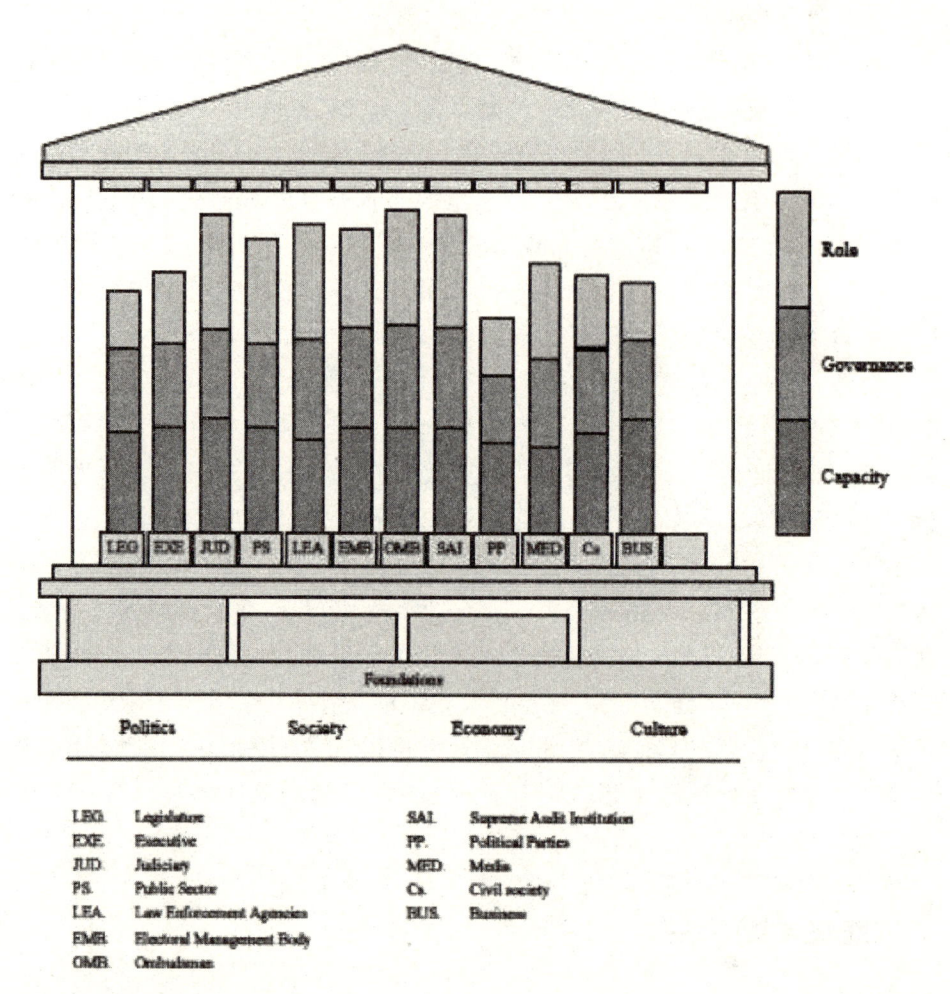

National Integrity System

```
                    Role
                    Governance
                    Capacity

LEG  EXE  JUD  PS  LEA  EMB  OMB  SAI  PP  MED  CS  BUS
                    Foundations

Politics    Society    Economy    Culture
```

LEG. Legislature
EXE. Executive
JUD. Judiciary
PS. Public Sector
LEA. Law Enforcement Agencies
EMB. Electoral Management Body
OMB. Ombudsman
SAI. Supreme Audit Institution
PP. Political Parties
MED. Media
Cs. Civil society
BUS. Business

廉政体系的优缺点

国家廉政体系神庙结构中的支柱总体强劲，没有任何一个支柱被评估为真正薄弱。他们都拥有足够的——即使不够丰富的——财政和人力资源。调查机构工作效率很高，并且公开透明、对公民负责。各种执法机构皆被认为十分强大。警察局、检察院和法院都被认为是享有较高公民信任度的有效机构，而且这些机构在实践中都是独立的立法机关和执行机关。其他一些协助立法机关和执行机关的机构，如国家审计办公室和议会监察员也被评定为能够有效运作，它们在能力、管理和作用等方面表现卓越。

媒体扮演着非常核心的作用。许多涉嫌欺诈的案例都开始出现在媒体上，随后被国家审计署、议会监察员或反诈骗调查组接管。因此，在丹麦廉政体系中，媒体也被视为一个重要组成部分，因为媒体在其工作中有效运作并且能够做到非政治化。无论文献或是报告者都不断提及媒体，并认为其在廉政体系中扮演决定性角色。然而，值得注意的是，媒体支柱在国家廉政体系神庙结构中被评估为最薄弱的支柱之一。此外，根据2010年透明国际的腐败统计，媒体在丹麦腐败机构中位居第二——仅被与各自相关的政党和私营部门超越，后两者共同位居第一。这表明媒体并非充分具备公众信心，这与媒体作为监督者的核心作用形成鲜明对比。削弱媒体角色可能潜在地削弱整个廉政体系。因此，公众对媒体的不信任应该被予以认真对待。公众的不信任可能源自媒体与政治精英之间开始出现相互依赖的现象，而这种依赖削弱了媒体作为监督者的作用。

所有公共机构以及一些私营公司在工作中都拥有高度的透明度。通过更新网站，机构呈现大量信息，因此信息易于获得。基于此，丹麦廉政体系同样具备高透明度的特征。然而，在考虑到政党和国会议员的经济利益以及公众试图获取一些敏感案件信息的情况下，这种透明性仍然存在一定缺陷。

丹麦廉政体系的最大弱点便是政党。相较于其他一些国家，丹麦在政党和议会候选人所获得的私人赞助方面透明度明显较低。这个领域的立法明显不足，而且规避各种要求捐助信息公开的可能性。作为一个出发点，赞助政党的私人捐款一旦超出2万丹麦克朗（360 841美元），就必须得以公开；但是保持匿名的各种可能性同样存在：捐款人可以通过基金会捐款，或者如果他们赞助一个或多个地方党组织的捐款少于2万丹麦克朗（360 841美元）时，他们可以选择匿名。此外，私营个体候选人对议会和政党成员的私人赞助只受税收法规限制。[①] 换言之，个体候选人在财政报告和透明度方面不具有义务。

在公共部门获取信息方面，透明度同样不充分。法律豁免各种文件被公众获取；在实际操作中，行政文化中的豁免条例可能被滥用，以拒绝公众合法获取文件，同时文件发布或公开的期限不受到尊重。这是一个管理问题，因为公务员的习惯使他们不愿意公开被他们认为敏感的事件，这很可能是怕自己做错事。尽管关于揭发的义务和权力的规定十分充足，但是在实际操作中却无法发挥最佳功能。如果公共和私营部门的高管不向员工发送他们具有告知公众的义务的明确信号，那是廉政体系的一大主要弱点。

---

① 欧洲理事会反腐败国家集团（GRECO）：丹麦政党资金评估报告，第三轮评估，2009，包括对 Roger Buch 和 Jørgen Elklit 的采访。

民间社会组织和利益相关方一直拥有促进立法工作的传统，但这一传统由于讨论草案立法的短暂咨询期限而遭到削弱，这使得组织机构和公众影响和控制议会的机会大大削弱。同时，丹麦在过去10年内一直由多数党政府执政，如此长期的多数党政府表明政治丑闻尚未被研究委员会调查，而且大多数事件由于涉及部长而没有出现任何结果。这削弱了议会在政府中的作用。

非国家行为者，如媒体、民间组织和私营部门在反腐败监督作用中排名普遍靠后，然而这在实践中并非弱点。相反这反映了一个事实，即腐败和反腐败在公开辩论中占据相对较不重要的位置。

这项评估发现丹麦廉政体系中存在许多缺点，这些缺点必须得以解决从而维持并提高系统的可行性。

建议

鉴于评估的结果，丹麦透明国际将致力于实施以下建议：

1. 强制公开国会议员额外职位和经济利益

目前对国会议员是否以一种道德的、负责任的态度行事进行控制并没有特殊的规章条例。行为守则缺失，游说者登记或者管理利益冲突的特殊规定使公众获取国会议员在议会和委员会的额外职位及其财政利益的信息显得格外重要，由此公众可以判断国会议员是否以个人利益为标准执行任务。因此，本研究建议所有国会议员必须以公开注册的方式公开自己的额外职位和财政利益。

2. 增加私人资助政党的透明度

本研究建议有关政党财政的明确规定必须详尽，以此保证透明度。这些建议应遵循欧洲理事会反腐败国家集团（GRECO）准则。因此，丹麦透明国际将致力于实施能够确保赞助政党的捐款金额精确的指导方针；致力于确保赞助个体候选人的捐款更加透明化；致力于实施能够精确计算以货品和服务形式捐助的货币价值的精确方针，并且保证相关价值必须在政党金融账户中显现；此外，丹麦透明国际还将致力于实施确保提高竞选捐助透明度的规则。

3. 保护并支持揭发者

丹麦透明国际将致力于建立一个咨询机构。在该机构中，私人和公共员工能够以揭发者身份获取建议和咨询。关键在于这一机构包括私营和公共部门，它能够使潜在揭发者在违背现有保密和忠诚义务的情况下不受相关条款的处罚。

4. 修正关于公共部门获取信息的法律惯例

关于获取信息的规则主要由公众获取信息的法律监管，同时，极有必要对此法律和相关法规进行现代化建设。丹麦透明国际将致力于削减对于获取条款的"特殊情况"的规定。最终的专业评估是部长行政服务中的一部分，必须确保无一例外。此外，应允许获取在部长和国会议员之间被阐述和交换的与立法或相似政治进程相关的文件，并强调关于登记义务和信息获取的规则适用于每一个人，包括高级顾问和其他特殊顾问。此外，应强制制定邮件列表。最后，应提高行政文化处理有关信息获取事件的积极性。在这方面，应严格审查在该领域处理投诉时拖延较长时间的情况。

5. 澄清并公开接受礼物

目前本研究已经明确说明制定更多制度的必要性——关于接收礼物的灰色地带和使该领域更加开放的具体指导方针。丹麦透明国际将致力于使高层官员（例如办事处负责人及以上领导）对礼物清单进行登记并公开化，类似于以上阐述的关于部长礼物清单的说明。该清单应包含相关花费的信息：差旅费、接受礼物、官方代表任务和下月活动等。

6. 增加公民社会组织的参与度

丹麦透明国际为利益组织设定至少四周时间以使其对政府活动进行公开回应，从而致力于延续包括公民社会组织在内的传统。此外，本研究特别建议议会参与公民社会组织的工作并研究报告中的倡议和问题；概括而言，丹麦决策者和商界领导者应参与有关反腐斗争的更为广泛和国际性的工作。

丹麦向欧盟提交的反腐报告

布鲁塞尔,2014 年 2 月 3 日
COM(2014)38 最终版

1. 简介——主要特点与趋势

反腐败框架
战略方针

尽管丹麦没有国家层面上的反腐败战略,但是在应对腐败方面,丹麦拥有完善的立法执法体系以及司法机关。① 检视丹麦腐败本质或者腐败程度的研究和统计分析屈指可数。② 隶属于丹麦外交部的丹麦国际开发署(Danida)已建立举报腐败行为的程序,提供与廉政问题相关的培训并实施腐败风险管理。③

法律框架

丹麦刑事立法涵盖了欧洲刑法委员会公约④及其附加协定⑤中所包含的除

---

① 欧洲各国反腐集团理事会(GRECO)第二轮评估报告(2005)p. 15. 文件见如下网站:http://www.coe.int/t/dghl/monitoring/greco/evaluations/round2/GrecoEval2(2004)6_Denmark_EN.pdf.
② 2011 丹麦数据统计。罪行。参见:http://www.dst.dk/pukora/epub/upload/17949/krim.pdf.
透明国际丹麦。《丹麦国家廉政体系研究(2012)》,参见:http://www.transparency.org/whatwedo/nisarticle/denmark_2012.
③ 经合组织关于在丹麦落实经合组织反贿赂公约第三阶段报告,2013 年 3 月,47 页。参见:http://www.oecd.org/daf/anti-bribery/Denmarkphase3reportEN.pdf.
④ 欧洲反腐刑法公约委员会(ETS 173)。
⑤ 欧洲反腐败刑法公约议定书委员会(ETS 191)。

影响力交易外的所有腐败犯罪形式。① 2013 年,国会通过了旨在加强经济犯罪相关案件的预防、调查和起诉的立法修订案。贿赂方面,公共部门中主动贿赂的最高刑罚从 3 年增至 6 年。私营部门中的贿赂及对仲裁者的贿赂,最高刑罚从 1 年 6 个月增至 4 年。② 获取信息的权限由法律管制,且任何人都可以获取所有公共管理机构的文件。③ 2013 年初,有关公共管理部门信息获取的立法草案被提交给国会委员会。④ 新的立法将增加公共管理的开放性,并使公众获取文档变得更为便捷。⑤ 从公众咨询中获悉,有民众担心新法例部分内容将限制公众获取有关立法流程的信息。⑥ 丹麦国会于 2013 年 6 月通过此项法律。丹麦并未执行欧洲各国反腐集团理事会(GRECO)旨在提高丹麦在政党、独立候选人和竞选活动融资规章制度的建议。

制度框架

严重经济及国际犯罪检察官是负责调查腐败案件的主体,该多学科团队由检察官和调查员组成。人们普遍认为丹麦的公务员诚信度较高。⑦ 由于丹麦高道德标准和公共领域高透明度的传统,公共管理文件中鲜见管理廉政与反腐的条文。⑧ 自 2007 年以来,丹麦施行了一套公职人员《行为守则》。⑨ 该守则实际

---

① 丹麦方面对于本公约第 17 条(司法权)有所保留。欧洲各国反腐集团理事会(GRECO)第三轮评估报告——关于丹麦的合规报告,(2011),6 页,参见:http://www.coe.int/t/dghl/monitoring/greco/evaluations/round3/GrecoRC3(2011)8_Denmark_EN.pdf.？https://www.retsinformation.dk/Forms/R0710.aspx?id=152268.
② https://www.retsinformation.dk/Forms/R0710.aspx?id=152268.
③ 《丹麦获取公共管理文件法》和《丹麦公共管理法规定》为获取普通管理信息的规则。欧洲各国反腐集团理事会(GRECO)2005 年第二轮评估,第 8 页,见:http://www.coe.int/t/dghl/monitoring/greco/evaluations/round2/GrecoEval2(2004)6_Denmark_EN.pdf.
④ 司法部,2013 年,L 144 公共管理事务草拟法案,参见:http://www.ft.dk/samling/20121/lovforslag/L144/index.htm#dok.
⑤ 该法在专门指定的委员会的建议基础上起草,该委员会由前监察专员 Hans Gammeltoft-Hansen 领导。Hans Gammeltoft-Hansen.2009."5 之后—26 之前"。参见:http://www.aabenhedstinget.dk/26-fremskridt-5-tilbageskridt/.
⑥ 欧洲安全合作组织媒体自由代表关注在丹麦提出的公共信息法律。斯德哥尔摩,2013 年 5 月 3 日——欧安组织媒体自由代表,Dunja Mijatovi。见:http://www.osce.org/fom/101841.收集了 86 000 个反对本法律的签名。
⑦ 透明国际丹麦。2012 年丹麦国家廉政建设体系研究,执行总结,参见:http://www.transparency.org/whatwedo/pub/national_integrity_system_assessment_denmark_executive_summary.
⑧ 欧洲各国反腐集团理事会(GRECO)第二轮评估报告,2004 年,第 10 页,http://www.coe.int/t/dghl/monitoring/greco/evaluations/round2/GrecoEval2(2004)6_Denmark_EN.pdf.
⑨ 该守则由公共管理现代化处与各部委、公共雇主和雇员组织合作协定。《公职人员行为守则》参见:http://hr.modst.dk/Publications/2007/God%20adfaerd%20i%20det%20offentlige%20-%20Juni%202007.aspx.

针对性强,旨在应对公共管理中可能出现的实际情况,包括"基本价值观和原则""言论自由""保密义务""公正"和"接受礼物"。① 该守则已分发至公共部门的工作场所,同时也展开了一系列旨在提高对守则认识的宣传活动。2007 年,司法部印发了名为《如何避免腐败》的宣传手册。该手册就丹麦反腐败立法给出了实例和解释。②

民意调查

认知度调查

丹麦一向名列欧盟腐败程度最低的国家之列。根据 2013 年欧洲晴雨表关于腐败的调查,只有 20% 的丹麦人认为腐败广泛存在于他们的国家(欧盟平均水平:76%)。只有 3% 的丹麦受访者认为他们的个人日常生活受腐败影响(欧盟平均水平:26%)。在这两个指标上,丹麦均居于欧盟首位。

腐败经历

在过去 12 个月中,只有不到 1% 的受访者被要求或期望行贿(欧盟平均水平:4%),12% 的人说他们个人知道谁曾受贿(欧盟平均水平:12%)。③

商业调查

根据欧洲晴雨表关于腐败的调查,受访的丹麦管理者④中 19% 的人认为偏袒与腐败有损于丹麦的商业竞争(欧盟平均水平:73%)。只有 4% 的丹麦企业认为在做生意时,腐败对于其公司而言已构成问题(欧盟平均水平:43%)⑤。在公共采购领域,根据 2013 年欧洲晴雨表商业腐败调查,⑥14% 的受访者认为腐败广泛存在于由国家主管部门管理的公共采购部门中,而在地方政府管理的采购部门中该比例为 20%(欧盟平均水平为 56% 和 60%)。这两个问题上,丹麦在欧盟国家仍排名靠前。

---

① 欧洲各国反腐集团理事会(GRECO)第二轮评估报告,《丹麦合规报告附录》,2009 年,第 3 页。参见:http://www.coe.int/t/dghl/monitoring/greco/evaluations/round2/GrecoRC2(2007)2_Add_Denmark_EN.pdf.
② 司法部,2007,避免腐败:http://jm.schultzboghandel.dk/upload/microsites/jm/ebooks/andre_publ/korruption/index.html.
③ 2013 特别欧洲晴雨表(Special Eurobarometer)397。
④ 2013 快速欧洲晴雨表(Flash Eurobarometer)374。
⑤ 2013 快速欧洲晴雨表(Flash Eurobarometer)374。
⑥ 2013 快速欧洲晴雨表(Flash Eurobarometer)374。

背景问题
私营部门

就法律框架而言,丹麦正确地将《框架决议 2003/568/JHA》中关于私营部门主动腐败与适用于自然人和法人的刑罚进行顺序调换。① 在海外行贿中,世界经济合作组织反腐工作组就以下两项问题提出严重关切,即海外行贿犯罪缺乏执法力度,案例结案前未进行充分调查或未尽力获取海外证据。② 另一方面,经合组织赞扬了丹麦在提高反腐意识与促进企业社会责任方面作出的努力。

利益冲突与资产公开

丹麦议会成员没有公开其资产的法定义务,也不受其他任何形式的利益冲突条例监管。然而,部分政党在没有任何正式义务的情况下要求其国会议员公开资产;议会主席团行使控制权。③ 该主席团同时也处理与部长或议员相关的利益冲突案件。此外,丹麦议会在提高部长花销透明度方面树立了良好的榜样。它制定了"公开机制",即不同政党之间达成的一项协议。该协议鼓励部长们申报其每月的支出,差旅费,接受的礼物与其他相关信息。④ 在自愿的基础上,部长们还在总理办公室网站上公开自己的个人和财务收益。⑤

举报

丹麦并未对公共或私营部门的员工提供任何全面的举报保护。当公共领域的员工行使其向报社或其他外部合作伙伴公开非保密信息的权利时,《丹麦公务员行为规范》⑥仅提供相关指导方针。⑦ 私营公司中若员工因举报涉嫌贿赂的行

---

① COM(2011)309 最终版,2011 年 6 月 6 日 2003/568/JHA 框架决议第二轮实施报告,参见:http://eur-lex.europa.eu/LexUriServ/LexUriServ.do?uri=COM:2011:0309:FIN:EN:PDF.
② 经合组织关于在丹麦落实反腐公约的第三阶段报告。2013 年 3 月,第 5 页。参见:http://www.oecd.org/daf/anti-bribery/Denmarkphase3reportEN.pdf.
③ 透明国际。2012 年丹麦国家廉政建设体系研究,见:http://transparency.dk/wp-content/uploads/2011/12/19.1.12._elektronisk_nis_final1.pdf.
④ 政府和丹麦人民党、社会民主党,社会主义人民党和社会自由党之间达成的新的有关部长花销及活动透明法规的协议。参见:http://www.stm.dk/multimedia/Politisk_aftale_om_benhedsordningen.pdf.
⑤ http://www.stm.dk/_a_1628.html.
⑥ 根据《行为准则》,员工可以向组织寻求专业援助或向议会监察员投诉。见第 37 页。《公职人员行为准则》参见:http://hr.modst.dk/Publications/2007/God%20adfaerd%20i%20det%20offentlige%20-%20Juni%202007.aspx.
⑦ 《雇主和工薪雇员之间的法律关系条例》也适用于不公平解雇,其条款对公共和私营部门均适用。但规定不包括其他形式的打击报复,例如降级和骚扰。经合组织关于在丹麦落实经合组织反贿赂公约第三阶段报告。2013 年 3 月,第 46 页。参见:http://www.oecd.org/daf/anti-bribery/Denmarkphase3reportEN.pdf.

为而被开除,《丹麦劳工法》不提供任何保护。① 2009 年,就业部公布了一份《解释性备忘录》和一份《指导守则》,文件重点关注了私营公司员工的举报行为与言论自由。② 该准则并不具有法律约束力,因而赋予举报人的法律追索权十分有限。③ 因此,经合组织反腐工作组认为丹麦有必要改善公共领域及私营领域的举报机制。④ 丹麦政府最近成立了专门委员会来研究在这一领域进行改革的必要性。⑤

游说透明度

丹麦没有针对游说的法规。公共官员与游说者之间的联系不受具体的登记义务约束。一家美国咨询公司在一份报告中称,自 2009 年起,访问丹麦监管机构明显比其他欧洲国家容易。⑥ 丹麦专业游说团体已对游说行为登记提出了要求。然而该游说登记计划已于最近被国会否决。

2. 问题聚焦

政党融资

丹麦国家层面的政治融资透明体系受《政党法》(APPA) 和《公共资金法》(PFA) 监管。⑦ 近年来,这两部法律已得到逐步修正和完善,目的在于提高政治融资的透明度;例如,收到 2700 欧元以上的捐赠时政党有义务报告,且议会将政党账目公之于众。⑧

---

① 经合组织关于在丹麦落实经合组织反贿赂公约第二阶段评估报告。2006 年,第 17 页。参见:http://www.oecd.org/daf/anti-bribery/anti-briberyconvention/36994434.pdf.
② http://bm.dk/da~/media/BEM/Files/Dokumenter/Beskaeftigelsesomraadet/Arbejdsret/privatansattes_ytringsfrihed.ashx.
③ 经合组织关于在丹麦落实经合组织反贿赂公约第三阶段报告。2013 年 3 月,第 46 页。参见:http://www.oecd.org/daf/anti-bribery/Denmarkphase3reportEN.pdf.
④ 经合组织关于在丹麦落实经合组织反贿赂公约第三阶段报告。2013 年 3 月。参见:http://www.oecd.org/daf/anti-bribery/Denmarkphase3reportEN.pdf.
⑤ http://www.justitsministeriet.dk/nyt-og-presse/pressemeddelelser/2013/regeringen-neds%C3%A6tter-udvalg-om-offentligt-ansattes.
⑥ 报告见:http://www.slideshare.net/Dianova/burson-marsteller-effective-lobbying-guide-in-europe.
⑦ 两套立法构成了政治融资透明度的法律基础。参见网站:https://www.retsinformation.dk/Forms/R0710.aspx?id=2409.
同时也可参见 2009 年经合组织关于落实丹麦经合组织反贿赂公约第三轮评估报告,第 12 页。参见:http://www.coe.int/t/dghl/monitoring/greco/evaluations/round3/GrecoEval3(2008)9_Denmark_Two_EN.pdf.
⑧ 经合组织关于在丹麦落实经合组织反贿赂公约第三轮评估,合规报告,2011 年,第 7 页。参见:http://www.coe.int/t/dghl/monitoring/greco/evaluations/round3/GrecoRC3(2011)8_Denmark_EN.pdf.

尽管如此，现行法律对政党透明度的管理仍存在缺陷。例如，对于来自国外的捐赠、法人或匿名捐赠者的捐赠没有限制。对于捐赠金额也没有限制。① 这样一来公众借以评估私人资金与政策决定之间可能存在的联系的方法即变得十分有限。

丹麦国家政府向国家、地区与地方层面的政党拨付大量公共资金。尽管如此，针对政党与个体党员的私人融资管理十分有限，此外游说、资产申报规章与管理利益冲突的特殊制度的缺失，都导致该体系存在腐败的风险。② 据透明国际组织透露，私人政党融资的透明度有限是丹麦廉政体系的最大弱点。③ 在最近的全球腐败晴雨表调查中，丹麦受访者认为丹麦的政党是受腐败影响最严重的的机构之一。④ 欧洲各国反腐集团理事会(GRECO)向丹麦提交了九项提高政党资金的透明度的建议。⑤ 经议会讨论，丹麦当局认为"没有必要采取任何措施来修正现有的政党融资法律框架"。⑥ 在其合规报告中，欧洲各国反腐集团理事会(GRECO)认为尽管合规并不一定意味着采取立法措施，这一决定仍令人失望，因为这些建议未能促成任何实质性改变。⑦ 根据"团结一致的丹麦"(*A Denmark that Stands Together*)这一政府计划，政府将成立专家委员会，以就提高政党融资的透明度提出建议。⑧ 2013年，议会议长启动了一项针对政党融资规则的审查。鉴于这项工作仍处于初级阶段，欧洲各国反腐集团理事会(GRECO)尚未收到任何关于改革内容的信息。⑨ 近期议会也就提高政党与个

---

① 经合组织关于在丹麦落实经合组织反贿赂公约第三轮评估，2009年，第11页。参见：http://www.coe.int/t/dghl/monitoring/greco/evaluations/round3/GrecoEval3(2008)9_Denmark_Two_EN.pdf.
② 透明国际。丹麦2012年国家廉政体系研究。执行总结。参见：http://www.transparency.org/whatwedo/pub/national_integrity_system_assessment_denmark_executive_summary.
③ 透明国际。丹麦2012年国家廉政体系研究。英文总结。参见：Available from：http://transparency.dk/?page_id=1258.
④ 2013年透明国际全球腐败晴雨表表明，30%的丹麦受访者认为政党是腐败或者极度腐败。参见：http://www.transparency.org/gcb2013/country/?country=denmark.
⑤ 经合组织第三轮评估，2009年，16—17页。参见：http://www.coe.int/t/dghl/monitoring/greco/evaluations/round3/GrecoEval3(2008)9_Denmark_Two_EN.pdf.
⑥ 经合组织第三轮评估报告-丹麦合规报告。2011年，6—7页。
⑦ 经合组织第三轮评估报告-丹麦合规报告。2011年，6—7页。
⑧ 政府计划。"团结一致的丹麦(*A Denmark that Stands Together*)"，2011年10月9日，第76页。参见：http://www.stm.dk/publikationer/Et_Danmark_der_staar_sammen_11/Regeringsgrundlag_okt_2011.pdf.
⑨ 经合组织第三轮评估报告——丹麦第二次中期合规报告，2014年第5页，参见：http://www.coe.int/t/dghl/monitoring/greco/evaluations/round3/GrecoRC3(2013)11_Second%20Interim_Denmark_EN.pdf.

体候选人融资透明度必要性这一议题进行了辩论。①

海外贿赂

丹麦有许多拥有全球客户群的公司,主要涉及机械与仪器、肉类和乳制品、医药和风力涡轮机行业。丹麦与新兴经济体的贸易及对其的投资相对较低,但预计将会增加。② 尽管 2013 年欧洲晴雨表调查显示,企业界只有 4% 的丹麦人认为,在丹麦开展业务时腐败是一个问题,且这一比例在所有 28 个国家中最低,③另一项调查却表明几乎一半的丹麦公司认为,如果想在某些国家做生意,如巴西、俄罗斯、印度和中国,他们就不得不贿赂或破坏常规。④ 丹麦的民间社会代表已证实了这一看法。⑤

政府已经作出努力以提高海外反腐意识,防止海外行贿并推广企业的社会责任。此外,丹麦当局和商业组织已发出若干指导方针和政策文件。⑥

> **良好做法:防止海外贿赂**
>
> 负责商业行为调解和投诉处理机构是经合组织(OECD)位于丹麦的国家联络点。该机构是政府的《企业社会责任⑦ 2012—2015 年行动计划》的一部分。它有权发起调查并对涉及违反经合组织跨国企业指导方针的案例作出裁决。⑧ 企业社会责任罗盘是一款免费在线工具,可帮助公司与次级供应商实施

---

① 参见:http://www.ft.dk/samling/20131/spoergsmaal/S347/index.htm.
② 经合组织关于在丹麦执行经合组织反腐公约第三阶段报告。2013 年 3 月。参见:http://www.oecd.org/daf/anti-bribery/Denmarkphase3reportEN.pdf.
③ 关于 2013 年欧洲晴雨表关于欧洲民众对于腐败情况的特殊调查请参见:http://ec.europa.eu/public_opinion/archives/eb_special_en.htm.
④ 被遗忘的富人。交易委员会。外交部,0113,第 31 页。参见:http://ipaper.ipapercms.dk/Udenrigsministeriet/Eksportfokus/Eksportfokus012013/?Page=31.
⑤ 经合组织第三轮评估,2009 年,第 11 页。参见:http://www.coe.int/t/dghl/monitoring/greco/evaluations/round3/GrecoEval3(2008)9_Denmark_Two_EN.pdf.
⑥ 这些指导方针与政策文件为:(1)司法部小册子《如何避免腐败》;(2)丹麦工业联合会出版《避免腐败》;(3)丹麦贸易委员会的反腐败政策;(4)丹麦投资资金反腐败指导方针;(5)丹麦国际开发署反腐败准则;丹麦国际开发准则在 2011 年由外交部反腐败政策所替代。关于贯彻落实经合组织在丹麦反腐败条约第三阶段报告。2013 年 3 月,参见:http://www.oecd.org/daf/anti-bribery/Denmarkphase3reportEN.pdf.
⑦ 负责任性增长。2012—2015 年企业社会责任行动计划。参见:http://csrgov.dk/file/318420/uk_responsible_growth_2012.pdf.
⑧ 2012 年跨国企业经合组织指导方针年度报告报告。报告参见:http://www.oecd.org/daf/inv/mne/2012annualreportontheguidelinesformnes.htm; 有关 http://oecdwatch.org/news-en/oecd-watch-welcomes-denmark2019s-strengthened-ncp.

负责任的供应链管理，记录并实践环保标准，人权及工人的权利等。①

丹麦外交部（MFA）开展了一系列活动来提高员工的反腐意识。丹麦外交部新的反腐败政策包括一条反腐行为准则，该准则适用于在哥本哈根外交部、丹麦大使馆、代表处、贸易委员会工作的全体员工，并同样适用于外交部所雇用的顾问与咨询。新规则的目的是预防丹麦援助给予体系内的腐败，防止开发援助使用过程中的腐败，并协助接受丹麦援助的国家打击腐败。②

尽管丹麦作出这些努力，经合组织反腐工作组仍旧表示出担忧，因为在13起海外贿赂指控中，仅有一起诉诸起诉和制裁。③针对该公司的指控最终庭外和解。根据和解协议，该公司承认实施了私人行业腐败，但这一罪行比海外贿赂要轻。④丹麦当局还结案了14例涉及逃避制裁和违反联合国石油换食品计划中联合国在伊拉克的禁运条令的案件。由于法律限制已经失效，这些案件并未受到法律制裁；但违法所得收益已被充公。

丹麦有一套针对法人海外行贿罪的制裁制度；犯罪法人将被处以罚款且罚款金额设定时会考虑公司营业额等因素。在上述案例中，被告支付了33.5万欧元的罚款，而在庭外和解中又被没收了27万欧元。然而与76万欧元的贿赂金额以及被告获得的1.09亿合同价值相比，这些制裁的代价相对较低。

此外，经合组织反腐工作组报告说，如果这些案件不付诸起诉会加深人们对于以下问题的担忧，即结案之前案件是否得到充分调查，丹麦当局是否太过依赖海外当局的调查，是否有尽力获取海外证据与合作。欧洲各国反腐集团理事会（GRECO）报告说，起诉贿赂犯罪行为时所需的双重犯罪前提明显限制了丹麦在

---

① 企业社会责任罗盘参见：http://csrcompass.com/about-csr-compass。
② 丹麦外交部新的反腐败政策于2011年由外交部管理部门通过。自2008年起新政策与行为反腐准则代替了丹麦国际开发署的反腐行为守则，前者很大程度上是在后者基础上制定而成的。文件参见：http://uganda.um.dk/en/~/media/Uganda/Documents/English%20site/Danidaframeworktoprevent andfightcorruption.pdf。
③ 在剩余的12起案件中，9起案件未经起诉即结案，只有3起还在处理中。关于经合组织在丹麦执行经合组织反腐败公约第三阶段报告。2013年3月，第8页。参见：http://www.oecd.org/daf/anti-bribery/Denmarkphase3reportEN.pdf。
④《经合组织关于打击跨国业务交易中对外国公职人员进行贿赂公约》和《2009年在国际商业交易中进一步打击对外国公务人员进行贿赂行为的委员会建议》。关于经合组织在丹麦执行经合组织反腐败公约第三阶段报告。2013年3月，第9页。参见：http://www.oecd.org/daf/anti-bribery/Denmarkphase3reportEN.pdf。

某些海外地区的反腐成效①。欧洲各国反腐集团理事会(GRECO)认为,这一法律规定就丹麦坚定反腐决心方面发送了一条错误的信息。

最后,欧洲各国反腐集团理事会(GRECO)指出,关于"象征性酬金"或者给予外国公共官员的疏通费问题,丹麦立法存在双重标准。② 疏通费指的是给予执行公务,如处理护照或颁发许可证的公共雇员的一小笔钱或小礼物。

丹麦立法明确指出,向国内和国外公共官员贿赂的条款涵盖了所有形式的不当好处。但是从《刑法典》关于贿赂条款的准备性条文中似乎可以看出,考虑到当地习俗与法律,在某些国家给予外国公共官员的疏通费是不可避免的。

2007年,司法部在一本手册中进一步澄清,疏通费从来都是不恰当的,因此如果其目的是诱导外国公共职员违反其职责,疏通费便会构成与国际业务关系相关的犯罪行为。

尽管如此,经合组织反腐工作组报告称,疏通费犯罪行为缺乏明确界定,因此鼓励丹麦明确疏通费的定义,使其具有法律约束力,并与《经合组织反贿赂公约》第1条③一致。

3. 未来措施

在透明度、廉政与腐败控制方面,丹麦一直处于欧盟领先地位。一些国际调查显示,不论是对于丹麦人或是国际专家,腐败在丹麦并未被视为问题。由于丹麦的腐败案件很少,这项问题在政治日程上并未占据显著位置。不过,丹麦仍存在一些改进的空间,尤其是在政党融资,以海外贿赂为由对丹麦公司进行起诉和判刑的框架等问题上。

以下几点需要进一步关注:

---

① 双重犯罪的前提条件是指丹麦居民在国外犯下贪污罪且在该国不受法律惩罚,那么该居民则无法被起诉。此外,丹麦法院不可以实施比犯罪发生国家更严厉的制裁措施。经合组织第三轮评估报告,卷Ⅰ,2009年,第15页。参见:http://www.coe.int/t/dghl/monitoring/greco/evaluations/round3/GrecoEval3(2008)9_Denmark_One_EN.pdf.
② 经合组织第三轮评估报告。合规报告。2011年,第3页。参见:http://www.coe.int/t/dghl/monitoring/greco/evaluations/round3/GrecoRC3(2011)8_Denmark_EN.pdf.
③ 经合组织公约第1款:每一缔约方应该采取如下必要措施并规定,在其法律管辖下的任何人故意向外交公共官员(为了该官员或第三方)提供、承诺或者给予任何不恰当的金钱或其他好处,为了使该官员行使或免于行使其官方职责,目的为在国际交易中获得或保留交易或者获取不恰当的好处,都构成刑事犯罪。《经合组织关于国际商业交易中打击贿赂外国公共官员行为的公约》。经合组织关于在丹麦落实经合组织反腐公约第三阶段报告。2013年3月,第15页。参见:http://www.oecd.org/daf/anti-bribery/Denmarkphase3reportEN.pdf.

需要考虑欧洲各国反腐集团理事会(GRECO)的建议,进一步加强有关政党融资的预防性措施,以提高政党与个体候选人的融资透明度并完善监管机制。

通过以下努力打击海外贿赂：提高对公司与法人实体的罚款金额；就海外行贿犯罪中的双重犯罪条款重新审定；小额疏通费犯罪得到明确界定；使其具有法律约束力,并与《经合组织反贿赂公约》一致。

联合国反腐公约

序言

　　本公约缔约国,关注腐败对社会稳定与安全所造成的问题和构成的威胁的严重性,它破坏民主体制和价值观、道德观和正义并危害着可持续发展和法治,并关注腐败同其他形式的犯罪特别是同有组织犯罪和包括洗钱在内的经济犯罪的联系,还关注涉及巨额资产的腐败案件,这类资产可能占国家资源的很大比例,并对这些国家的政治稳定和可持续发展构成威胁,确信腐败已经不再是局部问题,而是一种影响所有社会和经济的跨国现象,因此,开展国际合作预防和控制腐败是至关重要的,并确信需要为有效地预防和打击腐败采取综合性的、多学科的办法,还确信提供技术援助可以在增强国家有效预防和打击腐败的能力方面发挥重要的作用,其中包括通过加强能力和通过机构建设,确信非法获得个人财富特别会对民主体制、国民经济和法治造成损害,决心更加有效地预防、查出和制止非法获得的资产的国际转移,并加强资产追回方面的国际合作,承认在刑事诉讼程序和判决财产权的民事或者行政诉讼程序中遵守正当法律程序的基本原则,铭记预防和根除腐败是各国的责任,而且各国应当相互合作,同时应当有公共部门以外的个人和团体的支持和参与,例如民间社会、非政府组织和社区组织的支持和参与,只有这样,这方面的工作才能行之有效,还铭记公共事务和公共财产妥善管理、公平、尽责和法律面前平等各项原则以及维护廉正和提倡拒腐风气的必要性,赞扬预防犯罪和刑事司法委员会和联合国毒品和犯罪问题办事处在预防和打击腐败方面的工作,回顾其他国际和区域组织在这一领域开展的工作,包括非洲联盟、欧洲委员会、海关合作理事会(又称世界海关组织)、欧洲联盟、阿拉伯国家联盟、经济合作与发展组织和美洲国家组织所开展的活动,赞赏地注意到关于预防和打击腐败的各种文书,其中包括:美洲国家组织于1996年

3月29日通过的《美洲反腐败公约》、欧洲联盟理事会于1997年5月26日通过的《打击涉及欧洲共同体官员或欧洲联盟成员国官员的腐败行为公约》、经济合作与发展组织于1997年11月21日通过的《禁止在国际商业交易中贿赂外国公职人员公约》、欧洲委员会部长委员会于1999年1月27日通过的《反腐败刑法公约》、欧洲委员会部长委员会于1999年11月4日通过的《反腐败民法公约》和非洲联盟国家和政府首脑于2003年7月12日通过的《非洲联盟预防和打击腐败公约》,《联合国打击跨国有组织犯罪公约》于2003年9月29日生效,一致议定如下:

第一章　总则

第一条　宗旨声明

本公约的宗旨是:

(一) 促进和加强各项措施,以便更加高效而有力地预防和打击腐败;

(二) 促进、便利和支持预防和打击腐败方面的国际合作和技术援助,包括在资产追回方面;

(三) 提倡廉正、问责制和对公共事务和公共财产的妥善管理。

第二条　术语的使用

在本公约中:

(一) "公职人员"系指:1.无论是经任命还是经选举而在缔约国中担任立法、行政、行政管理或者司法职务的任何人员,无论长期或者临时,计酬或者不计酬,也无论该人的资历如何;2.依照缔约国本国法律的定义和在该缔约国相关法律领域中的适用情况,履行公共职能,包括为公共机构或者公营企业履行公共职能或者提供公共服务的任何其他人员;3.缔约国本国法律中界定为"公职人员"的任何其他人员。但就本公约第二章所载某些具体措施而言,"公职人员"可以指依照缔约国本国法律的定义和在该缔约国相关法律领域中的适用情况,履行公共职能或者提供公共服务的任何人员。

(二) "外国公职人员"系指外国无论是经任命还是经选举而担任立法、行政、行政管理或者司法职务的任何人员;以及为外国,包括为公共机构或者公营企业行使公共职能的任何人员。

(三) "国际公共组织官员"系指国际公务员或者经此种组织授权代表该组织行事的任何人员。

(四) "财产"系指各种资产,不论是物质的还是非物质的、动产还是不动产、有形的还是无形的,以及证明对这种资产的产权或者权益的法律文件或者文书。

(五)"犯罪所得"系指通过实施犯罪而直接或间接产生或者获得的任何财产。

(六)"冻结"或者"扣押"系指依照法院或者其他主管机关的命令暂时禁止财产转移、转换、处分或者移动或者对财产实行暂时性扣留或者控制。

(七)"没收",在适用情况下还包括充公,系指根据法院或者其他主管机关的命令对财产实行永久剥夺。

(八)"上游犯罪"系指由其产生的所得可能成为本公约第二十三条所定义的犯罪的对象的任何犯罪。

(九)"控制下交付"系指在主管机关知情并由其监控的情况下允许非法或可疑货物运出、通过或者运入一国或多国领域的做法,其目的在于侦查某项犯罪并查明参与该项犯罪的人员。

第三条 适用范围

一、本公约应当根据其规定适用于对腐败的预防、侦查和起诉以及根据本公约确立的犯罪的所得的冻结、扣押、没收和返还。

二、为执行本公约的目的,除非另有规定,本公约中所列犯罪不一定非要对国家财产造成损害或者侵害。

第四条 保护主权

一、缔约国在履行其根据本公约所承担的义务时,应当恪守各国主权平等和领土完整原则以及不干涉他国内政原则。

二、本公约任何规定概不赋予缔约国在另一国领域内行使管辖权和履行该另一国本国法律规定的专属于该国机关的职能的权利。

第二章 预防措施

第五条 预防性反腐败政策和做法

一、各缔约国均应当根据本国法律制度的基本原则,制定和执行或者坚持有效而协调的反腐败政策,这些政策应当促进社会参与,并体现法治、妥善管理公共事务和公共财产、廉正、透明度和问责制的原则。

二、各缔约国均应当努力制定和促进各种预防腐败的有效做法。

三、各缔约国均应当努力定期评估有关法律文书和行政措施,以确定其能否有效预防和打击腐败。

四、缔约国均应当根据本国法律制度的基本原则,酌情彼此协作并同有关国际组织和区域组织协作,以促进和制定本条所述措施。这种协作可以包括参与各种预防腐败的国际方案和项目。

第六条 预防性反腐败机构

一、各缔约国均应当根据本国法律制度的基本原则,确保设有一个或酌情设有多个机构通过诸如下列措施预防腐败:

(一)实施本公约第五条所述政策,并在适当情况下对这些政策的实施进行监督和协调;

(二)积累和传播预防腐败的知识。

二、各缔约国均应当根据本国法律制度的基本原则,赋予本条第一款所述机构必要的独立性,使其能够有效地履行职能和免受任何不正当的影响。各缔约国均应当提供必要的物资和专职工作人员,并为这些工作人员履行职能提供必要的培训。

三、各缔约国均应当将可以协助其他缔约国制定和实施具体的预防腐败措施的机关的名称和地址通知联合国秘书长。

第七条 公共部门

一、各缔约国均应当根据本国法律制度的基本原则,酌情努力采用、维持和加强公务员和适当情况下其他非选举产生公职人员的招聘、雇用、留用、晋升和退休制度,这种制度:

(一)以效率原则、透明度原则和特长、公正和才能等客观标准原则为基础;

(二)对于担任特别容易发生腐败的公共职位的人员,设有适当的甄选和培训程序以及酌情对这类人员实行轮岗的适当程序;

(三)促进充分的报酬和公平的薪资标准,同时考虑到缔约国的经济发展水平;

(四)促进对人员的教育和培训方案,以使其能够达到正确、诚实和妥善履行公务的要求,并为其提供适当的专门培训,以提高其对履行其职能过程中所隐含的腐败风险的认识。这种方案可以参照适当领域的行为守则或者准则。

二、各缔约国均应当考虑采取与本公约的目的相一致并与本国法律的基本原则相符的适当立法和行政措施,就公职的人选资格和当选的标准作出规定。

三、各缔约国还应当考虑采取与本公约的目的相一致并与本国法律的基本原则相符的适当立法和行政措施,以提高公职竞选候选人经费筹措及适当情况下的政党经费筹措的透明度。

四、各缔约国均应当根据本国法律的基本原则,努力采用、维持和加强促进透明度和防止利益冲突的制度。

第八条　公职人员行为守则

一、为了打击腐败，各缔约国均应当根据本国法律制度的基本原则，在本国公职人员中特别提倡廉正、诚实和尽责。

二、各缔约国均尤其应当努力在本国的体制和法律制度范围内适用正确、诚实和妥善履行公务的行为守则或者标准。

三、为执行本条的各项规定，各缔约国均应当根据本国法律制度的基本原则，酌情考虑到区域、区域间或者多边组织的有关举措，例如大会1996年12月12日第51/59号决议附件所载《公职人员国际行为守则》。

四、各缔约国还应当根据本国法律的基本原则，考虑制定措施和建立制度，以便于公职人员在履行公务过程中发现腐败行为时向有关部门举报。

五、各缔约国均应当根据本国法律的基本原则，酌情努力制定措施和建立制度，要求公职人员特别就可能与其公职人员的职能发生利益冲突的职务外活动、任职、投资、资产以及贵重馈赠或者重大利益向有关机关申报。

六、各缔约国均应当考虑根据本国法律的基本原则，对违反依照本条确定的守则或者标准的公职人员采取纪律措施或者其他措施。

第九条　公共采购和公共财政管理

一、各缔约国均应当根据本国法律制度的基本原则采取必要步骤，建立对预防腐败特别有效的以透明度、竞争和按客观标准决定为基础的适当的采购制度。这类制度可以在适用时考虑到适当的最低限值，所涉及的方面应当包括：

（一）公开分发关于采购程序及合同的资料，包括招标的资料与授标相关的资料，使潜在投标人有充分时间准备和提交标书；

（二）事先确定参加的条件，包括甄选和授标标准以及投标规则，并予以公布；

（三）采用客观和事先确定的标准作出公共采购决定，以便于随后核查各项规则或者程序是否得到正确适用；

（四）建立有效的国内复审制度，包括有效的申诉制度，以确保在依照本款制定的规则未得到遵守时可以诉诸法律和进行法律救济；

（五）酌情采取措施，规范采购的负责人员的相关事项，例如特定公共采购中的利益关系申明、筛选程序和培训要求。

二、各缔约国均应当根据本国法律制度的基本原则采取适当措施，促进公共财政管理的透明度和问责制。这些措施应当包括下列方面：

（一）国家预算的通过程序；

（二）按时报告收入和支出情况；

（三）由会计和审计标准及有关监督构成的制度；

（四）迅速而有效的风险管理和内部控制制度；

（五）在本款规定的要求未得到遵守时酌情加以纠正。

三、各缔约国均应当根据本国法律的基本原则，采取必要的民事和行政措施，以维持与公共开支和财政收入有关的账簿、记录、财务报表或者其他文件完整无缺，并防止在这类文件上作假。

第十条　公共报告

考虑到反腐败的必要性，各缔约国均应当根据本国法律的基本原则采取必要的措施，提高公共行政部门的透明度，包括酌情在其组织结构、运作和决策过程方面提高透明度。这些措施可以包括下列各项：

（一）施行各种程序或者条例，酌情使公众了解公共行政部门的组织结构、运作和决策过程，并在对保护隐私和个人资料给予应有考虑的情况下，使公众了解与其有关的决定和法规；

（二）酌情简化行政程序，以便于公众与主管决策机关联系；

（三）公布资料，其中可以包括公共行政部门腐败风险问题定期报告。

第十一条　与审判和检察机关有关的措施

一、考虑到审判机关独立和审判机关在反腐败方面的关键作用，各缔约国均应当根据本国法律制度的基本原则并在不影响审判独立的情况下，采取措施加强审判机关人员的廉正，并防止出现腐败机会。这类措施可以包括关于审判机关人员行为的规则。

二、缔约国中不属于审判机关但具有类似于审判机关独立性的检察机关，可以实行和适用与依照本条第一款所采取的具有相同效力的措施。

第十二条　私营部门

一、各缔约国均应当根据本国法律的基本原则采取措施，防止涉及私营部门的腐败，加强私营部门的会计和审计标准，并酌情对不遵守措施的行为规定有效、适度而且具有警戒性的民事、行政或者刑事处罚。

二、为达到这些目的而采取的措施可以包括下列内容：

（一）促进执法机构与有关私营实体之间的合作；

（二）促进制定各种旨在维护有关私营实体操守的标准和程序，其中既包括正确、诚实和妥善从事商业活动和所有相关职业活动并防止利益冲突的行为守则，也包括在企业之间以及企业与国家的合同关系中促进良好商业惯例的采用的行为守则；

（三）增进私营实体透明度，包括酌情采取措施鉴定参与公司的设立和管理的法人和自然人的身份；

（四）防止滥用对私营实体的管理程序，包括公共机关对商业活动给予补贴和颁发许可证的程序；

（五）在合理的期限内，对原公职人员的职业活动或者对公职人员辞职或者退休后在私营部门的任职进行适当的限制，以防止利益冲突，只要这种活动或者任职同这些公职人员任期内曾经担任或者监管的职能直接有关；

（六）确保私营企业根据其结构和规模实行有助于预防和发现腐败的充分内部审计控制，并确保这种私营企业的账目和必要的财务报表符合适当的审计和核证程序。

三、为了预防腐败，各缔约国均应当根据本国关于账簿和记录保存、财务报表披露以及会计和审计标准的法律法规采取必要措施，禁止为实施根据本公约确立的任何犯罪而从事下列行为：

（一）设立账外账户；

（二）进行账外交易或者账实不符的交易；

（三）虚列支出；

（四）登录负债账目时谎报用途；

（五）使用虚假单据；

（六）故意在法律规定的期限前销毁账簿。

四、鉴于贿赂是依照本公约第十五条和第十六条确立的犯罪构成要素之一，各缔约国均应当拒绝对贿赂构成的费用实行税款扣减，并在适用情况下拒绝对促成腐败行为所支付的其他费用实行税款扣减。

第十三条 社会参与

一、各缔约国均应当根据本国法律的基本原则在其力所能及的范围内采取适当措施，推动公共部门以外的个人和团体，例如民间团体、非政府组织和社区组织等，积极参与预防和打击腐败，并提高公众对腐败的存在、根源、严重性及其所构成的威胁的认识。这种参与应当通过下列措施予以加强：

（一）提高决策过程的透明度，并促进公众在决策过程中发挥作用。

（二）确保公众有获得信息的有效渠道。

（三）开展有助于不容忍腐败的公众宣传活动，以及包括中小学和大学课程在内的公共教育方案。

（四）尊重、促进和保护有关腐败的信息的查找、接收、公布和传播的自由。这种自由可以受到某些限制，但是这种限制应当仅限于法律有规定而且也有必要的下列情形：

1. 尊重他人的权利或者名誉；
2. 维护国家安全或公共秩序，或者维护公共卫生或公共道德。

二、各缔约国均应当采取适当的措施，确保公众知悉本公约提到的相关的反腐败机构，并应当酌情提供途径，以便以包括匿名举报在内的方式向这些机构举报可能被视为构成根据本公约确立的犯罪的事件。

第十四条 预防洗钱的措施

一、各缔约国均应当：

（一）在其权限范围内，对银行和非银行金融机构，包括对办理资金或者价值转移正规或非正规业务的自然人或者法人，并在适当情况下对特别易于涉及洗钱的其他机构，建立全面的国内管理和监督制度，以便遏制并监测各种形式的洗钱，这种制度应当着重就验证客户身份和视情况验证实际受益人身份、保持记录和报告可疑交易作出规定；

（二）在不影响本公约第四十六条的情况下，确保行政、管理、执法和专门打击洗钱的其他机关（在本国法律许可时可以包括司法机关）能够根据本国法律规定的条件，在国家和国际一级开展合作和交换信息，并应当为此目的考虑建立金融情报机构，作为国家中心收集、分析和传递关于潜在洗钱活动的信息。

二、缔约国应当考虑实施可行的措施，监测和跟踪现金和有关流通票据跨境转移的情况，但必须有保障措施，以确保信息的正当使用而且不致以任何方式妨碍合法资本的移动。这类措施可以包括要求个人和企业报告大额现金和有关流通票据的跨境转移。

三、缔约国应当考虑实施适当而可行的措施，要求包括汇款业务机构在内的金融机构：

（一）在电子资金划拨单和相关电文中列入关于发端人的准确而有用的信息；

（二）在整个支付过程中保留这种信息；

（三）对发端人信息不完整的资金转移加强审查。

四、吁请缔约国在建立本条所规定的国内管理和监督制度时，在不影响本公约其他任何条款的情况下将区域、区域间和多边组织的有关反洗钱举措作为指南。

五、缔约国应当努力为打击洗钱而在司法机关、执法机关和金融监管机关之间开展和促进全球、区域、分区域及双边合作。

第三章 定罪和执法

第十五条 贿赂本国公职人员

各缔约国均应当采取必要的立法措施和其他措施,将下列故意实施的行为规定为犯罪:

(一)直接或间接向公职人员许诺给予、提议给予或者实际给予该公职人员本人或者其他人员或实体不正当好处,以使该公职人员在执行公务时作为或者不作为;

(二)公职人员为其本人或者其他人员或实体直接或间接索取或者收受不正当好处,以作为其在执行公务时作为或者不作为的条件。

第十六条 贿赂外国公职人员或者国际公共组织官员

一、各缔约国均应当采取必要的立法和其他措施,将下述故意实施的行为规定为犯罪:直接或间接向外国公职人员或者国际公共组织官员许诺给予、提议给予或者实际给予该公职人员本人或者其他人员或实体不正当好处,以使该公职人员或者该官员在执行公务时作为或者不作为,以便获得或者保留与进行国际商务有关的商业或者其他不正当好处。

二、各缔约国均应当考虑采取必要的立法和其他措施,将下述故意实施的行为规定为犯罪:外国公职人员或者国际公共组织官员直接或间接为其本人或者其他人员或实体索取或者收受不正当好处,以作为其在执行公务时作为或者不作为的条件。

第十七条 公职人员贪污、挪用或者以其他类似方式侵犯财产

各缔约国均应当采取必要的立法和其他措施,将下述故意实施的行为规定为犯罪:公职人员为其本人的利益或者其他人员或实体的利益,贪污、挪用或者以其他类似方式侵犯其因职务而受托的任何财产、公共资金、私人资金、公共证券、私人证券或者其他任何贵重物品。

第十八条 影响力交易

各缔约国均应当考虑采取必要的立法和其他措施,将下列故意实施的行为规定为犯罪:

(一)直接或间接向公职人员或者其他任何人员许诺给予、提议给予或者实际给予任何不正当好处,以使其滥用本人的实际影响力或者被认为具有的影响力,为该行为的造意人或者其他任何人从缔约国的行政部门或者公共机关获得不正当好处;

(二) 公职人员或者其他任何人员为其本人或者他人直接或间接索取或者收受任何不正当好处，以作为该公职人员或者该其他人员滥用本人的实际影响力或者被认为具有的影响力，从缔约国的行政部门或者公共机关获得任何不正当好处的条件。

第十九条　滥用职权

各缔约国均应当考虑采取必要的立法和其他措施，将下述故意实施的行为规定为犯罪：滥用职权或者地位，即公职人员在履行职务时违反法律，实施或者不实施一项行为，以为其本人或者其他人员或实体获得不正当好处。

第二十条　资产非法增加

在不违背本国宪法和本国法律制度基本原则的情况下，各缔约国均应当考虑采取必要的立法和其他措施，将下述故意实施的行为规定为犯罪：资产非法增加，即公职人员的资产显著增加，而本人无法以其合法收入作出合理解释。

第二十一条　私营部门内的贿赂

各缔约国均应当考虑采取必要的立法和其他措施，将经济、金融或者商业活动过程中下列故意实施的行为规定为犯罪：

(一) 直接或间接向以任何身份领导私营部门实体或者为该实体工作的任何人许诺给予、提议给予或者实际给予该人本人或者他人不正当好处，以使该人违背职责作为或者不作为；

(二) 以任何身份领导私营部门实体或者为该实体工作的任何人为其本人或者他人直接或间接索取或者收受不正当好处，以作为其违背职责作为或者不作为的条件。

第二十二条　私营部门内的侵吞财产

各缔约国均应当考虑采取必要的立法和其他措施，将经济、金融或者商业活动中下述故意实施的行为规定为犯罪：以任何身份领导私营部门实体或者在该实体中工作的人员侵吞其因职务而受托的任何财产、私人资金、私人证券或者其他任何贵重物品。

第二十三条　对犯罪所得的洗钱行为

一、各缔约国均应当根据本国法律的基本原则采取必要的立法和其他措施，将下列故意实施的行为规定为犯罪：

(一)

1. 明知财产为犯罪所得，为隐瞒或者掩饰该财产的非法来源，或者为协助任何参与实施上游犯罪者逃避其行为的法律后果而转换或者转移该财产；

2. 明知财产为犯罪所得而隐瞒或者掩饰该财产的真实性质、来源、所在地、

处分、转移、所有权或者有关的权利;

(二) 在符合本国法律制度基本概念的情况下:

1. 在得到财产时,明知其为犯罪所得而仍获取、占有或者使用;

2. 对本条所确立的任何犯罪的参与、协同或者共谋实施、实施未遂以及协助、教唆、便利和参谋实施;

二、为实施或者适用本条第一款:

(一) 各缔约国均应当寻求将本条第一款适用于范围最为广泛的上游犯罪;

(二) 各缔约国均应当至少将其根据本公约确立的各类犯罪列为上游犯罪;

(三) 就上文第(二)项而言,上游犯罪应当包括在有关缔约国管辖范围之内和之外实施的犯罪。但是,如果犯罪发生在一缔约国管辖权范围之外,则只有当该行为根据其发生地所在国法律为犯罪,而且根据实施或者适用本条的缔约国的法律该行为若发生在该国也为犯罪时,才构成上游犯罪;

(四) 各缔约国均应当向联合国秘书长提供其实施本条的法律以及这类法律随后的任何修改的副本或说明;

(五) 在缔约国本国法律基本原则要求的情况下,可以规定本条第一款所列犯罪不适用于实施上游犯罪的人。

第二十四条 窝赃

在不影响本公约第二十三条的规定的情况下,各缔约国均应当考虑采取必要的立法和其他措施,将下述故意实施的行为规定为犯罪:行为所涉及的人员虽未参与根据本公约确立的任何犯罪,但在这些犯罪实施后,明知财产是根据本公约确立的任何犯罪的结果而窝藏或者继续保留这种财产。

第二十五条 妨害司法

各缔约国均应当采取必要的立法措施和其他措施,将下列故意实施的行为规定为犯罪:

(一) 在涉及根据本公约确立的犯罪的诉讼中使用暴力、威胁或者恐吓,或者许诺给予、提议给予或者实际给予不正当好处,以诱使提供虚假证言或者干扰证言或证据的提供;

(二) 使用暴力、威胁或恐吓,干扰审判或执法人员针对根据本公约所确立的犯罪执行公务。本项规定概不影响缔约国就保护其他类别公职人员进行立法的权利。

第二十六条 法人责任

一、各缔约国均应当采取符合其法律原则的必要措施,确定法人参与根据本公约确立的犯罪应当承担的责任。

二、在不违反缔约国法律原则的情况下,法人责任可以包括刑事责任、民事责任或者行政责任。

三、法人责任不应当影响实施这种犯罪的自然人的刑事责任。

四、各缔约国均应当特别确保使依照本条应当承担责任的法人受到有效、适度而且具有警戒性的刑事或者非刑事制裁,包括金钱制裁。

第二十七条　参与、未遂和中止

一、各缔约国均应当采取必要的立法和其他措施,根据本国法律将以共犯、从犯或者教唆犯等任何身份参与根据本公约确立的犯罪规定为犯罪。

二、各缔约国均可以采取必要的立法和其他措施,根据本国法律将实施根据本公约确立的犯罪的任何未遂和中止规定为犯罪。

三、各缔约国均可以采取必要的立法和其他措施,根据本国法律将为实施根据本公约确立的犯罪进行预备的行为规定为犯罪。

第二十八条　作为犯罪要素的明知、故意或者目的

根据本公约确立的犯罪所需具备的明知、故意或者目的等要素,可以根据客观实际情况予以推定。

第二十九条　时效

各缔约国均应当根据本国法律酌情规定一个较长的时效,以便在此期限内对根据本公约确立的任何犯罪启动诉讼程序,并对被指控犯罪的人员已经逃避司法处置的情形确定更长的时效或者规定不受时效限制。

第三十条　起诉、审判和制裁

一、各缔约国均应当使根据本公约确立的犯罪受到与其严重性相当的制裁。

二、各缔约国均应当根据本国法律制度和宪法原则采取必要措施以建立或者保持这样一种适当的平衡:既照顾到为公职人员履行其职能所给予的豁免或者司法特权,又照顾到在必要时对根据本公约确立的犯罪进行有效的侦查、起诉和审判的可能性。

三、在因根据本公约确立的犯罪起诉某人而行使本国法律规定的任何法律裁量权时,各缔约国均应当努力确保针对这些犯罪的执法措施取得最大成效,并适当考虑到震慑这种犯罪的必要性。

四、就根据本公约确立的犯罪而言,各缔约国均应当根据本国法律并在适当尊重被告人权利的情况下采取适当措施,力求确保就判决前或者上诉期间释放的裁决所规定的条件已经考虑到确保被告人在其后的刑事诉讼中出庭的需要。

五、各缔约国均应当在考虑已经被判定实施了有关犯罪的人的早释或者假释可能性时，顾及这种犯罪的严重性。

六、各缔约国均应当在符合本国法律制度基本原则的范围内，考虑建立有关程序，使有关部门得以对被指控实施了根据本公约确立的犯罪的公职人员酌情予以撤职、停职或者调职，但应当尊重无罪推定原则。

七、各缔约国均应当在符合本国法律制度基本原则的范围内，根据犯罪的严重性，考虑建立程序，据以通过法院令或者任何其他适当手段，取消被判定实施了根据本公约确立的犯罪的人在本国法律确定的一段期限内担任下列职务的资格：

（一）公职；

（二）完全国有或者部分国有的企业中的职务。

八、本条第一款不妨碍主管机关对公务员行使纪律处分权。

九、本公约的任何规定概不影响下述原则：对于根据本公约确立的犯罪以及适用的法定抗辩事由或者决定行为合法性的其他法律原则，只应当由缔约国本国法律加以阐明，而且对于这种犯罪应当根据缔约国本国法律予以起诉和惩罚。

十、缔约国应当努力促进被判定实施了根据本公约确立的犯罪的人重新融入社会。

第三十一条　冻结、扣押和没收

一、各缔约国均应当在本国法律制度的范围内尽最大可能采取必要的措施，以便能够没收：

（一）来自根据本公约确立的犯罪的犯罪所得或者价值与这种所得相当的财产；

（二）用于或者拟用于根据本公约确立的犯罪的财产、设备或者其他工具。

二、各缔约国均应当采取必要的措施，辨认、追查、冻结或者扣押本条第一款所述任何物品，以便最终予以没收。

三、各缔约国均应当根据本国法律采取必要的立法和其他措施，规范主管机关对本条第一款和第二款中所涉及的冻结、扣押或者没收的财产的管理。

四、如果这类犯罪所得已经部分或者全部转变或者转化为其他财产，则应当以这类财产代替原犯罪所得而对之适用本条所述措施。

五、如果这类犯罪所得已经与从合法来源获得的财产相混合，则应当在不影响冻结权或者扣押权的情况下没收这类财产，没收价值最高可以达到混合于其中的犯罪所得的估计价值。

六、对于来自这类犯罪所得、来自这类犯罪所得转变或者转化而成的财产或者来自已经与这类犯罪所得相混合的财产的收入或者其他利益，也应当适用本条所述措施，其方式和程度与处置犯罪所得相同。

七、为本条和本公约第五十五条的目的，各缔约国均应当使其法院或者其他主管机关有权下令提供或者扣押银行记录、财务记录或者商业记录。缔约国不得以银行保密为理由拒绝根据本款的规定采取行动。

八、缔约国可以考虑要求由罪犯证明这类所指称的犯罪所得或者其他应当予以没收的财产的合法来源，但是此种要求应当符合其本国法律的基本原则以及司法程序和其他程序的性质。

九、不得对本条的规定作损害善意第三人权利的解释。

十、本条的任何规定概不影响其所述各项措施应当根据缔约国法律规定并以其为准加以确定和实施的原则。

第三十二条　保护证人、鉴定人和被害人

一、各缔约国均应当根据本国法律制度并在其力所能及的范围内采取适当的措施，为就根据本公约确立的犯罪作证的证人和鉴定人并酌情为其亲属及其他与其关系密切者提供有效的保护，使其免遭可能的报复或者恐吓。

二、在不影响被告人权利包括正当程序权的情况下，本条第一款所述措施可以包括：

（一）制定为这种人提供人身保护的程序，例如，在必要和可行的情况下将其转移，并在适当情况下允许不披露或者限制披露有关其身份和下落的资料；

（二）规定允许以确保证人和鉴定人安全的方式作证的取证规则，例如允许借助于诸如视听技术之类的通信技术或者其他适当手段提供证言。

三、缔约国应当考虑与其他国家订立有关本条第一款所述人员的移管的协定或者安排。

四、本条各项规定还应当适用于作为证人的被害人。

五、各缔约国均应当在不违背本国法律的情况下，在对罪犯提起刑事诉讼的适当阶段，以不损害被告人权利的方式使被害人的意见和关切得到表达和考虑。

第三十三条　保护举报人

各缔约国均应当考虑在本国法律制度中纳入适当措施，以便对出于合理理由善意向主管机关举报涉及根据本公约确立的犯罪的任何事实的任何人员提供保护，使其不致受到任何不公正的待遇。

第三十四条　腐败行为的后果

各缔约国均应当在适当顾及第三人善意取得的权利的情况下,根据本国法律的基本原则采取措施,消除腐败行为的后果。在这方面,缔约国可以在法律程序中将腐败视为废止或者撤销合同、取消特许权或撤销其他类似文书或者采取其他任何救济行动的相关因素。

第三十五条　损害赔偿

各缔约国均应当根据本国法律的原则采取必要的措施,确保因腐败行为而受到损害的实体或者人员有权为获得赔偿而对该损害的责任者提起法律程序。

第三十六条　专职机关

各缔约国均应当根据本国法律制度的基本原则采取必要的措施,确保设有一个或多个机构或者安排了人员专职负责通过执法打击腐败。这类机构或者人员应当拥有根据缔约国法律制度基本原则而给予的必要独立性,以便能够在不受任何不正当影响的情况下有效履行职能。这类人员或者这类机构的工作人员应当受到适当培训,并应当有适当资源,以便执行任务。

第三十七条　与执法机关的合作

一、各缔约国均应当采取适当措施,鼓励参与或者曾经参与实施根据本公约确立的犯罪的人提供有助于主管机关侦查和取证的信息,并为主管机关提供可能有助于剥夺罪犯的犯罪所得并追回这种所得的实际具体帮助。

二、对于在根据本公约确立的任何犯罪的侦查或者起诉中提供实质性配合的被告人,各缔约国均应当考虑就适当情况下减轻处罚的可能性作出规定。

三、对于在根据本公约确立的犯罪的侦查或者起诉中提供实质性配合的人,各缔约国均应当考虑根据本国法律的基本原则就允许不予起诉的可能性作出规定。

四、本公约第三十二条的规定,应当变通适用于为这类人员提供的保护。

五、如果本条第一款所述的、处于某一缔约国的人员能够给予另一缔约国主管机关以实质性配合,有关缔约国可以考虑根据本国法律订立关于由对方缔约国提供本条第二款和第三款所述待遇的协定或者安排。

第三十八条　国家机关之间的合作

各缔约国均应当采取必要的措施,根据本国法律鼓励公共机关及其公职人员与负责侦查和起诉犯罪的机关之间的合作。这种合作可以包括:

(一)在有合理的理由相信发生了根据本公约第十五条、第二十一条和第二十三条确立的任何犯罪时,主动向上述机关举报;

(二)根据请求向上述机关提供一切必要的信息。

第三十九条 国家机关与私营部门之间的合作

一、各缔约国均应当采取必要的措施,根据本国法律鼓励本国侦查和检察机关与私营部门实体特别是与金融机构之间就根据本公约确立的犯罪的实施所涉的事项进行合作。

二、各缔约国均应当考虑鼓励本国国民以及在其领域内有惯常居所的其他人员向国家侦查和检察机关举报根据本公约确立的犯罪的实施情况。

第四十条 银行保密

各缔约国均应当在对根据本公约确立的犯罪进行国内刑事侦查时,确保本国法律制度中有适当的机制,可以用以克服因银行保密法的适用而可能产生的障碍。

第四十一条 犯罪记录

各缔约国均可以采取必要的立法或者其他措施,按其认为适宜的条件并为其认为适宜的目的,考虑另一国以前对被指控罪犯作出的任何有罪判决,以便在涉及根据本公约确立的犯罪的刑事诉讼中利用这类信息。

第四十二条 管辖权

一、各缔约国均应当在下列情况下采取必要的措施,以确立对根据本公约确立的犯罪的管辖权:

(一)犯罪发生在该缔约国领域内;

(二)犯罪发生在犯罪时悬挂该缔约国国旗的船只上或者已经根据该缔约国法律注册的航空器内。

二、在不违背本公约第四条规定的情况下,缔约国还可以在下列情况下对任何此种犯罪确立其管辖权:

(一)犯罪系针对该缔约国国民;

(二)犯罪系由该缔约国国民或者在其领域内有惯常居所的无国籍人实施;

(三)犯罪系发生在本国领域以外的、根据本公约第二十三条第一款第(二)项第2目确立的犯罪,目的是在其领域内实施本公约第二十三条第一款第(一)项第1目或者第2目或者第(二)项第1目确立的犯罪;

(四)犯罪系针对该缔约国。

三、为了本公约第四十四条的目的,各缔约国均应当采取必要的措施,在被指控罪犯在其领域内而其仅因该人为本国国民而不予引渡时,确立本国对根据本公约确立的犯罪的管辖权。

四、各缔约国还可以采取必要的措施,在被指控罪犯在其领域内而其不引渡该人时确立本国对根据本公约确立的犯罪的管辖权。

五、如果根据本条第一款或者第二款行使管辖权的缔约国被告知或者通过其他途径获悉任何其他缔约国正在对同一行为进行侦查、起诉或者审判程序，这些缔约国的主管机关应当酌情相互磋商，以便协调行动。

六、在不影响一般国际法准则的情况下，本公约不排除缔约国行使其根据本国法律确立的任何刑事管辖权。

第四章　国际合作

第四十三条　国际合作

一、缔约国应当依照本公约第四十四条至第五十条的规定在刑事案件中相互合作。在适当而且符合本国法律制度的情况下，缔约国应当考虑与腐败有关的民事和行政案件调查和诉讼中相互协助。

二、在国际合作事项中，凡将双重犯罪视为一项条件的，如果协助请求中所指的犯罪行为在两个缔约国的法律中均为犯罪，则应当视为这项条件已经得到满足，而不论被请求缔约国和请求缔约国的法律是否将这种犯罪列入相同的犯罪类别或者是否使用相同的术语规定这种犯罪的名称。

第四十四条　引渡

一、当被请求引渡人在被请求缔约国领域内时，本条应当适用于根据本公约确立的犯罪，条件是引渡请求所依据的犯罪是按请求缔约国和被请求缔约国本国法律均应当受到处罚的犯罪。

二、尽管有本条第一款的规定，但缔约国本国法律允许的，可以就本公约所涵盖但依照本国法律不予处罚的任何犯罪准予引渡。

三、如果引渡请求包括几项独立的犯罪，其中至少有一项犯罪可以依照本条规定予以引渡，而其他一些犯罪由于其监禁期的理由而不可以引渡但却与根据本公约确立的犯罪有关，则被请求缔约国也可以对这些犯罪适用本条的规定。

四、本条适用的各项犯罪均应当视为缔约国之间现行任何引渡条约中的可以引渡的犯罪。缔约国承诺将这种犯罪作为可以引渡的犯罪列入它们之间将缔结的每一项引渡条约。在以本公约作为引渡依据时，如果缔约国本国法律允许，根据本公约确立的任何犯罪均不应当视为政治犯罪。

五、以订有条约为引渡条件的缔约国如果接到未与之订有引渡条约的另一缔约国的引渡请求，可以将本公约视为对本条所适用的任何犯罪予以引渡的法律依据。

六、以订有条约为引渡条件的缔约国应当：

（一）在交存本公约批准书、接受书、核准书或者加入书时通知联合国秘书长，说明其是否将把本公约作为与本公约其他缔约国进行引渡合作的法律依据；

（二）如果其不以本公约作为引渡合作的法律依据，则在适当情况下寻求与本公约其他缔约国缔结引渡条约，以执行本条规定。

七、不以订有条约为引渡条件的缔约国应当承认本条所适用的犯罪为它们之间可以相互引渡的犯罪。

八、引渡应当符合被请求缔约国本国法律或者适用的引渡条约所规定的条件，其中包括关于引渡的最低限度刑罚要求和被请求缔约国可以据以拒绝引渡的理由等条件。

九、对于本条所适用的任何犯罪，缔约国应当在符合本国法律的情况下，努力加快引渡程序并简化与之有关的证据要求。

十、被请求缔约国在不违背本国法律及其引渡条约规定的情况下，可以在认定情况必要而且紧迫时，根据请求缔约国的请求，拘留被请求缔约国领域内的被请求引渡人，或者采取其他适当措施，确保该人在进行引渡程序时在场。

十一、如果被指控罪犯被发现在某一缔约国而该国仅以该人为本国国民为理由不就本条所适用的犯罪将其引渡，则该国有义务在寻求引渡的缔约国提出请求时将该案提交本国主管机关以便起诉，而不得有任何不应有的延误。这些机关应当以与根据本国法律针对性质严重的其他任何犯罪所采用的相同方式作出决定和进行诉讼程序。有关缔约国应当相互合作，特别是在程序和证据方面，以确保这类起诉的效率。

十二、如果缔约国本国法律规定，允许引渡或者移交其国民须以该人将被送还本国，按引渡或者移交请求所涉审判、诉讼中作出的判决服刑为条件，而且该缔约国和寻求引渡该人的缔约国也同意这一选择以及可能认为适宜的其他条件，则这种有条件引渡或者移交即足以解除该缔约国根据本条第十一款所承担的义务。

十三、如果为执行判决而提出的引渡请求由于被请求引渡人为被请求缔约国的国民而遭到拒绝，被请求缔约国应当在其本国法律允许并且符合该法律的要求的情况下，根据请求缔约国的请求，考虑执行根据请求缔约国本国法律判处的刑罚或者尚未服满的刑期。

十四、在对任何人就本条所适用的任何犯罪进行诉讼时，应当确保其在诉讼的所有阶段受到公平待遇，包括享有其所在国本国法律所提供的一切权利和保障。

十五、如果被请求缔约国有充分理由认为提出引渡请求是为了以某人的性别、种族、宗教、国籍、族裔或者政治观点为理由对其进行起诉或者处罚，或者按请求执行将使该人的地位因上述任一原因而受到损害，则不得对本公约的任何条款作规定了被请求国引渡义务的解释。

十六、缔约国不得仅以犯罪也被视为涉及财税事项为由而拒绝引渡。

十七、被请求缔约国在拒绝引渡前应当在适当情况下与请求缔约国磋商，以使其有充分机会陈述自己的意见和提供与其陈述有关的资料。

十八、缔约国应当力求缔结双边和多边协定或者安排，以执行引渡或者加强引渡的有效性。

第四十五条　被判刑人的移管

缔约国可以考虑缔结双边或多边协定或者安排，将因实施根据本公约确立的犯罪而被判监禁或者其他形式剥夺自由的人移交其本国服满刑期。

第四十六条　司法协助

一、缔约国应当在对本公约所涵盖的犯罪进行的侦查、起诉和审判程序中相互提供最广泛的司法协助。

二、对于请求缔约国中依照本公约第二十六条可能追究法人责任的犯罪所进行的侦查、起诉和审判程序，应当根据被请求缔约国有关的法律、条约、协定和安排，尽可能充分地提供司法协助。

三、可以为下列任何目的而请求依照本条给予司法协助：

（一）向个人获取证据或者陈述；

（二）送达司法文书；

（三）执行搜查和扣押并实行冻结；

（四）检查物品和场所；

（五）提供资料、物证以及鉴定结论；

（六）提供有关文件和记录的原件或者经核证的副本，其中包括政府、银行、财务、公司或者商业记录；

（七）为取证目的而辨认或者追查犯罪所得、财产、工具或者其他物品；

（八）为有关人员自愿在请求缔约国出庭提供方便；

（九）不违反被请求缔约国本国法律的任何其他形式的协助；

（十）根据本公约第五章的规定辨认、冻结和追查犯罪所得；

（十一）根据本公约第五章的规定追回资产。

四、缔约国主管机关如果认为与刑事事项有关的资料可能有助于另一国主管机关进行或者顺利完成调查和刑事诉讼程序，或者可以促成其根据本公约提出请求，则在不影响本国法律的情况下，可以无须事先请求而向该另一国主管机关提供这类资料。

五、根据本条第四款的规定提供这类资料,不应当影响提供资料的主管机关本国所进行的调查和刑事诉讼程序。接收资料的主管机关应当遵守对资料保密的要求,即使是暂时保密的要求,或者对资料使用的限制。但是,这不应当妨碍接收缔约国在其诉讼中披露可以证明被控告人无罪的资料。在这种情况下,接收缔约国应当在披露前通知提供缔约国,而且如果提供缔约国要求,还应当与其磋商。如果在特殊情况下不可能事先通知,接收缔约国应当毫不迟延地将披露一事通告提供缔约国。

六、本条各项规定概不影响任何其他规范或者将要规范整个或部分司法协助问题的双边或多边条约所规定的义务。

七、如果有关缔约国无司法协助条约的约束,则本条第九款至第二十九款应当适用于根据本条提出的请求。如果有关缔约国有这类条约的约束,则适用条约的相应条款,除非这些缔约国同意代之以适用本条第九款至第二十九款。大力鼓励缔约国在这几款有助于合作时予以适用。

八、缔约国不得以银行保密为理由拒绝提供本条所规定的司法协助。

九、(一)被请求缔约国在并非双重犯罪情况下对于依照本条提出的协助请求作出反应时,应当考虑到第一条所规定的本公约宗旨。

(二)缔约国可以以并非双重犯罪为理由拒绝提供本条所规定的协助。然而,被请求缔约国应当在符合其法律制度基本概念的情况下提供不涉及强制性行动的协助。如果请求所涉事项极为轻微或者寻求合作或协助的事项可以依照本公约其他条款获得,被请求缔约国可以拒绝这类协助。

(三)各缔约国均可以考虑采取必要的措施,以使其能够在并非双重犯罪的情况下提供比本条所规定的更为广泛的协助。

十、在一缔约国领域内被羁押或者服刑的人,如果被要求到另一缔约国进行辨认、作证或者提供其他协助,以便为就与本公约所涵盖的犯罪有关的侦查、起诉或者审判程序取得证据,在满足下列条件的情况下,可以予以移送:

(一)该人在知情后自由表示同意;

(二)双方缔约国主管机关同意,但须符合这些缔约国认为适当的条件。

十一、就本条第十款而言:

(一)该人被移送前往的缔约国应当有权力和义务羁押被移送人,除非移送缔约国另有要求或者授权;

(二)该人被移送前往的缔约国应当毫不迟延地履行义务,按照双方缔约国主管机关事先达成的协议或者其他协议,将该人交还移送缔约国羁押;

（三）该人被移送前往的缔约国不得要求移送缔约国为该人的交还而启动引渡程序；

（四）该人在被移送前往的国家的羁押时间应当折抵在移送缔约国执行的刑期。

十二、除非依照本条第十款和第十一款的规定移送某人的缔约国同意，否则，不论该人国籍为何，均不得因其在离开移送国领域前的作为、不作为或者定罪而在被移送前往的国家领域使其受到起诉、羁押、处罚或者对其人身自由进行任何其他限制。

十三、各缔约国均应当指定一个中央机关，使其负责和有权接收司法协助请求并执行请求或将请求转交主管机关执行。如果缔约国有实行单独司法协助制度的特区或者领域，可以另指定一个对该特区或者领域具有同样职能的中央机关。中央机关应当确保所收到的请求迅速而妥善地执行或者转交。中央机关在将请求转交某一主管机关执行时，应当鼓励该主管机关迅速而妥善地执行请求。各缔约国均应当在交存本公约批准书、接受书、核准书或者加入书时，将为此目的指定的中央机关通知联合国秘书长。司法协助请求以及与之有关的任何联系文件均应当递交缔约国指定的中央机关。这项规定不得影响缔约国要求通过外交渠道以及在紧急和可能的情况下经有关缔约国同意通过国际刑事警察组织向其传递这种请求和联系文件的权利。

十四、请求应当以被请求缔约国能够接受的语言以书面形式提出，或者在可能情况下以能够生成书面记录的任何形式提出，但须能够使该缔约国鉴定其真伪。各缔约国均应当在其交存本公约批准书、接受书、核准书或者加入书时，将其所能够接受的语文通知联合国秘书长。在紧急情况下，如果经有关缔约国同意，请求可以以口头方式提出，但应当立即加以书面确认。

十五、司法协助请求书应当包括下列内容：

（一）提出请求的机关；

（二）请求所涉及的侦查、起诉或者审判程序的事由和性质，以及进行该项侦查、起诉或者审判程序的机关的名称和职能；

（三）有关事实的概述，但为送达司法文书提出的请求例外；

（四）对请求协助的事项和请求缔约国希望遵循的特定程序细节的说明；

（五）可能时，任何有关人员的身份、所在地和国籍；

（六）索取证据、资料或者要求采取行动的目的。

十六、被请求缔约国可以要求提供按照其本国法律执行该请求所必需或者有助于执行该请求的补充资料。

十七、请求应当根据被请求缔约国的本国法律执行。在不违反被请求缔约国本国法律的情况下，如有可能，应当按照请求书中列明的程序执行。

十八、当在某一缔约国领域内的某人需作为证人或者鉴定人接受另一缔约国司法机关询问，而且该人不可能或者不宜到请求国领域出庭时，被请求缔约国可以依该另一缔约国的请求，在可能而且符合本国法律基本原则的情况下，允许以电视会议方式进行询问，缔约国可以商定由请求缔约国司法机关进行询问，询问时应当有被请求缔约国司法机关人员在场。

十九、未经被请求缔约国事先同意，请求缔约国不得将被请求缔约国提供的资料或者证据转交或者用于请求书所述以外的侦查、起诉或者审判程序。本款规定不妨碍请求缔约国在其诉讼中披露可以证明被告人无罪的资料或者证据。就后一种情形而言，请求缔约国应当在披露之前通知被请求缔约国，并依请求与被请求缔约国磋商。如果在特殊情况下不可能事先通知，请求缔约国应当毫不迟延地将披露一事通告被请求缔约国。

二十、请求缔约国可以要求被请求缔约国对其提出的请求及其内容保密，但为执行请求所必需的除外。如果被请求缔约国不能遵守保密要求，应当立即通知请求缔约国。

二十一、在下列情况下可以拒绝提供司法协助：

（一）请求未按本条的规定提出；

（二）被请求缔约国认为执行请求可能损害其主权、安全、公共秩序或者其他基本利益；

（三）如果被请求缔约国的机关依其管辖权对任何类似犯罪进行侦查、起诉或者审判程序时，其本国法律已经规定禁止对这类犯罪采取被请求的行动；

（四）同意这项请求将违反被请求缔约国关于司法协助的法律制度。

二十二、缔约国不得仅以犯罪也被视为涉及财税事项为理由而拒绝司法协助请求。

二十三、拒绝司法协助时应当说明理由。

二十四、被请求缔约国应当尽快执行司法协助请求，并应当尽可能充分地考虑到请求缔约国提出的、最好在请求中说明了理由的任何最后期限。请求缔约国可以合理要求被请求缔约国提供关于为执行这一请求所采取措施的现况和进展情况的信息。被请求缔约国应当依请求缔约国的合理要求，就其处理请求的现况和进展情况作出答复。请求国应当在其不再需要被请求国提供所寻求的协助时迅速通知被请求缔约国。

二十五、被请求缔约国可以以司法协助妨碍正在进行的侦查、起诉或者审判程序为理由而暂缓进行。

二十六、被请求缔约国在根据本条第二十一款拒绝某项请求或者根据本条第二十五款暂缓执行请求事项之前,应当与请求缔约国协商,以考虑是否可以在其认为必要的条件下给予协助。请求缔约国如果接受附有条件限制的协助,则应当遵守有关的条件。

二十七、在不影响本条第十二款的适用的情况下,对于依请求缔约国请求而同意到请求缔约国领域就某项诉讼作证或者为某项侦查、起诉或者审判程序提供协助的证人、鉴定人或者其他人员,不应当因其离开被请求缔约国领域之前的作为、不作为或者定罪而在请求缔约国领域内对其起诉、羁押、处罚,或者使其人身自由受到任何其他限制。如该证人、鉴定人或者其他人员已经得到司法机关不再需要其到场的正式通知,在自通知之日起连续 15 天内或者在缔约国所商定的任何期限内,有机会离开但仍自愿留在请求缔约国领域内,或者在离境后又自愿返回,这种安全保障即不再有效。

二十八、除非有关缔约国另有协议,执行请求的一般费用应当由被请求缔约国承担。如果执行请求需要或者将需要支付巨额或者异常费用,则应当由有关缔约国进行协商,以确定执行该请求的条件以及承担费用的办法。

二十九、被请求缔约国:

(一)应当向请求缔约国提供其所拥有的根据其本国法律可以向公众公开的政府记录、文件或者资料;

(二)可以自行斟酌决定全部或部分地或者按其认为适当的条件向请求缔约国提供其所拥有的根据其本国法律不向公众公开的任何政府记录、文件或者资料。

三十、缔约国应当视需要考虑缔结有助于实现本条目的、具体实施或者加强本条规定的双边或多边协定或者安排的可能性。

第四十七条 刑事诉讼的移交

缔约国如果认为相互移交诉讼有利于正当司法,特别是在涉及数国管辖权时,为了使起诉集中,应当考虑相互移交诉讼的可能性,以便对根据本公约确立的犯罪进行刑事诉讼。

第四十八条 执法合作

一、缔约国应当在符合本国法律制度和行政管理制度的情况下相互密切合作,以加强打击本公约所涵盖的犯罪的执法行动的有效性。缔约国尤其应当采取有效措施,以便:

(一)加强并在必要时建立各国主管机关、机构和部门之间的联系渠道,以促进安全、迅速地交换有关本公约所涵盖的犯罪的各个方面的情报,在有关缔约国认为适当时还可以包括与其他犯罪活动的联系的有关情报。

（二）同其他缔约国合作,就下列与本公约所涵盖的犯罪有关的事项进行调查：

1. 这类犯罪嫌疑人的身份、行踪和活动,或者其他有关人员的所在地点；
2. 来自这类犯罪的犯罪所得或者财产的去向；
3. 用于或者企图用于实施这类犯罪的财产、设备或者其他工具的去向。

（三）在适当情况下提供必要数目或者数量的物品以供分析或者侦查之用。

（四）与其他缔约国酌情交换关于为实施本公约所涵盖的犯罪而采用的具体手段和方法的资料,包括利用虚假身份、经变造、伪造或者假冒的证件和其他旨在掩饰活动的手段的资料。

（五）促进各缔约国主管机关、机构和部门之间的有效协调,并加强人员和其他专家的交流,包括根据有关缔约国之间的双边协定和安排派出联络官员。

（六）交换情报并协调为尽早查明本公约所涵盖的犯罪而酌情采取的行政和其他措施。

二、为实施本公约,缔约国应当考虑订立关于其执法机构间直接合作的双边或多边协定或者安排,并在已经有这类协定或者安排的情况下考虑对其进行修正。如果有关缔约国之间尚未订立这类协定或者安排,这些缔约国可以考虑以本公约为基础,进行针对本公约所涵盖的任何犯罪的相互执法合作。缔约国应当在适当情况下充分利用各种协定或者安排,包括利用国际或者区域组织,以加强缔约国执法机构之间的合作。

三、缔约国应当努力在力所能及的范围内开展合作,以便对借助于现代技术实施的本公约所涵盖的犯罪作出反应。

第四十九条　联合侦查

缔约国应当考虑缔结双边或多边协定或者安排,以便有关主管机关可以据以就涉及一国或多国侦查、起诉或者审判程序事由的事宜建立联合侦查机构。如无这类协定或者安排,可以在个案基础上商定进行这类联合侦查。有关缔约国应当确保拟在其领域内开展这种侦查的缔约国的主权受到充分尊重。

第五十条　特殊侦查手段

一、为有效地打击腐败,各缔约国均应当在其本国法律制度基本原则许可的范围内并根据本国法律规定的条件在其力所能及的情况下采取必要措施,允许其主管机关在其领域内酌情使用控制下交付和在其认为适当时使用诸如电子或者其他监视形式和特工行动等其他特殊侦查手段,并允许法庭采信由这些手段产生的证据。

二、为侦查本公约所涵盖的犯罪，鼓励缔约国在必要情况下为在国际一级合作时使用这类特殊侦查手段而缔结适当的双边或多边协定或者安排。这类协定或者安排的缔结和实施应当充分遵循各国主权平等原则，执行时应当严格遵守这类协定或者安排的条款。

三、在无本条第二款所述协定或者安排的情况下，关于在国际一级使用这种特殊侦查手段的决定，应当在个案基础上作出，必要时还可以考虑到有关缔约国就行使管辖权所达成的财务安排或者谅解。

四、经有关缔约国同意，关于在国际一级使用控制下交付的决定，可以包括诸如拦截货物或者资金以及允许其原封不动地继续运送或将其全部或者部分取出或者替换之类的办法。

第五章 资产的追回

第五十一条 一般规定

按照本章返还资产是本公约的一项基本原则，缔约国应当在这方面相互提供最广泛的合作和协助。

第五十二条 预防和监测犯罪所得的转移

一、在不影响本公约第十四条的情况下，各缔约国均应当根据本国法律采取必要的措施，以要求其管辖范围内的金融机构核实客户身份，采取合理步骤确定存入大额账户的资金的实际受益人身份，并对正在或者曾经担任重要公职的个人及其家庭成员和与其关系密切的人或者这些人的代理人所要求开立或者保持的账户进行强化审查。对这种强化审查应当作合理的设计，以监测可疑交易从而向主管机关报告，而不应当将其理解为妨碍或者禁止金融机构与任何合法客户的业务往来。

二、为便利本条第一款所规定措施的实施，各缔约国均应当根据其本国法律和参照区域、区域间和多边组织的有关反洗钱举措：

（一）就本国管辖范围内的金融机构应当对哪类自然人或者法人的账户实行强化审查，对哪类账户和交易应当予以特别注意，以及就这类账户的开立、管理和记录应当采取哪些适当的措施，发出咨询意见；

（二）对于应当由本国管辖范围内的金融机构对其账户实行强化审查的特定自然人或者法人的身份，除这些金融机构自己可以确定的以外，还应当酌情将另一缔约国所请求的或者本国自行决定的通知这些金融机构。

三、在本条第二款第(一)项情况下,各缔约国均应当实行措施,以确保其金融机构在适当期限内保持涉及本条第一款所提到人员的账户和交易的充分记录,记录中应当至少包括与客户身份有关的资料,并尽可能包括与实际受益人身份有关的资料。

四、为预防和监测根据本公约确立的犯罪的所得的转移,各缔约国均应当采取适当而有效的措施,以在监管机构的帮助下禁止设立有名无实和并不附属于受监管金融集团的银行。此外,缔约国可以考虑要求其金融机构拒绝与这类机构建立或者保持代理银行关系,并避免与外国金融机构中那些允许有名无实和并不附属于受监管金融集团的银行使用其账户的金融机构建立关系。

五、各缔约国均应当考虑根据本国法律对有关公职人员确立有效的财产申报制度,并应当对不遵守制度的情形规定适当的制裁。各缔约国还应当考虑采取必要的措施,允许本国的主管机关在必要时与其他国家主管机关交换这种资料,以便对根据本公约确立的犯罪的所得进行调查、主张权利并予以追回。

六、各缔约国均应当根据本国法律考虑采取必要的措施,要求在外国银行账户中拥有利益、对该账户拥有签名权或者其他权力的有关公职人员向有关机关报告这种关系,并保持与这种账户有关的适当记录。这种措施还应当对违反情形规定适当的制裁。

第五十三条 直接追回财产的措施

各缔约国均应当根据本国法律:

(一)采取必要的措施,允许另一缔约国在本国法院提起民事诉讼,以确立对通过实施根据本公约确立的犯罪而获得的财产的产权或者所有权;

(二)采取必要的措施,允许本国法院命令实施了根据本公约确立的犯罪的人向受到这种犯罪损害的另一缔约国支付补偿或者损害赔偿;

(三)采取必要的措施,允许本国法院或者主管机关在必须就没收作出决定时,承认另一缔约国对通过实施根据本公约确立的犯罪而获得的财产所主张的合法所有权。

第五十四条 通过没收事宜的国际合作追回资产的机制

一、为依照本公约第五十五条就通过或者涉及实施根据本公约确立的犯罪所获得的财产提供司法协助,各缔约国均应当根据其本国法律:

(一)采取必要的措施,使其主管机关能够执行另一缔约国法院发出的没收令;

(二)采取必要的措施,使拥有管辖权的主管机关能够通过对洗钱犯罪或者对可能发生在其管辖范围内的其他犯罪作出判决,或者通过本国法律授权的其他程序，下令没收这类外国来源的财产；

（三）考虑采取必要的措施，以便在因为犯罪人死亡、潜逃或者缺席而无法对其起诉的情形或者其他有关情形下，能够不经过刑事定罪而没收这类财产。

二、为就依照本公约第五十五条第二款提出的请求提供司法协助，各缔约国均应当根据其本国法律：

（一）采取必要的措施，在收到请求缔约国的法院或者主管机关发出的冻结令或者扣押令时，使本国主管机关能够根据该冻结令或者扣押令对该财产实行冻结或者扣押，但条件是该冻结令或者扣押令须提供合理的根据，使被请求缔约国相信有充足理由采取这种行动，而且有关财产将依照本条第一款第（一）项按没收令处理；

（二）采取必要的措施，在收到请求时使本国主管机关能够对该财产实行冻结或者扣押，条件是该请求须提供合理的根据，使被请求缔约国相信有充足理由采取这种行动，而且有关财产将依照本条第一款第（一）项按没收令处理；

（三）考虑采取补充措施，使本国主管机关能够保全有关财产以便没收，例如基于与获取这种财产有关的、外国实行的逮捕或者提出的刑事指控。

第五十五条　没收事宜的国际合作

一、缔约国在收到对根据本公约确立的犯罪拥有管辖权的另一缔约国关于没收本公约第三十一条第一款所述的、位于被请求缔约国领域内的犯罪所得、财产、设备或者其他工具的请求后，应当在本国法律制度的范围内尽最大可能：

（一）将这种请求提交其主管机关，以便取得没收令并在取得没收令时予以执行；

（二）将请求缔约国领域内的法院依照本公约第三十一条第一款和第五十四条第一款第（一）项发出的没收令提交本国主管机关，以便按请求的范围予以执行，只要该没收令涉及第三十一条第一款所述的、位于被请求缔约国领域内的犯罪所得、财产、设备或者其他工具。

二、对根据本公约确立的一项犯罪拥有管辖权的缔约国提出请求后，被请求缔约国应当采取措施，辨认、追查和冻结或者扣押本公约第三十一条第一款所述的犯罪所得、财产、设备或者其他工具，以便由请求缔约国下令或者根据本条第一款所述请求由被请求缔约国下令予以没收。

三、本公约第四十六条的规定以经过适当变通适用于本条。除第四十六条第十五款规定提供的资料以外，根据本条所提出的请求还应当包括下列内容：

（一）与本条第一款第（一）项有关的请求，应当有关于应当予以没收财产的说明，尽可能包括财产的所在地和相关情况下的财产估计价值，以及关于请求缔

约国所依据的事实的充分陈述,以便被请求缔约国能够根据本国法律取得没收令;

(二)与本条第一款第(二)项有关的请求,应当有请求缔约国发出的据以提出请求的法律上可以采信的没收令副本、关于事实和对没收令所请求执行的范围的说明、关于请求缔约国为向善意第三人提供充分通知并确保正当程序而采取的措施的具体陈述,以及关于该没收令为已经生效的没收令的陈述;

(三)与本条第二款有关的请求,应当有请求缔约国所依据的事实陈述和对请求采取的行动的说明;如有据以提出请求的法律上可以采信的没收令副本,应当一并附上。

四、被请求缔约国依照本条第一款和第二款作出的决定或者采取的行动,应当符合并遵循其本国法律及程序规则的规定或者可能约束其与请求缔约国关系的任何双边或多边协定或者安排的规定。

五、各缔约国均应当向联合国秘书长提供有关实施本条的任何法律法规以及这类法律法规随后的任何修订或者修订说明。

六、缔约国以存在有关条约作为采取本条第一款和第二款所述措施的条件时,应当将本公约视为必要而充分的条约依据。

七、如果被请求缔约国未收到充分和及时的证据,或者如果财产的价值极其轻微,也可以拒绝给予本条规定的合作,或者解除临时措施。

八、在解除依照本条规定采取的任何临时措施之前,如果有可能,被请求缔约国应当给请求缔约国以说明继续保持该措施的理由的机会。

九、不得对本条规定作损害善意第三人权利的解释。

第五十六条 特别合作

在不影响本国法律的情况下,各缔约国均应当努力采取措施,以便在认为披露根据本公约确立的犯罪的所得的资料可以有助于接收资料的缔约国启动或者实行侦查、起诉或者审判程序时,或者在认为可能会使该缔约国根据本章提出请求时,能够在不影响本国侦查、起诉或者审判程序的情况下,无须事先请求而向该另一缔约国转发这类资料。

第五十七条 资产的返还和处分

一、缔约国依照本公约第三十一条或者第五十五条没收的财产,应当由该缔约国根据本公约的规定和本国法律予以处分,包括依照本条第三款返还其原合法所有人。

二、各缔约国均应当根据本国法律的基本原则,采取必要的立法和其他措施,使本国主管机关在另一缔约国请求采取行动时,能够在考虑到善意第三人权利的情况下,根据本公约返还所没收的财产。

三、依照本公约第四十六条和第五十五条及本条第一款和第二款:

(一)对于本公约第十七条和第二十三条所述的贪污公共资金或者对所贪污公共资金的洗钱行为,被请求缔约国应当在依照第五十五条实行没收后,基于请求缔约国的生效判决,将没收的财产返还请求缔约国,被请求缔约国也可以放弃对生效判决的要求;

(二)对于本公约所涵盖的其他任何犯罪的所得,被请求缔约国应当在依照本公约第五十五条实行没收后,基于请求缔约国的生效判决,在请求缔约国向被请求缔约国合理证明其原对没收的财产拥有所有权时,或者当被请求缔约国承认请求缔约国受到的损害是返还所没收财产的依据时,将没收的财产返还请求缔约国,被请求缔约国也可以放弃对生效判决的要求;

(三)在其他所有情况下,优先考虑将没收的财产返还请求缔约国、返还其原合法所有人或者赔偿犯罪被害人;

四、在适当的情况下,除非缔约国另有决定,被请求缔约国可以在依照本条规定返还或者处分没收的财产之前,扣除为此进行侦查、起诉或者审判程序而发生的合理费用。

五、在适当的情况下,缔约国还可以特别考虑就所没收财产的最后处分逐案订立协定或者可以共同接受的安排。

第五十八条　金融情报机构

缔约国应当相互合作,以预防和打击根据本公约确立的犯罪而产生的所得的转移,并推广追回这类所得的方式方法。为此,缔约国应当考虑设立金融情报机构,由其负责接收、分析和向主管机关转递可疑金融交易的报告。

第五十九条　双边和多边协定和安排

缔约国应当考虑缔结双边或多边协定或者安排,以便增强根据公约本章规定开展的国际合作的有效性。

第六章　技术援助和信息交流

第六十条　培训和技术援助

一、各缔约国均应当在必要的情况下为本国负责预防和打击腐败的人员启动、制订或者改进具体培训方案。这些培训方案可以涉及以下方面:

(一)预防、监测、侦查、惩治和控制腐败的有效措施,包括使用取证和侦查手段;

（二）反腐败战略性政策制定和规划方面的能力建设；

（三）对主管机关进行按本公约的要求提出司法协助请求方面的培训；

（四）评估和加强体制、公职部门管理、包括公共采购在内的公共财政管理，以及私营部门；

（五）防止和打击根据本公约确立的犯罪的所得转移和追回这类所得；

（六）监测和冻结根据本公约确立的犯罪的所得的转移；

（七）监控根据本公约确立的犯罪的所得的流动情况以及这类所得的转移、窝藏或者掩饰方法；

（八）便利返还根据本公约确立的犯罪所得的适当而有效的法律和行政机制及方法；

（九）用以保护与司法机关合作的被害人和证人的方法；

（十）本国和国际条例以及语言方面的培训。

二、缔约国应当根据各自的能力考虑为彼此的反腐败计划和方案提供最广泛的技术援助，特别是向发展中国家提供援助，包括本条第一款中提及领域内的物质支持和培训，以及为便利缔约国之间在引渡和司法协助领域的国际合作而提供培训和援助以及相互交流有关的经验和专门知识。

三、缔约国应当在必要时加强努力，在国际组织和区域组织内并在有关的双边和多边协定或者安排的框架内最大限度地开展业务和培训活动。

四、缔约国应当考虑相互协助，根据请求对本国腐败行为的类型、根源、影响和代价进行评价、分析和研究，以便在主管机关和社会的参与下制订反腐败战略和行动计划。

五、为便利追回根据本公约确立的犯罪的所得，缔约国可以开展合作，互相提供可以协助实现这一目标的专家的名单。

六、缔约国应当考虑利用分区域、区域和国际性的会议和研讨会促进合作和技术援助，并推动关于共同关切的问题的讨论，包括关于发展中国家和经济转型期国家的特殊问题和需要的讨论。

七、缔约国应当考虑建立自愿机制，以便通过技术援助方案和项目对发展中国家和经济转型期国家适用本公约的努力提供财政捐助。

八、各缔约国均应当考虑向联合国毒品和犯罪问题办事处提供自愿捐助，以便通过该办事处促进发展中国家为实施本公约而开展的方案和项目。

第六十一条　有关腐败的资料的收集、交流和分析

一、各缔约国均应当考虑在同专家协商的情况下，分析其领域内腐败方面的趋势以及腐败犯罪实施的环境。

二、缔约国应当考虑为尽可能拟订共同的定义、标准和方法而相互并通过国际和区域组织发展和共享统计数字、有关腐败的分析性专门知识和资料,以及有关预防和打击腐败的最佳做法的资料。

三、各缔约国均应当考虑对其反腐败政策和措施进行监测,并评估其效力和效率。

第六十二条　其他措施:通过经济发展和技术援助实施公约

一、缔约国应当通过国际合作采取有助于最大限度优化本公约实施的措施,同时应当考虑到腐败对社会,尤其是对可持续发展的消极影响。

二、缔约国应当相互协调并同国际和区域组织协调,尽可能作出具体努力:

(一)加强同发展中国家在各级的合作,以提高发展中国家预防和打击腐败的能力;

(二)加强财政和物质援助,以支持发展中国家为有效预防和打击腐败而作出的努力,并帮助它们顺利实施本公约;

(三)向发展中国家和经济转型期国家提供技术援助,以协助它们满足在实施本公约方面的需要。为此,缔约国应当努力向联合国筹资机制中为此目的专门指定的账户提供充分的经常性自愿捐款。缔约国也可以根据其本国法律和本公约的规定,特别考虑向该账户捐出根据本公约规定没收的犯罪所得或者财产中一定比例的金钱或者相应价值;

(四)酌情鼓励和争取其他国家和金融机构参与根据本条规定所作的努力,特别是通过向发展中国家提供更多的培训方案和现代化设备,以协助它们实现本公约的各项目标。

三、这些措施应当尽量不影响现有对外援助承诺或者其他双边、区域或者国际一级的金融合作安排。

四、缔约国可以缔结关于物资和后勤援助的双边或多边协定或者安排,同时考虑到为使本公约所规定的国际合作方式行之有效和预防、侦查与控制腐败所必需的各种金融安排。

第七章　实施机制

第六十三条　公约缔约国会议

一、特此设立公约缔约国会议,以增进缔约国的能力和加强缔约国之间的合作,从而实现本公约所列目标并促进和审查本公约的实施。

二、联合国秘书长应当在不晚于本公约生效之后一年的时间内召开缔约国会议。其后，缔约国会议例会按缔约国会议通过的议事规则召开。

三、缔约国会议应当通过议事规则和关于本条所列活动的运作的规则，包括关于对观察员的接纳及其参与的规则以及关于支付这些活动费用的规则。

四、缔约国会议应当议定实现本条第一款所述各项目标的活动、程序和工作方法，其中包括：

（一）促进缔约国依照本公约第六十条和第六十二条以及第二章至第五章规定所开展的活动，办法包括鼓励调动自愿捐助；

（二）通过公布本条所述相关信息等办法，促进缔约国之间关于腐败方式和趋势以及关于预防和打击腐败和返还犯罪所得等成功做法方面的信息交流；

（三）同有关国际和区域组织和机制及非政府组织开展合作；

（四）适当地利用从事打击和预防腐败工作的其他国际和区域机制提供的相关信息，以避免工作的不必要的重复；

（五）定期审查缔约国对本公约的实施情况；

（六）为改进本公约及其实施情况而提出建议；

（七）注意到缔约国在实施本公约方面的技术援助要求，并就其可能认为有必要在这方面采取的行动提出建议。

五、为了本条第四款的目的，缔约国会议应当通过缔约国提供的信息和缔约国会议可能建立的补充审查机制，对缔约国为实施公约所采取的措施以及实施过程中所遇到的困难取得必要的了解。

六、各缔约国均应当按照缔约国会议的要求，向缔约国会议提供有关其本国为实施本公约而采取的方案、计划和做法以及立法和行政措施的信息。缔约国会议应当审查接收信息和就信息采取行动的最有效方法，这种信息包括从缔约国和从有关国际组织收到的信息。缔约国会议也可以审议根据缔约国会议决定的程序而正式认可的非政府组织所提供的投入。

七、依照本条第四款至第六款，缔约国会议应当在其认为必要时建立任何适当的机制或者机构，以协助本公约的有效实施。

第六十四条　秘书处

一、联合国秘书长应当为公约缔约国会议提供必要的秘书处服务。

二、秘书处应当：

（一）协助缔约国会议开展本公约第六十三条中所列各项活动，并为缔约国会议的各届会议作出安排和提供必要的服务；

（二）根据请求，协助缔约国向缔约国会议提供本公约第六十三条第五款和第六款所规定的信息；

（三）确保与有关国际和区域组织秘书处的必要协调。

第八章 最后条款

第六十五条 公约的实施

一、各缔约国均应当根据本国法律的基本原则采取必要的措施，包括立法和行政措施，以切实履行其根据本公约所承担的义务。

二、为预防和打击腐败，各缔约国均可以采取比本公约的规定更为严格或严厉的措施。

第六十六条 争端的解决

一、缔约国应当努力通过谈判解决与本公约的解释或者适用有关的争端。

二、两个或者两个以上缔约国对于本公约的解释或者适用发生任何争端，在合理时间内不能通过谈判解决的，应当按其中一方请求交付仲裁。如果自请求交付仲裁之日起6个月内这些缔约国不能就仲裁安排达成协议，则其中任何一方均可以依照《国际法院规约》请求将争端提交国际法院。

三、各缔约国在签署、批准、接受、核准或者加入本公约时，均可以声明不受本条第二款的约束。对于作出此种保留的任何缔约国，其他缔约国也不受本条第二款的约束。

四、凡根据本条第三款作出保留的缔约国，均可以随时通知联合国秘书长撤销该项保留。

第六十七条 签署、批准、接受、核准和加入

一、本公约自2003年12月9日至11日在墨西哥梅里达开放供各国签署，随后直至2005年12月9日在纽约联合国总部开放供各国签署。

二、本公约还应当开放供区域经济一体化组织签署，条件是该组织至少有一个成员国已经按照本条第一款规定签署本公约。

三、本公约须经批准、接受或者核准。批准书、接受书或者核准书应当交存联合国秘书长。如果某一区域经济一体化组织至少有一个成员国已经交存批准书、接受书或者核准书，该组织可以照样办理。该组织应当在该项批准书、接受书或者核准书中宣布其在本公约管辖事项方面的权限范围。该组织还应当将其权限范围的任何有关变动情况通知保存人。

四、任何国家或者任何至少已经有一个成员国加入本公约的区域经济一体化组织均可以加入本公约。加入书应当交存联合国秘书长。区域经济一体化组织加入本公约时应当宣布其在本公约管辖事项方面的权限范围。该组织还应当

将其权限范围的任何有关变动情况通知保存人。

第六十八条 生效

一、本公约应当自第 30 份批准书、接受书、核准书或者加入书交存之日后第 90 天起生效。为本款的目的,区域经济一体化组织交存的任何文书均不得在该组织成员国所交存文书以外另行计算。

二、对于在第 30 份批准书、接受书、核准书或者加入书交存后批准、接受、核准或者加入公约的国家或者区域经济一体化组织,本公约应当自该国或者该组织交存有关文书之日后第 30 天起或者自本公约根据本条第一款规定生效之日起生效,以较晚者为准。

第六十九条 修正

一、缔约国可以在本公约生效已经满 5 年后提出修正案并将其送交联合国秘书长。秘书长应立即将所提修正案转发缔约国和缔约国会议,以进行审议并作出决定。缔约国会议应当尽力就每项修正案达成协商一致。如果已经为达成协商一致作出一切努力而仍未达成一致意见,作为最后手段,该修正案须有出席缔约国会议并参加表决的缔约国的 2/3 多数票方可通过。

二、区域经济一体化组织对属于其权限的事项根据本条行使表决权时,其票数相当于已经成为本公约缔约国的其成员国数目。如果这些组织的成员国行使表决权,则这些组织便不得行使表决权,反之亦然。

三、根据本条第一款通过的修正案,须经缔约国批准、接受或者核准。

四、根据本条第一款通过的修正案,应当自缔约国向联合国秘书长交存一份批准、接受或者核准该修正案的文书之日起 90 天之后对该缔约国生效。

五、修正案一经生效,即对已经表示同意受其约束的缔约国具有约束力。其他缔约国则仍受本公约原条款和其以前批准、接受或者核准的任何修正案的约束。

第七十条 退约

一、缔约国可以书面通知联合国秘书长退出本公约。此项退约应当自秘书长收到上述通知之日起一年后生效。

二、区域经济一体化组织在其所有成员国均已经退出本公约时即不再为本公约缔约方。

第七十一条 保存人和语言

一、联合国秘书长应当为本公约指定保存人。

二、本公约原件应当交存联合国秘书长,公约的阿拉伯文、中文、英文、法文、俄文和西班牙文文本同为作准文本。兹由经各自政府正式授权的下列署名全权代表签署本公约,以昭信守。

中 篇

丹麦学者对丹麦廉政建设的研究与思考

丹麦教育制度以及教育行业中的反腐败

梁 滔 整理

一、丹麦教育制度溯源

丹麦教育制度确立之始可以追溯到中世纪早期罗马教皇在丹麦建立的一系列天主教学校和修道院学校。在12—13世纪建立的那些学校中,有7所至今依然存在。1536年宗教改革之后,丹麦王室接管了所有学校。当时的学校主要教授拉丁语和希腊语的听、说、读、写,基础教育在当时实为罕见。1721年,所谓"骑兵学校"出现以后,基础教育才大规模普及开来。后来,"虔信主义"(Pietism)宗教运动兴起,对普通民众的识字程度有了一定要求,因此,人民要求对公共教育增加投入的需求高涨。

1809年,为了顺应潮流,促进古希腊和拉丁文化的传播,旧的"牧师学校"被改造为充满人文关怀的"公务员学校",学校开始教授自然科学以及现代语言等课程。在整个19世纪乃至今天,丹麦的教育系统的改革都深受其国家历史文化的影响,推崇新式教育方法,重视基础教育。19世纪科学技术在世界领域得到迅猛发展,也从侧面影响到了丹麦的教育制度。以1871年为界,丹麦开始出现文理中学(Gymnasium),分别以语言类学科和数学-科学类学科为主要学科。这种现象一直持续到2005年。1894年,以公立学校(Public School or Common School)为主的政府资助的初级教育系统正式确立。丹麦对15—16岁以下的青少年施行义务教育,且义务教育并不仅仅局限于公立学校(Folkskole),学生也可以选择就读于私立学校,教育费用凭付款单据报销。约82%的人在义务教育结束之后选择继续学业。近年来,已有一些政党(如社会民主党与自由党联盟)倡导将原本9年的义务教育延续到12年。下图为丹麦教育体制纵览图。

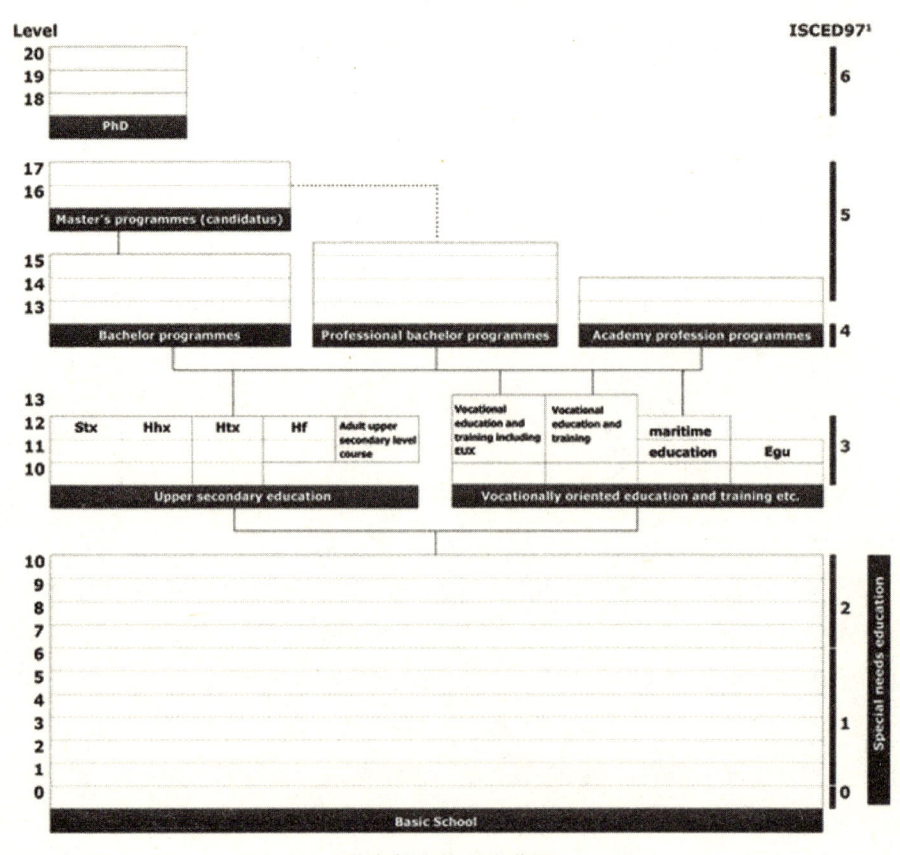

丹麦教育体制纵览图

二、学费及金融资助系统

在丹麦，除了个别私立学校外，国家提供从小学到大学费用全免的政策，这为教育事业的开展打下了良好基础。但是享受免费教育的公民需满足以下条件之一：

1. 出生于丹麦（包括法罗群岛和绿岛地区）；
2. 持有永久居留签证；
3. 持有人道主义签证；
4. 来自北欧理事会成员国；
5. 来自欧洲自由贸易区或欧盟成员国。

丹麦不仅施行免学费的政策，而且，任何丹麦公民（以及符合特定条件的别国公民)都可以按月领取"国家教育支持经费"(简称 SU),此项经费按照两个标准执行,即尚与父母或监护人一起居住的学生享有 2 728 丹麦克朗/月的经费;与父母或监护人分开居住的学生则享有 5 486 丹麦克朗/月的经费。

三、丹麦高等教育事业中的反腐败建设

总的来说,由于国土面积的局限,丹麦的大学数量并不多。但是其教学水平以及科研力量都拥有极佳的声誉。哥本哈根大学是丹麦的第一所大学,成立于 1479 年。至今依然存在,并享誉海内外,其全球排名稳定于 50 名左右。在哥本哈根大学成立后约 2 个世纪之后的 1665 年,丹麦才出现了第二所大学:基尔大学。基尔大学位于石勒苏益格-荷尔斯泰因(Schleswig-Holstein)。但好景不长,随着 1864 年德国占领该地区,哥本哈根大学又成为了丹麦王国唯一的一所大学,且一直到 20 世纪初,随着奥胡斯大学的建立,丹麦的大学才如雨后春笋般建立。

丹麦大学的世界排名表

Institution	2009	2010	2011	2012	2013
哥本哈根大学(Københavns Universitet)	51	45	52	51	45
奥胡斯大学(Aarhus Universitet)	63	84	79	89	91
南丹麦大学(Syddansk Universitet)	300	298	311	318	311
奥尔堡大学(Aalborg Universitet)	501	451	362	352	334
丹麦工业大学(Danmarks Tekniske Universitet)	159	141	150	132	134

丹麦高等教育主要由丹麦科学、技术与创新部,丹麦教育部和丹麦文化部负责管理。自 2005 年实施高等教育改革后,丹麦的高等教育可以分为三个部分:大学(University)、大学学院(University College)和高等职业教育学院(Academies of Professional Higher Education)。

综合性大学由科学、技术与创新部负责管理,这些大学侧重学术研究,一般开设本科和研究生课程,可以颁发学士(Bachelor)、硕士(Master)和博士(PhD)学位。艺术类院校由文化部负责管理。大学学院等其他教育机构由教育部负责管理。大学学院一般开设学制为三年至四年半不等的专业性本科课程,颁发职

业学士学位（Professional Bachelor），专业主要涵盖教师培训、工程、护士、健康、商务以及社会工作等学科。高等职业教育学院开设两年至两年半不等的职业教育课程，或者与大学合作，开设一些本科课程。丹麦大学本科教育和职业学院的绝大多数专业用丹麦语授课，大学的研究生教育设有英语授课课程。个别大学和职业学院每年也设立用英语授课的专业，招收外国学生，但有名额限制。按照学校管理权限的划分，丹麦的大学具有不同的类别、性质，不同的类别和性质也确定了各类学校的数量及颁发学位的权限。

在丹麦，高等教育事业的反腐败建设的开展很大程度上也依赖于监察官机构。在第一部分中我们提到过，丹麦在1953年创立了监察官机构，它的权力与责任是监督除法院以外的有关民事、军事的中央政府部门的行政活动。在丹麦，监察官由议会指派，不仅对行政部门有监察职能，对任何领取国家财政薪金的人员都具有监察职能，大学机构也在其监察范围内。在这个领域，监察官行使的职能主要为受理投诉，对高校董事进行调查。同时，为了把丹麦大学的腐败减少到最低程度，丹麦议会设立了公共预算支出和财务管理委员会及审计委员会。国家审计委员会办公室作为议会下属的独立机构，其职责是对各种公共支出进行审查，大学机构更是重要的审计对象。丹麦国家审计办公室对大学负全面审计责任，审计办要向议会预算委员会报告工作。审计办有20多人专门负责对大学的审计工作，审计方式包括财政审计和效益审计。大学董事会也要雇用有执照的会计所作为内部的审计机构。

丹麦的科技创新部代表政府对大学实施管理和一般性监督。为达到对大学有效管理的目的，丹麦科技创新部代表政府与大学签订合同（3—4年）并监督合同执行。合同的主要内容为大学的战略目标、发展重点和发展规划，因此这个合同实际上是效益合同，大学每年要向部里报告合同进展情况。丹麦政府为大学提供经费，大学有使用经费的权利，但要遵守拨款条件。为使拨款产生最大效益，丹麦政府为大学建立了拨款体系，也叫"出租车跳表体系"。以教学为例，教学的跳表体系根据学生活动表现，以通过考试率和毕业率为标准决定拨款额。这种拨款体系具有竞争性，使大学和学生更具竞争能力，促进大学合同的效益。正是有了这一系列完备的政策，丹麦高等教育事业才得以保证高效和清廉，教育行业涉及的腐败案例几乎绝迹。

四、丹麦的腐败案例及处理

笔者曾试着搜集有关丹麦各级政府的腐败案例，也曾访谈过哥本哈根大学的一些当地大学生，但是最后几乎一无所获。行贿、受贿、挪用公款等腐败行为似乎真的离他们的生活十分遥远。在通过网络检索以及走访路人进行调查之后，笔者了解到了腐败行为在丹麦发生的概率虽小，但也确实存在过。其中一次略具轰动性的政府腐败案要追溯到 2002 年。当时担任丹麦哥本哈根市法鲁姆区区长的皮特·布里克斯托夫特挪用公款用于个人吃喝。这件事情经过媒体报道后成为丹麦社会的一大丑闻，皮特本人因此身陷囹圄。在过去的几年内，也有一些零星的商业腐败事件发生。它们主要是集中在建筑领域，有些建筑公司和个体建筑师企图通过贿赂官员来获得项目。然而类似事件经过丹麦媒体曝光之后，现在基本上消失了。

还有一件可谓"家喻户晓"的腐败案发生于 2012 年底，有媒体爆料称丹麦文化大臣乌菲·埃尔贝克任职后在其配偶工作的一所艺术学校举办了五场文化活动，花费 18 万丹麦克朗（约合 3 万美元）。在此事件被披露后短短 5 天之内，埃尔贝克就宣布辞职了。不到一周，内阁大臣即因"利益输送"嫌疑也受到了牵连，引咎辞职。

以上案例为丹麦政坛多年来罕见的官员涉嫌腐败最新案例，其舆论反响之强烈、涉案官员下台速度之快可谓是名副其实的"丹麦反腐速度"。丹麦在反腐和廉政建设上更被公认为世界上做得最好的国家，无愧其"全球清廉指数排行榜"第一名的称号。

"全球商务反腐门户"丹麦分公司的首席执行官延斯·贝特尔森是丹麦业界赫赫有名的反腐专家。他在一次采访中表示，丹麦对于不同等级的腐败有着明确的定义，并且有相对应的监督机制和法律条款。因此在丹麦，无论你任职于公共机构还是私人机构，想要浑水摸鱼，那可并不是件容易的事情。"一般而言，腐败可以划分成三个级别：一是个人腐败，主要指发生在公民个人与公职人员和权力部门之间的腐败；二是商业腐败，主要发生在企业与公职人员和权力部门之间的腐败；第三则是政治腐败，发生在较高级别公共管理和政治层面的腐败。"延斯认为，丹麦并不提倡以严厉的惩罚手段来遏制腐败行为，他们主张以事先教育为主。丹麦政府每年会花大量的人力、资金和物力培训丹麦企业，让他们对于何为腐败，以及如何应对腐败环境有一个清楚的认识。

正是因为这样，当反腐意识作为一种公共道德深入人心之后，清廉便不再是一种形式手段，而是人心中不可逾越的一条道德底线。无论荷兰鹿特丹大学"世界幸福数据库"的数据，还是今年6月由美国密歇根大学发起的"世界价值观调查"结果均显示，在过去20年间，世界上"最幸福"的人都是斯堪的纳维亚半岛居民，其中丹麦人尤为突出。

五、结语

毋庸置疑，丹麦在倡导清廉反对腐败这条路上是成功的，它的存在给我们提供了很好学习机会，对我国目前在各个领域开展的反腐倡廉工作有着深刻的启发意义。

从上文丹麦文化大臣埃尔贝克的"裙带门"事件中可以看出，丹麦各党派、各媒体和社会各阶层对腐败行为均嫉恶如仇，同仇敌忾，没有丝毫容忍之心，这是丹麦清廉社会价值观的完全和集中体现。正是因为其最严格、最完善和高效的反腐体制和社会监督机制，丹麦才在"世界最清廉国家"榜单上长期高居榜首，领跑全球。对于我国的廉政建设而言，这更是一处值得学习的地方。如果反腐倡廉意识能够作为一种社会公德深入人心，久而久之，清廉便会成为各级政府工作人员克己奉公的律令，腐败便会成为民众心中不可逾越的道德底线。

其次，丹麦有严格的监督机制（监察官制度）以及规范的法律条款来防止腐败发生。丹麦还针对贪污受贿行为制定了《零容忍政策》，除此之外，丹麦国际开发署还建立了一个电子邮件报告系统，使公众可以对滥用开发署资金的行为进行监督和举报，更好地防止贪污腐败。这些措施对于我国廉政建设都具有重要的借鉴意义。明确行贿受贿的犯罪行为，量化刑法标准，是对腐败行为最有效的惩罚。完善民众的参与监督腐败行为的途径，更是使得腐败行为本身找不到藏身之地，这些措施和经验，都值得我们改造、完善之后更好地运用到中国特色社会主义的建设中来。

参考文献

- http://www.transparency.org/：transparency international：the global coalition against corruption
- http://news.sohu.com/20101115/n277632312.shtml
- http://wenku.baidu.com/view/acdb0890daef5ef7ba0d3c2e.html

- http://news.xinhuanet.com/world/2010-12/10/c_12864852.htm
- http://eng.uvm.dk/Education/Overview-of-the-Danish-Education-System. Overview of the Danish Education System
- The Quacquarelli Symonds (QS) World University Rankings
- http://fanfu.people.com.cn/GB/13840986.html
- http://www.china.com.cn/international/txt/2012-12/25/content_27511280.htm
- http://www.huaren.dk/untitled.htmldanmai%20qinglian%202011.html

丹麦高校如何在管理中避免腐败指控[1]

Ingolf Thuesen
（丹麦哥本哈根大学跨文化系主任、教授）

公共部门、高校的反腐措施

丹麦公共部门历史悠久，作为这个人们称之为福利国家的典型情况，公共部门如今占国民经济相当大的比重。公共部门负责丹麦社会基础设施，并将必要财力支付给健康、安全、教育、交通等领域。公共部门通过税收保证其正常运行，税收由两层政治体系监管，即国家层面的丹麦议会和地区层面的市镇。税收收集的资金如何进行再分配，由民众选举出的代表决定。然而，由于公共部门事务极为复杂，政治代表及领导需要有大量拥有不同技能的公务员支持。这些辅助政客作决定的公务员作用十分重要，并且他们经常在公共辩论中被指控操纵不具备专业知识的民众代表，因为他们会参考公务员提供的信息、常识、经验和政治方案。

另一大群雇员任职于政府或地方议会提供财政支持的机构中，他们的薪水由税收支付。这个团体由各种各样的专业人员组成，比如医生、教师、学者以及运行一所高校必备的管理人员。同样，驻外公共员工也包括在其中。

这两组人员，为决策制定者工作的公共人员及公务员和在公共机构的工作人员，都由税务系统支付工资。由于为民众提供的免费服务范围很广，比如医院、中小学校、大学、道路建设等都是免费的，丹麦的税收相对较高。对于正常的全职雇员来说，税收要占其年收入的一半，因此，普通丹麦民众都十分希望得到公共机构的优质服务，尤其是公共雇员不能腐败。

---

[1] 本文曾刊于《学习与探索》2016年第4期。

贿赂

事实上,腐败是刑事犯罪行为,在丹麦,腐败更多被称之为贿赂。贿赂分为两种情况,即行贿和受贿,法律规定如下:

第122条(1):任何人对在丹麦内外及国际公共部门任职人员过分承诺,提供或给予礼物或其他好处,引诱其在公务行为中作为或者不作为,将被判处罚款或最长时间6年的监禁。

第144条(1):任职于丹麦国内外或国际公共部门的公职人员,如果接受、要求或接收礼物或其他好处,将被判处罚款或最长6年的监禁。

比如一次公开招标,共有5个承包商投标市政厅改造工程。市建设施工委员将决定与哪个承包商签署合同。如果这5个承包商中的一位雇员联系了当地议员,这个议员也是建设施工委员会成员。雇员提出,如果该议员努力促成签署施工合同,承包商愿支付给他5万丹麦克朗作为酬谢。该议员接受了这一请求。

在这个例子中,双方犯有行贿受贿罪。依据刑法第122条(主动行贿),承包商雇员将被处罚。而依据刑法第144条(被动受贿),该议员也将被处罚。

一家位于韩国的丹麦软件公司的销售经理要向想购进一批软件的韩国政府递交投标申请,为了拿到合同,该销售经理给韩国政府负责软件采购的官员2.5万丹麦克朗,以确保签订这个合同。

在这个例子中,该销售经理的行为违反刑法第122条。同样,该软件公司无权获得这个合同。2.5万丹麦克朗是一笔大数目,在这个例子中,销售经理提供的并非"小额疏通费",而是在进行贿赂。作为公共行政管理雇员,如果你怀疑同事接受公民或私企的贿赂并有足够理由,那么你应该立即告知上级或者报警,以便该问题得到进一步调查。作为公共雇员,如果你意识到自己行使职权,有某公民或私企贿赂你时,该情况同样适用。

恪守行为准则

此外,公务员需要遵守许多推崇的行为准则,也叫作"恪守礼仪"(Decorum)。Decorum一词来源于拉丁语,意思是"得体,恰当"。

需要强调的是,作为公务员或公共部门雇员行为恰当主要有两个目的:

(1)向民众确保纳税人收入由所选的代表及公共雇员以公平适当的方式支出;

（2）保护公共部门决策者免受腐败或任人唯亲的指控，增加领导与部下间的信任。

值得一提的是，在丹麦的公共部门，违反上述行为准则就要面对处罚，可能是取消决定，也可能是撤销职位。一般说来，丹麦公共部门对公正的诉求意识很高。

接下来是高等教育机构管理在三个主要方面作为行为准则及实施方面的案例分析。

员工管理、招聘与裁员

员工管理常与规则公正密切相关。一般来说，为了正常执行工作，任何参与招聘或裁员的公共雇员必须公正。这意味着他所作的决定既不能根据个人兴趣，也不能因为经济或个人性格原因。如果雇员知道或被质疑是否公正，其有义务告知领导。如果领导认为雇员在某方面不能公平处理，该雇员则不能参与该项工作。这并不意味该雇员不称职或者腐败，只能说明一定不能让雇员卷入涉及个人利益的指控中。

公正问题的一个明显例子就是家庭关系。一般任何亲属关系都意味着不公正，除非亲属关系远到大家认为没有联系。因此亲密的朋友关系也会引起不公正。涉及公正问题时，朋友关系的意思很难判断，领导会作出决定。但如果遭到怀疑，会支持公正一方，甚至可能成为指控公正问题的强有力论据。

例1：

项目负责人想用外部赞助赞助（私人资金）为该项目雇用一名学生助理。尽管他儿子是最好的申请者，但由于两者密切的亲属关系，人力资源部不会招聘他。只要由公共资金运营的大学负责的项目，哪怕资金来自私营部门，都要遵守公正条例。然而，如果由独立于项目负责人的委员会宣布该项目负责人的儿子是这项工作的最佳人选，那么可以雇用该项目负责人的儿子。

例2：

系主任接到大学校领导的命令，要对任职的学术人员和行政人员进行一定数量裁员。然而，该负责人的配偶在同系担任行政工作。在此情况下，因为裁员涉及包括管理部门在内的该系所有部门的员工，系主任的妻子与其他员工被解聘的风险是相同的，系主任不能为妻子行使特权。为保证公平公正，院长会找另外的人临时代替该系主任进行裁员工作。

另一个典型例子是哥本哈根大学教授职位的招聘过程。首先，学院院长同意系主任招聘一位新教授的建议。随后，制定并在国际范围发布招聘信息。招聘信息介绍招聘职位内容，由若干段落组成，包括法律方面内容，提交申请的程序，以及获取进一步信息的联系人姓名，一般是系主任。

申请截止日期过后，法定办公室核查申请者是否满足规定要求，如是否拥有必要的学术背景。只有满足基本要求的申请者才能进行下一轮评估。在这之前，由院长、系主任和研究项目负责人组成的特别委员会，评估委员会负责人以及学生代表列出最符合招聘要求的名单，至少有5个申请者。评估委员会评估名单上人员的学术资质。评估委员会由与具有与所聘职位相同学术水平的至少3位学者组成。委员会负责人由本系教授担任，剩下的成员则来自其他大学。这样做是为了尽最大可能组成国际专家委员会。该委员会需经由一般教师和学生委员会批准，后者由民选教师和学生代表组成。

评估委员会审核应聘者递交的学术著作，并就应聘者能否担任该职位作出声明，结束评估。每名应聘者都会收到自己的评估结果，为避免出现任何误解，其有权对评估发表意见。和上面提到的一样，招聘委员会将与合格的应聘者会面，并从中选出更小范围的人选，通常是三人，面试并试讲。面试和试讲过后或许会进行第二轮面试，通过此次面试招聘委员会将确定最终聘用人员。

整个聘用过程由院长负责，时间长达数月。为避免在这个漫长的过程中受到公正问题的指控，院长会在与特别任命委员会第一次会面时询问是否有成员与应聘者有亲属或朋友关系，以防出现不公正的情况。同样应聘者有机会就评估委员会给出的评估结果表达意见，这也减少了不公正的风险。

下面是个聘用终身教职副教授的例子。文本信息量大，内容充实，不仅包括职位内容，也包括对该职位的要求、期望及经验水平，对招聘过程的描述同样重要，特别是如果他们发现评估委员会成员不公正，可以发表意见。

比如以下申请：

日本研究及现代日本研究终身教职副教授

丹麦哥本哈根大学跨文化与区域研究中心招聘现代日本研究终身教职副教授，2016年8月1日或之后尽快任职。

关于我们：http://ccrs.ku.dk/about/

工作内容

哥本哈根大学跨文化与区域研究中心日本研究项目主要关注现代日本的研究。该项目的现任员工研究并教授的领域为日本历史、文学、社会及文化。只要应聘者的研究重点是现代日本，可以是日本研究的任一领域。

我们希望成功的应聘者能够在自己的研究领域有所专长，并能教授不同级别的课程，同时也能进行语言教学。

具体要求
- 日语口语及书面表达优秀
- 愿意同学生、同事、行政人员、支持人员以及大团体交流并掌握必要技巧
- 能够并愿意致力于日语教学项目
- 能够并愿意为文学学士及文学硕士阶段学生设计并教授课程（应聘者应在其申请中表明自己愿意在哪个领域完善发展自己的教学资料）
- 能够并愿意指导研究生
- 能够并愿意为跨文化与区域研究中心及行政部门工作

具备条件
- 掌握前现代日本语形式，并能教授古日本语选修课程
- 对另外的亚洲国家有兴趣并具备一定专业知识
- 能向跨文化与区域研究中心的日本研究方向学生及其他研究方向学生教授与日本有关的课程，以亚洲为背景或结合亚洲另一个国家讲授
- 能教授分组教学课程在内的跨文化与区域研究中心其他项目的课程

副教授职位是任期6年的学术职位，涉及研究和教学。应聘成功者须完成针对副教授的教师培训课程，并参加该系的所有活动，包括考试及行政。

大约副教授6年任期结束的半年前，由院长设立的委员会将评估该副教授能否晋升为教授。

阅读更多哥本哈根大学终身职位项目信息，请前往主页：

http://employment.ku.dk/tenure-track/tenure-track-at-ucph/.

应聘条件

申请者必须在该领域拥有博士学位或同等资历。另外，有大学任教经验的申请者优先。

该职位的职责平均分配在教学与研究方面（包括相关管理与知识共享）。在这些领域能证明能力的证书及反思能力，是评估内容的一部分。（见下文）

此外，评估重点是学术和个人资质：
- 研究资质根据该申请者研究阶段、创新程度、学术产出进行评估。比如，在国际公认的同行评议的期刊中，或国际公认的较高级别出版社出版发表的学术研究成果
- 申请者的科学记录，学术广度与深度，学术活力，严谨与精确
- 教学资格，参见教育许可

http://www.humanities.ku.dk/about/vision_and_goals/educationsl_

charter/

- 对研究的传播、知识的共享、更广泛的公众参与及媒体和政治世界参与具备经验
- 证明具有行政资质

终身教职副教授须有具备国际竞争力的学术研究证明,或国际认可的研究潜力,在未来能具有学术影响力。

评估申请者资质应首先考虑其具备国际竞争力的研究证明。不强制具备教学资质,但有相关教学证书及教学经验会被纳入考虑范畴。同样还会考虑申请人的外联能力,比如引进外部资源。

在合理时间范围内(最多不超过 2 年),不会讲丹麦语的应聘成功者应学会丹麦语,并能使用丹麦语教学并与同事和学生交流。

终身教职副教授详细信息,请参照学术人员工作结构网页:

http://ufm.dk/lovstof/gaeldende-love-og-regler/uddannelsesinstitutioner/job-structure-for-academic-staff-at-universities-2013.pdf

了解该职位更多信息,请联系部门负责人 Ingolf Thuesen,电子邮箱:i-leder.tors@hum.ku.dk。

申请

需网上提交申请,格式为 pdf 或 word,zip 压缩文件不能上传

注意申请中每项文件最大为 20 MB

请点击页面下方"网上申请"图标

申请须用英文书写并包含以下附件:

申请信/求职信

简历(附申请者邮箱地址及电话号码)

证书(考试合格证书或博士学位证书等)

审查者名单/推荐信

出版物的完整编号列表,封闭的出版物必须标有 *

研究计划,包括对之前研究的简短描述以及未来几年就如何组织研究,召开研究研讨会、座谈会等学术会议等的研究计划

教学资质及研究出版证明(课堂组织、材料、课程及其他教学形式)

出版物

申请者可最多选择 5 项自己的出版成果进行评估,其中至少两项应是近 5 年出版并距申请最后期限时间最近的。至少两个出版物必须在国际公认、同行评议的期刊发表或国际公认的较高级别的出版社出版。出版日期需在出版列表

上清楚标明。选出的出版物应从1到5依次编号，并以附件形式上传。

若递交材料中有合作者署名，或该作品是集体努力的学术成果，申请者在其中的贡献程度必须有明确规定。因此需要一份合作者的声明，明确每人贡献程度及性质。

评估材料语种限定在英语、德语、法语、丹麦语、挪威语和瑞典语范围内。

评审结束时，所有材料都会处理掉。

聘用过程

申请截止日期后，院长根据聘用委员会的建议挑选申请者参加评估。所有申请者都会被立即告知他们的申请是否能接受评估。随后，院长任命专家评估委员会负责对申请具体职位的申请者进行评估。申请者会被告知该委员会成员。在最终任命结果出来前，申请者有机会就自己的评估结果发表意见。

申请者将不断通过电子邮件了解进程。

想了解申请程序更多信息，请联系人力资源与人事专员 Mette Christensen，邮箱地址：vipadmin@hum.ku.dk。

薪资及聘用条件

该职位薪资根据丹麦财政部与丹麦专业协会联合会协议达成。额外奖金在个人基础上谈判。国际学者的薪酬福利包括重置奖金，外国研究员则有另一套特殊的税收方案。了解后者更多信息，参见 www.movingtodenmark.ku.dk。

人文学科终身教职副教授，要下载一个文件启动包。

更多信息见于http://humanities.ku.dk/about/tenuretrack/。

如果你不在丹麦，申请哥本哈根大学职位前，你能在以下网页了解在丹麦工作的更多实用信息。

参见：http://ism.ku.dk/, http://workingconditions.ku.dk/ , http://www.workindenmark.dk/。

无论何种个人背景，哥本哈根大学希望对此职位感兴趣者积极报名。

申请截止日期：2015年10月1日23：59，欧洲中部夏令时间。

截止时间后再递交的申请及补充材料将不予考虑。

对外关系

通常情况下，学者因为在大学职位获得的知识与专业技能，他们与私营部门保持良好的关系。政府也希望学者能同社会共享知识。原则上，知识在共享前不能被看作知识。私人公司可赞助研究项目，学者也可为私人公司作咨询服务。

这种情况会引发公正问题,也会激发关于道德问题的探讨。

作为哥本哈根大学员工,你在行政法律下为公共部门工作,因此,当你作为学者与外部伙伴合作时,应考虑公正问题。在发展成为伙伴关系前,学者应提出这样的问题:伙伴关系可能会怎样影响他独立客观的研究?与私人公司的合作是否为保护知识产权而制约其在国际核心期刊发表论文?

就职于公共部门的员工有权在外面另有一份工作。一般来说,机构比较欢迎员工除了签订正常工作合同外,有社会兼职工作。这样能为机构提供有用的知识,改善与社会的关系,同样也能增进社会对公共部门及大学的了解。

对众多兼职员工来说,很明显,寻找其他工作是为了充分就业。因此,行为准则主要约束全职员工,同样也能告知负责人,除了主职工作外,他们还能做什么。这些工作既有带薪的也有不带薪的,比如研究基金委员会成员。

最重要的是,兼职工作不能与主要工作发生利益冲突,不能消耗雇员太多精力,影响主职工作。对于学者的兼职工作可以列举如下:

- 在另一个公共机构、私人机构或企业有正式职位,如有自己的公司
- 任私人公司董事会成员或基金组织委员会成员
- 委员会或专家委员会成员
- 其他机构永久教席
- 为公共或私人部门担任咨询顾问

例1

系里教授受高等教育科学部邀请担任研究理事会成员,该理事会负责每年向丹麦学者发放研究经费。研究理事会是为数不多的为大学学者提供研究经费的组织之一,因此,该理事会每年收到大量工作申请,而录取率很低,在10%~20%。因此,这对教授来说是额外工作负担,尽管该机构成员能得到小额经济补偿,但在这个由政府成立并赞助的机构工作会相应减少在大学工作的时间。

大学校领导认为,教授会拒绝这样的额外工作邀请。但事实上,该职位对了解教育部政策导向至关重要,所以代表学校进入该理事会具有重要意义。因此,接受国家研究理事会成员邀请的行为会得到认可并可以被接受。

然而,受任命的教授可能会遇到这样的情况,申请者中有其部门同事或家庭成员。在此情况下,启动正常公平监管,该教授不被允许参加该工作申请的评估过程。

例2

一个在大学研究抗病毒感染药物的教授,因其自身经验与能力,受到私人制药公司邀请,成为董事会成员。该公司出于商业目的研制抗病毒感染药物。问

题是，大学研究保持独立与中立，而公司出于商业目的，两者间存在利益冲突。作为公共雇员，该教授应在自己研究上保持独立，并努力寻求最佳解决方案。如果该教授所在公司与其他公司竞争药物许可，其中涉及利益问题，这一点是不被大学所接受的。在此情况下，教授可能会考虑离开大学，接受公司研究工作，反之亦然。

例3

大学某系受政府部门邀请，撰写一份极具政治性的报告。由于该报告十分敏感，可能会在议会引起强烈讨论，并作为论点影响政治决策过程，而不是独立客观的研究报告。政府部门会向该系支付一定费用，以补偿进行研究和撰写报告所消耗的时间。在高标准、自由选择研究方法和独立进行研究的前提下，该大学部门接受了政府部门的邀请。合同声明大学在此过程中保持其独立完整性。一旦报告泄露，该部门因研究质量低而遭到议会起诉，甚至研究者姓名直接见诸媒体。此情况下，大学本可不接受邀请，但领导决定接受，只要能根据知识共享原则保持独立与完整性。大学如果接受邀请，也意味着要承担相应责任，支持报告泄密后被指控为行为不端的学者。

礼品与资助事宜

一般来说，通过交换礼物表达对对方的感谢或欣赏是社会上普遍接受的一种方式。然而，什么情况下礼物会变成贿赂？这个问题没有简单答案，在丹麦的不同机构里，答案都不一样。

标准规则是，公共部门工作人员不提倡接受私人或私人公司的礼物，以避免腐败指控。问题是，交换礼物通常是互惠行为，因此接受外界的礼物可能意味着按对方意愿行事。

同样，公共部门员工为单位购买产品或服务，应特别注意在购置时不接受出售产品的商家的私人回馈。如果该公司与工会达成协议，给该单位每名员工相同折扣，那么是可以接受的。

以下情况可以接受礼物。如果公共部门某员工庆祝周年纪念日，可以接受蛋糕之类的生日或退休礼物。这些礼物被看作良好关系的象征，而非企图获得特殊关照。因此所送的礼物也应符合非工作关系的特点，比如鲜花、葡萄酒或书等。

除此之外，为表达良好合作经历的礼物也可以接受，甚至不接受礼物是非常不礼貌的。这些礼物在工作关系终止时送出，通常具有象征性，比如巧克力、酒等。可以接受外宾来访或出访国外时合作伙伴的赠别礼物。赠礼物反映国家文化传统，是对良好会面与热情款待的回忆。

大学员工在遵守上述守则的前提下，可以接受礼物。但出于研究目的的礼物有特别规定。大学会正式接受礼物并记录其目的，大学管理机构将确保该礼物只用于相关研究。

如果公司为推动大学研究项目赠送礼物，如果接受礼物，大学则有义务开展此研究。而相关负责人，也就是系主任，在接受礼物前必须接受特别研究项目的相关性。

另一种特殊情况是赞助。赞助是与私人基金会、个人或公司达成协议，为提升大学核心活动捐款，比如学习环境、建筑设施以及员工福利。捐赠者希望可以在学校看到自己的标志。这种协议只能由捐赠者与某中心、院系或校长办公室签订。该协议为书面合同，上面规定双方应尽的义务，以避免误解。

本论文介绍了丹麦公共部门，特别是大学公共部门为减少腐败指控最重要的准则。根据丹麦刑法，贿赂属于腐败，会被记入档案或面临监禁。

丹麦公共部门也同样遵守行为准则，上面描述了公职人员的最佳行为方式，以避免不公正指控。该准则有两个目的，一是确保社会民众受到公共机构公平对待，二是保护公职人员免受到不公正甚至腐败指控。

参考文献

1. *Code of Conduct in the Public Sector- in brief*. Copenhagen：State Employer's Authority，2008，www.perst.dk.
2. *HOW TO AVOID CORRUPTION*. Copenhagen：Danish Ministry of Justice Link：http://jm.schultzboghandel.dk/upload/microsites/jm/ebooks/andre_publ/corruption.pdf

丹麦高等教育中的考试与学生权利[1]

Marie Højlund Roesgaard

(丹麦哥本哈根大学跨文化系亚洲动态研究中心主任)

一、背景

丹麦的教育体系注重教育公平,并与社会不平等和消极的社会传承相对立。像丹麦教育系统中其余的绝大多数一样,丹麦的大学是公立大学,由纳税人的钱资助。这意味着学生可以不用交学费。我们通过高等教育努力克服的问题之一是消极的社会传承:父母的受教育水平决定了孩子们能够接受教育的水平。把从文化水平较低的家庭出来的孩子和从有学历家庭出来的孩子相比,前者获得大学教育的可能性更小。为了防止这个问题并且把有才智的学生聚集到一起以保护我们劳动力的发展,因此我们建立了国家奖学金体系,旨在资助所有被中等或高等职业学校录取的学生。对于高等教育的学生,应该能维持自己的生计,或许是以做学生兼职工作作为支持。不管学生的社会背景如何,我衷心希望这种体系可以让有才华的学生接受高等教育。[2]

学生在各种层次的教育享有权利;有的是法律规定的,有的是国家指定的,还有一些个别院校规定的权利。学生的权利意味着他们可以申诉教学内容欠缺。如果他们遭受不公平对待抑或没有很好地接受知识也可以提出申诉。这个体系非常重视保护学生的权利。

---

[1] 本文曾刊于《黑龙江社会科学》2016 年第 3 期。

[2] There is considerable discussion in Denmark whether this intention is actually also the result of the system. The Danish National Center for Social Research has worked with this (http://www.sfi.dk/english-2631.aspx), and debate is ongoing in the Danish press.

二、问题

即使注重学生权利还有相对(从全球范围)充足的资金支持,仍然存在着权力关系不对称的问题。不管我们怎样看,老师站在一个比学生有权力的位置,因为他们可以提供学生想学到的知识,最终由他们评定学生的表现。这种不对称的权力关系意味着学生存在着被操控的风险,但是不仅限于教师操控。虽然在丹麦体制中发现一些操控和职权滥用的情况,但是并不常见。大多数学生没必要让自己熟悉申诉规定,下文将进一步说明。尽管这样,这里还是存在着我称其为低水平的"系统信任"。借此,我想指出,我们的教育系统和官僚结构都十分注重确保杜绝此类事情的发生。所以绝大多数学生和老师必须按照既定的规则规章去学习和工作,因为有很少的不当行为发生。然而,即使是很小的不当行为都会使我们的系统和教育遭受重大损害,所以我们不能减少在这方面的警惕。

(一) 腐败、任人唯亲和礼仪——一些实例

什么情况称为腐败、贿赂或滥用权力在每个国家都是不一样的。在世界上某些地方被视作社会交往的一部分(比如在亚洲许多地区和中东的礼物赠送),在其他国家可能会被称作贿赂或腐败。因此,为了更好地理解丹麦在高等教育中为打击腐败而采取的措施,我假设了一些案例,在丹麦教育中我们把这些情况视为腐败行为、任人唯亲或是滥用权力。

例1:我帮你,你帮我!

如果你想装修房子,既然你有很多年轻有活力的学生,所以你想喊他们来帮助你。你知道的是,他们觉得自己很忙,所以你去劝他们。你做出保证:如果你现在帮我,作为交换,我将考题透露给你。

在任何国家,这种交易将毫无疑问地被视为欺骗和腐败,因为这是用学生不该知悉的东西直接交换服务。

例2:友好、乐于助人的学生

十分有幸在你的课堂上有一名非常聪明并乐于助人的学生。她也非常体谅别人,所以某天她来到你家帮你洗车,尽管你之前没有叫她来。或者,她帮你照顾孩子,帮助你修剪草坪。她从来没要过报酬和任何其他东西作为报答。你接受这样的帮助合适吗?

这在丹麦体系看来是有意贿赂。你决定学生的考试成绩,如果大家都知道

她为你提供的所有帮助,你确保自己不受指控的唯一方法是不让她通过考试,即使她是一个聪明的好学生。如果她通过了考试,你就会涉嫌:感激女孩为你所做的一切。所以这对你们双方都无益处。

例3:这份工作的最适合人选

你的部门需要学生助理。这个工作专业性很强,由于时间紧迫,你需要能快速完成这项任务的人。你雇用了你的儿子,他具备这份工作需要的优秀素质,在你看来毫无疑问他是你要找的最合适人选。

在丹麦文化里,这会被称作"任人唯亲"。即使你的儿子最适合,你也不能雇用他。你必须让其他人来处理申请,你回避,让他们作决定。然后我们选定最适合的人来担任这项工作,哪怕最后这人还是你儿子。

例4:令人恼火的学生——以牙还牙!

我们都有这样的经历,我们不总是与所有学生都保持良好的关系。在这种情况下,你非常地不幸,在你的课堂上有这样一位学生,他总是挑战你所说的东西,总是质疑你对学生的要求,而且他的行为给课堂制造了一种不愉快的氛围。你也知道他想让其他同学和你的同事抱怨你的教学能力。为了给这个行为恶劣的学生一顿教训,你决定给他论文一个差评——即使事实上他的论文还有些价值。

虽然你可以解释这个学生不值得好评,但在丹麦体系看来这种行为属于滥用权力。你不能凭借你对这个学生的个人喜好来左右他的成绩。事实上,因为你的学生和同事都知道你们之间的矛盾,所以如果他选择申诉不公平对待,是能够得到支持的。你能做的只有一件事——让他通过并给一个合理的分数。如果经确定他的成绩应该比原先的更高,那么你就会遇到麻烦,因为每个人都知道你们之间有矛盾。你怎么证明你在公平处事呢? 在这里,丹麦的外部审查员体系就起作用了。我将在后面进一步解释。

三、解决办法

所以,在丹麦我们怎样努力解决这些问题呢? 我们主要采用三种办法,分别是 1. 严格规范的考试;2. 明确的学生权利(就哥本哈根大学而言有校园大使,见下文);3. 全体人员按照行为准则[①]来培训。接下来的一部分我将详细解释前两种工具。

[①] See more about the Danish Code of Conduct in the paper by Ingolf Thuesen in this volume.

（一）考试

丹麦高等教育的教育计划以课程计划为基础（一个法定文件，其丹麦名字叫作"studieordning"）。它描述了计划的目标以及学生在毕业时应具备什么样的能力。它还描述了考试应该用来评定学位，这样课程目标才能实现。以下为法定基础：

1. 考试的目的在于评定一种程度，即学生的资格与课程计划中学科和学科要素规定的学术目标相符合的程度。期末考试为颁发证件提供了基础。

2. 在独立项目课程中，大学制定了明确的目标和标准，以评估个别科目和考试中包含的学科要素的完成情况。见"分级量表部令和其他形式的大学教育评估"（"分级量表规定"）（Karakterbekendtgørelsen）。

因此考试要根据"考试指令"[1]执行（丹麦语"eksamensbekendtgørelse"）。成绩评定工作应根据法定文件完成，被称作"分级量表规定"[2]（丹麦语"karakterbekendtgørelsen"）。

（二）详尽的规定

"考试指令"规定了需要采取多样的考试形式来反映教学以及应用的教学方法，因此有笔试、口试和两者相结合的考试。法定文本如下：

1. 这个计划必须包括各种形式的考试以反映课程内容和工作方法。考试形式必须要反映单独学科或学科要素的目标，比如口头、书面、实践，以项目为基础的考试以及多种考试形式相结合的考试。在所有课程中，大学为学科和主题因素规定了考试形式。

除了口试和笔试，我们可以选择以课程出席情况代替考试（部分或全部），我们需要一份书面论文作为参加考试的条件（这种情况书面报告不会成为成绩评估的一部分，仅仅是参加考试的条件），我们还会有答辩和论文相结合的考试。

2. 大学会在课程中规定：如果内容和工作方法有保证，学科或学科要素通过对课程的参与要求部分或全部写入文件。大学还可能规定，对课程参与度要求是学生参加学科或学科要素考试的条件。

---

[1] See a translation into English here: http://ufm.dk/en/legislation/prevailing-laws-and-regulations/education/files/engelsk-oversaettelse-af-bekendtgorelse-nr-670-af-19-juni-2014-om-eksamen-og-censur-ved-universitetsuddannelser.pdf.

[2] See a translation into English here: http://ufm.dk/en/legislation/prevailing-laws-and-regulations/education/files/ministerial-order-on-the-grading-scale-and-other-forms-of-assessment.pdf.

3. 大学会在课程中规定：课堂上上交书面论文是学生参加学科或学科要素考试的条件。

4. 大学会在课程中规定：学生在其成绩评定前必须进行书面论文的答辩。在这种情况下，就要根据书面论文的评价和答辩表现作出评估。

鉴于学术考虑，也有可能进行小组考试。小组考试的优点是，在很多方面更好地反映学生毕业后走向。许多公司期望他们的员工能够团队协作或者至少在工作时把才智都汇合起来，这种类型的考试会让学生有所准备。在"考试指令"中描述如下：

（1）鉴于学术考虑，大学在课程中规定了是否考试必须为单独考试或是小组考试。当组织小组考试时，大学应该确定允许参加每个小组考试的最多学生人数，应该确定学生是否选择单独考试。对于单独考试和小组考试，必须作出对学生的单独评估，并且分别给与成绩。

即使是在小组内的表现，但是规定清楚地表明必须分别给与评价。这意味着我们必须能够评价个人贡献。小组考试也意味着考试的时间安排要根据参与者的数量作出调整。

（2）关于口头小组考试，学生以这种方式进行考核，以确保评估是根据学生的表现做出的。在组织口头小组考试时，大学必须确保分配的考试时间适用于参与考试的学生数量。

学生有三种方式可以通过考试。如果考试已经通过，你不能为了得到更高分数而重考。对于三次未通过考试的学生，如果有一些特殊情况，比如残疾或家属去世，大学可以决定给予更多的方式。但是，我们不能给予特殊要求，比如一个学生在进行其他考试之前必须通过第一年的考试，即使学生已经考试了三次。

已经通过的考试不能再次参加，见"分级量表规定"。不过，学生可以有三种方式通过考试。在特殊情况下，大学可以允许其他方法。在评估是否适用于特殊情况时，学术才能的问题不得包括在内。

（3）如果学生的课堂参与要进行第二次评估，他们可以以参加考试代替。但是，大学可能会在课程中规定该情况不适用于研究性考试。若课程中包含实际操作，则考试不能代替。

我们有时会遇到一些问题，即学生们无法达到课程出席的要求。重新考试经常会有另外一种考试形式，然而，如果课程出席要保证学生的实习锻炼，比如实验室工作，这当然是不可能的。

（三）内部和外部审查员

1. 考试过程中需要考官和审查员。根据考试和课程章程中的规定，审查员的角色是确保学生至少有 1/3 的考试需要外部审查员，对学士和硕士论文我们总会有外部审查员。"考试指令"规定：

（1）考试可以是内部考试，也可以是外部考试。

（2）内部考试由大学指定的一个或多个的校内老师（内部考官）评定。

（3）外部考试由一个或多个内部考官以及一个或多个外部考官评定。外部考官由丹麦高等教育机构委派。见成绩评定第二章。

（4）外部考试必须包含项目中的重要部分，包括学士课题、硕士论文和硕士课题。一个计划中 ECTS 学分中（欧洲学分转换体制）要有 1/3 从外部考试获得的。然而，这不适用于学分已经转换的考试，参见后文。

（5）如存在异议，课程教师评定学生的出勤情况。

2. 在评价过程中，内外部考官要对学生的表现及教师的考虑作好记录，以备学生诉讼时参考。记录必须至少保留一年直至任何诉讼程序完成。

在某种程度上，你可以称外部审查机构是一种质量监控，既然大多数审查员在同类机构工作，所以能够进行水平评估。正如所提及的，内部和外部审查员同时担任了学生公平公正对待的保证人角色。因为考官比起审查员更了解自己的学生及其能力，可能会说最后一个功能不是很必要，但是这个制度是为了保证上述情况不会发生而建立的，学生既不会被优待也不会被劣待，而是应该得到公正。虽然可以讨论是否完全有可能，但是至少这就是该制度的目标。如果你回头去看我之前提及的例子，在例 1 中，你完全有可能给这位女孩一个合理的分数，因为审查员会当作公正的保证人。在例 4 中，审查员的存在将会使你的评估更具可靠性，而不会使你遭到报复的学生指控。但是应该记住，我举的例子是虚构的，丹麦高等教育中并不多见。审查机构的这方面大多数看起来是由我前面提到的"系统性信任"导致的，迫使大多数人考虑这特定的行为模式，避免一些哪怕是很少发生的事情，审查机构可能会对系统的信任产生深远的影响。

（四）谁可以成为审查员？

如"考试指令"规定，审查员可以是内部的——他们是来自学校内部的同事，具备学科必需的洞察力；也可以是外部的。"外部"意味着他们受雇于另一所大学，他们可能在公司、公共机构工作，或是有自己的公司，但是他们需要有必需的学术资格文件去评估相关学科成绩。因此外部审查员必须要具有硕士或博士学位，他们要想得到委派，就必须进入获批学科审查员名单。该名单由丹麦高等教育机构批准。当要委派审查员进考场时,大学的行政部门就会找到审查小组主席,主席将会把审查人员安排到不同的考试。各个科目都有具体的审查员名单,所以行政部门要是想组织考试,必须要和几个审查小组的主席沟通。

(五)学生权利

1. 学生可以在成绩宣布两周内进行申诉。如果他们认为考试过程中有违反了法律的规定的地方,可以控告或申诉(比如在例1中,你把考题透露给了其他同学);他们可以申诉考试依据,比如一些内容不是课程中所涉及的;如果考试周围环境嘈杂,他们可以申诉;最后,他们还可以申诉评估过程本身,如果他们有理由认为他们的表现未得到公平评判。在"考试指令"中表述如下:

(1) 由关于考试的申诉和其他形式的评估形成的考试须由学生提交至大学。申诉须以书面形式上交并陈述申诉理由。

(2) 申诉须在评估结果宣布两周内提交。不过,两周考虑日期应在规定的最早日期开始计算。

(3) 在特殊情况下,大学会对提出的诉讼予以提交时间限制豁免。

2. 申诉提交的内容如下:

(1) 合法事件;

(2) 考试依据(问题,任务等);

(3) 考试过程;

(4) 评估。

① 如果申诉涉及评估成绩或与评估人相关的问题,大学应及时将申诉提交给评估人。评估人有两周的时间提交对评定等问题的意见。特殊情况下,大学可以决定延长评估人的期限。7月不被列入评估人的期限。申诉人必须有机会对评估人的意见发表评论,期限不能少于一周。

② 大学应作出决定,以评估人的意见和申诉人对该意见的评论为基础。在评估人的意见[考官和审查员(包括内部和外部,在"考试指令"中被称作"考官")]和申诉人对该意见评论的基础上,大学作出决定。这里存在三种不同的可能结果:A. 如果考试不是口试的话,学生可以由其他评估员进行重新评估;B. 学生可以由不同的评估员进行重新考试;C. 大学可以决定对申诉者不予支持,相关原因在《考试指令》中如下:

3. 学校的决定必须是书面形式的,并有充分理由:

(1) 提出重新评估,但口语考试除外;

(2) 提出重新考试;

(3) 不支持申诉。

4. 大学必须尽快将决定通知申诉人和评估人。若大学决定提出重新评估或是重新考试,应通知申诉人重新评估或重新考试可能导致更低的成绩。

5. 申诉人必须在接到学校决定的通知两周内接受重新评估或是重新考试的请求。该重新评估或重新考试需尽早举行。若证书已经颁发,大学必须撤销其证书直到完成评估。

(1) 如有必要,将颁发新的证书。

(2) 对于重新评估或是重新考试,新任的内部考官由学校指定;外部考官,如果有的话,由外部考官主席指定。

(3) 关于重新评估,必须给评估人提供案件档案,包括作业、论文、申诉状、原先的评估意见、申诉人的评论以及学校的决定。

(4) 重新评估和重新考试可能会导致更低的分数,评估人应将评估成绩通知大学。对于书面考试形式的评估,评估人应附上评估的书面理由。但是,重新评估和重新考试的结果不能提交至其他管理部门。

如果有重考情形,学生可能发现得到了更低的分数;这是他们必须承担的风险,所以他们的申诉必须要有充足的理由。若大学未决定向学生/申诉人提供支持,学生可以在学校作出决定两周内,向申诉委员会提出申诉。在很多方面,申诉委员会的程序和第一次普通申诉的程序相类似,不同的是申诉委员会包括更多的人。尤其是学生要参与到审议当中。其法定基础如下:

6. 若学校未向申诉人提供支持

(1) 申诉人可以将与学术问题有关的决定,提交至学校设立的申诉委员会,由委员会作出决定。

(2) 申诉人向大学提交申诉。申诉必须以书面形式提交并陈述申诉理由。

(3) 申诉必须在大学决定向申诉人宣布的两周内提交。

(4) 在特殊情况下,大学会对提出的诉讼豁免提交时间限制。

7. 申诉提交后

(1) 大学应及时设立申诉委员会。申诉委员会将长期设立。

(2) 委员会包括两名指定的外部考官,一名有权执行考试的老师和一名该科目的学生。

(3) 外部考官主席,指定两名外部考官。外部考官主席指定一名外部考官成员作为委员会主席。外部考官主席可以将他自己指定为外部考官或是主席。

(4) 大学指定老师和学生。

(5) 申诉委员会的活动应参照"丹麦公共管理行为准则",包括取消资格和保密的规定。

8. 由申诉委员会构成法定人数，所有成员必须参与到讨论中。

（1）相关的报告必须传达到所有成员手中。审议事项可以是纸质版，也可以是电子版，如果委员会成员同意书面程序。在审议事项中，必须确保申诉人的个人资料受到保护（秘密交流）。

（2）如果委员会成员没有达成一致意见，审议高峰时期，所有成员必须在场。如果最终要以投票决定并且出现相同票数，议长需要投出决定性一票。

（3）申诉委员会需要作出决定，要以大学作出决定所根据的材料和合理的申诉为基础。

（4）如果申诉委员会在与申诉审议有关的考试中意识到了错误和不规则的问题，委员会应将此通知大学。

9. 在该决定中——必须以书面形式并有充分理由。

（1）申诉委员会能够决定：①提出由新评估人进行评估（重新评估）；但是，不能应用于口试考试；②提出由新评估人进行重新考试；③不支持申诉人。

（2）重新评估和重新考试，但是，评估不能提交至其他任何管理机构。

10. 申诉委员会的决定应尽快向学校通知。

（1）申诉在最近的两个月之内提交。两个月时限不应将7月计算在内。

（2）如果申诉不能在时限内完成，大学必须尽快通知申诉人，并提供申诉将在何时完成的详细理由和信息。

11. 大学应尽快向申诉人通知申诉委员会的决定。

（1）当大学决定提出重新评估或重新考试，必须通知申诉人该重新评估或重新考试可能导致更低的分数。

（2）申诉委员会的决定不能提交至其他任何管理机构。

12. 如果申诉的是合法事件——

（1）作出的对决定的申诉必须提交至大学。

（2）在向学生宣布决定的两周内，申诉必须提交至大学。

（3）在特殊情况下，大学可以进行豁免。

（4）大学的决定可以向丹麦高等教育机构申诉。

如果经过申诉委员会复杂的程序之后，学生仍觉得自己受到了不公平待遇，最终可以求助于高等教育机构，但是这种情况极其少见，甚至申诉案件也十分稀少，过去几年申诉的数量一直在减少。普通申诉减少的原因可能是申诉人在重新评估或是重新考试后面临着得到更低分数的风险。直到几年前情况有所改变，所以，比方说有学生得到了很高的分数，但他仍然申诉，想得到更高的分数。

他们可以选择两者中较高的一个,之前他们患得患失,但现在大可不必。但是人们可能会想,学生(那些非法律专业的学生!)应该如何在法律的迷宫中找到方向。为此我们在哥本哈根大学和其他大学设有学生议员体系,我们还设有学生特使。

(六) 学生特使

在丹麦至今只有哥本哈根大学一所学校设有学生特使。这个合法人员的任务是保护学生的权利,毫无压力地提供无偏见建议。学生特使独立于哥本哈根大学,并受到专业保密。哥本哈根大学抨击一位神经科学家的不当学术行为,学生特使系统就是由这个大案件导致的。在此案件中,这位神经科学家错误地指责一名学生助手侵吞公款,学生特使系统的建立就是为了避免这种事情重复发生,如果再发生时,则可以支持学生。

如果我们研究一下具体案例,学生大使在具体情况下提供的建议如下:豁免(最大限度地延长学习时间,尝试其他的考试,给予身体残疾的学生更多的考试时间);对规定、考试条件和不良建议的申诉;涉嫌考试作弊的情况。在其他情况下,若学生需要确保他们的权利,也可以提供服务,比如如果他们认为自己受到了不公平对待,或因为某件事出现僵局需要调解,或发现自己不知晓程序,不知所措。

所有的参考都必须严格保密,也不具有约束力。只有当学生明确同意时,学生特使才能联系教师。可以把学生特使当作"学生巡视员"。然而,职能却不同。因为在丹麦,巡视员的头衔只能用于议员巡视员和消费者巡视员。

实际上,学生特使可以做的是代表学生评估和参考申诉;让学生和员工达成调解;发起特殊情况的调查咨询,建议和培训员工和学生。当然,对学生大使来说也有一些限制。不会授权学生大使发布规定,特使不是法官;不会授权特使扮演学生律师的角色或是案例的其中一方,这里不是法庭;不会授权特使评论学术或资源问题,包括成绩是否正确。①

四、结论

尽管上述内容看似十分复杂,但是丹麦人更偏好权力结构不对称的问题,处

---

① See more about the student ambassador at the University of Copenhagen here: http://student-ambassador.ku.dk/.

理保障每一个人的民主权利以及打击腐败和任人唯亲的问题。可能会有这样的争论：学生们有更多的权利和较少的义务。在很大程度上确实如此。当然，学生作为公民会有义务，他们可能有自己的雄心抱负，使得他们必须在大学学习中表现好。但是有很少的大学会给学生强加责任。有一些情况除外，比如我们要求课堂出勤作为参加考试的条件；最近规定学生必须报名参加考试，相当于全日制学习。在学生特使的帮助下，这种情况也是可以协商的。可是，在很多方面，就权利和影响而言，赋予一开始就处于劣势的一方这些权利，最终可能会保证一个更为平等的环境，在这里，平等交流和相互学习的可能性就得到了极大的提高。对大多数丹麦人来说所有的规章制度似乎付出的代价都很小。

复杂的指令、法律和规章制度，对学生权利的强调以及各种机构的建立，比如申诉委员会和学生特使，都有利于增强透明度，因为流程清晰，所有人的角色明确。希望最终的结果是：我们不必时时刻刻想着这种法律和规章结构，而是能够享受这样一种安全、公平的学习和研究环境。

腐败与不道德行为：
关于丹麦反腐败准则的报告[①]

A. Lindgreen

摘　要：腐败是指个体或企业为获取私有权力或政治利益而滥用公共资源的行为。这些个体或企业通过利用公职人员来实施腐败，而牵涉其中的公职人员其行为背离了严格的政府行为准则。道德行为是指个体或企业坚守非腐败的工作实务或商业实践。本文借助于政治学、经济学和人类学的多个视角展开文献综述，并详述了一项丹麦课题的相关经验。该课题发现了应对腐败的五种不同措施：(1)无行动；(2)撤离市场；(3)分散决策过程；(4)建立反腐准则；(5)通过签署廉正协议相互许诺。道德行为的以下几个方面应当通过反腐准则加以管束：企业与政党的关系；礼品和酬酢开支；政治竞选献金；治理小规模腐败的政策。此外，本文还讨论了未来研究的方向，包括国际组织和跨国企业在打击腐败和培养道德行为中所起到的作用，国家及其政府的作用，以及各种管理系统。

关键词：腐败；准则；丹麦；道德行为；指导原则；不道德行为

导言

据估计，全球每年贿赂成本高达约 800 亿美元（Ferrell, Fraedrich, and Ferrell, 2002），腐败和不道德行为已经成为最新的流行语。例如，企业公民的目标不仅是要做到高产量和高盈利，还要在法律框架内工作以及遵守既定的社会道德标准（Carroll, 1979, 1998；Laufer, 1996；Maignan and Ferrell, 1998；Pinkston and Carroll, 1994）。的确，一些观察人员相信负责任的管理与企业生存密不可分，但他们还认为企业公民活动真的应当被视作经商的入场券

[①] Lindgreen, A. (2004), "Corruption and unethical behavior: report on a Danish code", *Journal of Business Ethics*, Vol. 51, No. 1, pp. 31-39.

(Altman，1998）。

但是，指导原则仍然是需要的。考虑一下《经济学人》，该杂志最近在关注普遍存在的腐败现象；已报道案例的数量如此之多，这表明至少不是所有企业都遵守了既定的社会道德标准。一个腐败案例是莫桑比克最大的银行 BCM（莫桑比克商业银行）在其私有化的过程中侵吞了 1 400 万美元（《经济学人》，2002 年 11 月 23 日）。另一个案例是在过去的 5 年里，43 亿美元从安哥拉国库中不翼而飞，这大约相当于该国国内生产总值的 1/10（《经济学人》，2002 年 10 月 26 日）。非洲联盟估计，整个非洲大陆一年的腐败成本将近 1 500 亿美元（《经济学人》，2002 年 9 月 21 日）。

虽然腐败现象在非洲很常见，但是应该意识到这种现象并不仅仅局限于这片大陆，因为腐败不会随着国家的现代化进程而消失，它只是呈现出一个新的形式而已（Girling 1997）。因此，在过去的一年里，来自企业界的多起特大腐败案使美国深受其害，包括安达信咨询公司、安然公司、世界通信公司以及施乐公司（《经济学人》，2002 年 7 月 6 日）。同样，欧洲也遭到了腐败的危害。例如，德国已经经历了许多由企业、公职人员和政客牵扯其中的丑闻事件，据称，腐败目前已经成为德国废物处理、建筑、房地产以及制药领域内的常态（《经济学人》，2002 年 4 月 6 日）。而在意大利，8 位前总理和大约 5 000 名商人政客都已被指控涉嫌腐败（《经济学人》，2002 年 2 月 16 日）。

腐败的揭发不仅强调了腐败和不道德行为的负面影响，而且突出了国际企业在支撑和维持腐败体系中的作用（《经济学人》，2002 年 9 月 21 日）。当人赃俱获时，一些企业解释说他们并没有意识到已经做了违法的事情，或者他们声称，在腐败的市场中经商的唯一方法就是跟风搞腐败。如果真实情况就是如此，那么对于帮助这些企业而言，指导原则似乎是迫切需要的。有学者（Andvig and Fjeldstad，2001）指出，腐败和不道德行为研究的主要困难之一就是缺乏实证数据。因此，本文旨在将腐败和不道德行为研究的相对有限的主体部分予以扩充。

本文架构

解释了腐败的定义后，我们将讨论如何避免商业中存在的腐败和不道德行为，如果有可能避免的话。为此，本文建立在丹麦工业联合会和挪威国际事务研究所的研究成果之上，先借助于政治学、人类学和经济学的多个视角展开文献综述，随后对丹麦工业联合会为帮助其成员而制定的准则进行阐述。该条准则由全国专家和国际商务人士合力制定。最后，本文为管理和研究提供启示，并概述了未来研究的方向。

理论背景

　　腐败可以发生在国家层面，也可以发生在国际层面，可以发生在公共部门，也可以发生在私有部门，以及两个部门之间。我们必须认识到"（腐败）是一个复杂和多面的现象，具有多种原因和影响，因为它在不同情境下有不同形式和功能"（Andvig and Fjeldstad，2001：p.7）。有关文献对不同种类的腐败进行了传统上的区分：贿赂，包括回扣、小费、商业安排、津贴、好处费、封口费、速度金或润滑金；挪用公款和以公谋私；诈骗；敲诈、勒索、保护费或安全费，台底交易和礼品；徇私和裙带关系（Amundsen，1999；Andvig and Fjeldstad，2001；Ferrell，Fraedrich, and Ferrell，2002；Poole-Robb and Bailey，2002）。同样，在公共部门领域，政治腐败（Moody-Stuart，1997）通常是与官僚腐败（Andvig and Fjeldstad，2001）相区分的。此外，经济腐败和社会腐败之间的划分也值得关注，经济腐败必然会发生现金或物质产品的交换，而社会腐败则包括庇护、裙带关系以及种族偏袒和其他偏袒行为（Médard，1998，引用于 Andvig and Fjeldstad，2001）。

　　虽然关于腐败的狭窄定义有可能忽视问题的某些部分，但大多数学者都将腐败理解为个体或企业为获取私有权力或政治利益而滥用公共资源的行为，这些个体或企业通过利用公职人员来实施腐败，而牵涉其中的公职人员其行为背离了严格的政府行为准则。（Heidenheimer, Johnston, and LeVine，1989；Huntington，1968；Khan，1996；Nye，1967；Poole-Robb and Bailey，2002）。与此类似，"道德行为"可以恰当地被定义为坚守非腐败的商业实践。

腐败研究的视角

　　我们将从三个角度出发对腐败进行研究：政治视角、经济视角和人类学视角。

　　从政治视角研究腐败，学者们认为，为了确保经济发展国家是必要的，因此，理解腐败时必须考虑到一个国家的政治体系（Hope，2000；Johnston，1997）。人们普遍认为，只有当一个国家通过民主机构、公民社会和一般公共部门改革的不断完善而获得民主，腐败便可以避免（Andvig and Fjeldstad，2001；Doig and Theobald，2000；Friedrich，1989；Hope，2000；Treisman，2000）。但是，争论也指出，民主国家增加了官员陷入腐败的风险（Diamond and Plattner, 1993; Quah, 1999）。而在非民主国家，对政治和经济的把控至关重要：例如，智利军事独裁统治下的中央集权使整个国家的腐败程度保持在较低水平。

从经济视角分析腐败一直在腐败研究领域占统治地位。这类文献认为腐败程度会随着经济的发展而逐步降低，不然腐败会导致低效、不可预测的交易（Shleifer and Vishny, 1993）或社会污名（Ekpo, 1979）。另外，很多研究已经发现，政治权利和民主的存在会降低腐败的风险，尤其是在政治权利和民主已存在了很长一段时间的情况下（Diamond and Plattner, 1993; Treisman, 2000）。还有观点认为，联邦制会导致腐败（例如，Wunsch and Olowu, 1990），但迫于当地社会压力权力下放的情况除外（例如，Goldsmith, 1999）。当然，也有一些人持相反观点（Fjeldstad and Semboja, 2000; Prud'homme, 1995; Treisman, 2000）。关于公共部门工资和招聘政策与腐败之间关系的研究结果不是决定性的，同理，国际开放和贸易与腐败之间可能存在关系的研究结果也不是决定性的。

最后，从人类学角度对腐败展开的研究认为，腐败是文化的一种功能，并且分析个体看待社会实践的方式是至关重要的。一种典型情形是非洲国家，在那里腐败是传统社会实践的一部分（Bratton and van de Walle, 1994; Chabal and Daloz, 1999; de Sardan, 1996; Médard, 1998）。另一种典型情形是，腐败似乎在拥有新教传统、英国统治历史、发达程度更高的经济体以及（可能）更高进口额的国家内并不经常发生（Treisman, 2000）。因此，要判断社会活动是否构成腐败并非易事，因为这将取决于个体对待腐败的文化观念（Andvig and Fjeldstad, 2001; Williams, 1999）。一个难以判断的例子是中国的"关系"实践，"关系"即通过个人间的联系进行商业往来（Arias, 1998; Yang, 1989, 1994）。

方法论

20世纪90年代中期以前，因为分析数据时的众多问题（Andvig and Fjeldstad, 2001），腐败和不道德行为的研究一直没有得到严肃对待。我们选择对一个特定国家的经验进行研究，它在腐败感知指数调查（透明国际，2002）中一直位居最高分国家之列，它就是丹麦。丹麦的腐败现象是有限的，但同时，丹麦企业正走向国际化，并定位于全球化。所以，它们要频繁面对腐败的市场。那么接下来的问题是：这些企业会决定做些什么？在分析由丹麦工业联合会制定的准则之前，我们首先考察有关腐败和不道德行为的丹麦商业新闻中都出现了哪些问题。250家企业参加了2000年的一次调查问卷；所有企业都是联合会的成员，并且向所谓的波罗的海地区转型经济体进行出口贸易，或者已经在上述地区建立了生产设施。因此，我们认识到本文的论述只涉及丹麦一小部分企业的运营经验。

研究发现

2002—2003年，丹麦领军的《商业日报》（*Dagbladet Børsen*）举办了一场关于腐败和不道德行为的社论运动。该报调查记者记录了丹麦企业在海外进行商业经营时是如何频繁应对腐败的，以及腐败是如何导致他们增加成本、增加投资风险和丢失合同的。例如，2000年对在波罗的海地区从事商业活动的250家丹麦企业的调查显示，30%的企业认为腐败问题的重要性正盖过其他问题。南美和中东地区也被认为是有问题的市场（Olsen，2002b，2002c）。接下来，在分析丹麦工业联合会为帮助其成员防止腐败而制定的指导原则之前，我们将首先介绍《丹麦刑法典》中有关腐败的相关规定。

《丹麦刑法典》

《丹麦刑法典》有关腐败的规定已在近期得到修改，此举是为了与欧盟、经济合作与发展组织以及欧洲理事会1996年推行的各反腐公约保持一致（丹麦工业联合会，2001）。然而，这些法规的修改并没有阐明丹麦的情况：之前由腐败产生的费用可从税款中扣除，而现在腐败可判处最高3年监禁，无论该腐败行为在何地发生。但是，不同国家对待腐败是不一样的，也就是说，在一个国家被界定为腐败的行为有可能在另一个国家不被认为是腐败行为。这点很重要，因为根据丹麦法规，只有腐败行为在丹麦或者发生地国家被认为是应当受到惩罚的，诉讼才能够成立。因此，一个国家是否签署加入了经济合作与发展组织变得至关重要，因为该组织在其公约中仅对主动贿赂作出了限制，而欧盟以及欧洲委员会则对主动贿赂和被动贿赂都予以了相关规制（主动贿赂和被动贿赂，下文将说明）。欧盟和欧洲委员会这两个组织还依据腐败所发生的层级区分了小规模腐败和大规模腐败，因为大规模腐败对经济发展、资源分配和民主责任制有更恶劣的影响，它还涉及非竞争性企业的偏袒行为。最后，丹麦法规对公共部门和私有部门进行了区分。然而，对这两个部门来说，法规既覆盖到了诸如企业员工的自然人，也覆盖到了包括管理团队和代理商在内的法人（丹麦工业联合会，2001；

Olsen，2002b）。

对于公共部门来说，构成主动腐败犯罪，是指一个人给予、承诺或提供一份礼物，或者其他形式的利益给丹麦、国外或国际公共服务或委员会的公职人员，以说服该人员在履行其本职工作方面作为或不作为；而接受贿赂则构成被动腐败犯罪（《丹麦刑法典》第 122 条）。下面一点应当注意：即便某位公职人员仅被许诺得到一份礼物，而未真正接受礼物，腐败行为已然发生。贿赂必须是无正当理由的，这意味着在评判是否存在贿赂之前，有必要考虑下在该国事情的具体情况，比如行贿方式以及行贿背后的原因。如果一家企业没有将对某件事物的期望寄托在某个人身上，该个人在商业活动结束后获得一份小礼物就没有违反法律。行贿对象并不一定需要拥有决定权——尽管礼物是给予其妻子或朋友的，贿赂行为仍然成立。最后，如果某人因收受财物在履行其本职工作方面作为或不作为，贿赂行为同样成立。如果一家私有企业的商业活动是面向公众的，该企业也会受到涉及公共部门法规的规制（丹麦工业联合会，2001）。

对于私有部门来说，腐败罪是指一个人接收、要求或接受礼物或其他好处，或者一个人给予、承诺给予或提供礼物或其他好处（《丹麦刑法典》第 299 条 2 款）。这些情况同样适用于公共部门。但是，个人腐败罪最高只能判处 18 个月监禁，许多欧洲以外的国家在私有部门反腐方面没有制定相关法规（丹麦工业联合会，2001）。

企业很难向其员工解释什么是腐败，因为它取决于国家的规定。例如，有学者（Ferrell，Fraedrich，and Ferrell，2002）指出，判定规则往往是模糊的或者冲突的，因此很难去说哪种判定是正确的。一些企业认为，腐败只是从事商业活动的另一种形式，如下文本可以证明这一点："如果丹麦企业想要出口产品到中东国家，他们不得不花钱疏通，使交易顺利进行——否则，他们还是忘记出口这件事吧。"（科威特丹麦奶制品公司经理 Christian Bruun，见引于 Olsen，2002c）通常情况下，一家企业活动的自由度取决于该企业经济活动的规模和该企业可利用资源的数量，这些资源包括法律援助、与公共职能部门谈判等。在其他条件不变的情况下，小企业比大企业更容易与腐败的合作伙伴做生意，因为一笔秘密的商业交易很容易让企业决定是否要继续经营。这就是为什么透明国际会将小型企业和大型企业区分开的原因（透明国际，2001）。

正因为存在上述的困难和误解，丹麦工业联合会决定从许多以这样或那样的方式经历过腐败的成员企业那里收集信息，从而制定为防止腐败和不道德行为而可能采取的措施。

反腐措施

丹麦工业联合会制定了五种不同的措施：（1）无行动；（2）奥德修斯式行动——撤离市场；（3）分散决策过程；（4）建立反腐准则；（5）通过签署廉正协议相互许诺（丹麦工业联合会，2001）。针对每种措施的具体分析如下：

无行动：有时，不采取行动似乎是完全合理的。例如在以下情况下，当企业很少进入腐败市场时，或者当小企业相比大企业没有很强的谈判能力时。此外，公开采取反腐行动的后果可能非常严重，如果企业没能成功有效地执行此行动，公众可能会因其缺乏榜样行为而攻击该企业。这种措施的主要缺点是：企业员工或代理商会很容易在不经意间触犯刑法，因为他们不了解构成腐败罪的要件。

奥德修斯式的行动——撤离市场：该措施的命名来源于奥德修斯，他将自己绑起来以抵制塞壬的诱惑。以类似的方式，企业可以认为，避免贿赂需求的唯一真正的方法是远离腐败市场。世界银行的证据表明，腐败程度与海外投资的数量呈负相关，这意味着企业往往不愿意在腐败市场中从事经营活动。例如平均而言，腐败程度较高的东欧和中亚国家的外商投资水平比腐败程度中等国家的外商投资水平要低6%（世界银行，2002）。

分散决策过程：一些跨国企业让当地子企业决定反腐行动是否有必要。虽然适应区域差异似乎合乎逻辑，但问题是根据丹麦法规，如果能够证明母企业对子企业的经商活动视而不见的话，母企业是要负法律责任的。

建立反腐准则：其他企业决定应该建立一项反腐准则。该准则的基本目标是：向员工解释如何在腐败市场中行动；保护企业及其员工；建立可核查的透明机制，从而避免失误和腐败的发生。

通过签署廉正协议相互许诺：通过该措施，公共职能部门和竞争企业签署廉正协议，该协议的原则是协议各方避免参与腐败。为了降低腐败发生的可能性，该协议还建立了一套机制，以致力于增加透明度，避免批发采购中发生腐败，通过书面协议禁止代理商的腐败活动，以及对违约方进行制裁。随着更多企业签署廉正协议，它的价值越来越高——理论上，特定部门的所有企业都应签署廉正协议，这样制止腐败是有望实现的。

总之，企业应该知道，虽然为商业经营顺利进行而疏通打点看起来很奏效，但这只是"变本加厉的开端，因为它会导致勒索源源不断。如果（政府或市政府）当局被发现沾染腐败，沦为当局牺牲品的企业可能也会垮塌"（Jarl Frijs-Madsen, head of office with the Danish Embassy in Warszawa, as referenced in

Olsen，2002a；p.13）。由于法规的变动，如今用秘密资金来行贿是必然的，这就使得企业很难控制其资金的流动，反过来又使员工欺骗企业更加容易（丹麦工业联合会，2001）。

道德行为

通过反腐准则（丹麦工业联合会，2001），道德行为的四个方面得以管束：(1)企业与第三方（例如代理商、客户和供货商）的关系；(2)礼品和酬酢开支；(3)政治竞选献金；(4)治理小规模腐败的企业政策。

企业与第三方（例如代理商、客户和供货商）的关系：企业必须认清准则覆盖到哪些主体，这些主体在何种程度上负有责任，以及违背准则要接受哪些制裁。使用代理商（和供应商）可能是特别有问题的，因为他们可能在一个腐败的市场中从事交易，并认为这是做生意的正常方式。如果需要代理商，企业应事先仔细审查代理商的名誉；保持更新企业先前已雇用过的代理商的名单，以及他们的经营记录；并要求代理商遵守企业政策，这也意味着，如果代理商做出不道德行为，合同就会被取消。在有争议的问题上，一个好的建议是寻求特定领域法律顾问的援助。

礼品和酬酢开支：在大多数国家，邀请贸易伙伴一起进餐，或者向其赠送礼品是很正常的事情。但是，礼节和腐败难以区分，因此有必要建立一套指导原则。礼品和酬酢开支不应当违反对方企业的政策或者国家的刑法。一家企业接受对方的礼品和招待并给予对方同等价值的礼品和招待，这种情况也应受到上述原则的规制。另外，礼品和酬酢开支不应铺张浪费。赠予商业伙伴的礼品决不能是一笔钱财，也决不能在暗中进行，或在报价或合同谈判时提供。如果商业伙伴赠予礼品的目的是影响谈判的方向，该礼品坚决不能接受。此外，礼品的经济价值不应超过企业政策所规定的金额。

政治竞选献金：在为一个政党捐款之前，企业必须决定这样做是否明智。一些企业认为最好避免这类捐款，因为那样很容易使企业遭受批评；另外一些企业则支持议会中的所有政党。如果一家企业决定为竞选捐款，理想的状态应是，捐款通过总部进行以确保遵守反腐政策。

治理小规模腐败的企业政策：《丹麦刑法典》一般不对小规模腐败和大规模腐败作区分，但是一些国外组织，例如经济合作与发展组织却对其进行区分，并认为如果不加区分，将不可能参与商业活动中。在有些情况下，《丹麦刑法典》不会将行贿定为犯罪，例如一个人的安全受到威胁，或者如果这是维系正常关系的标准程序。在所有情况下,最重要的是贿赂会被记录在企业档案里,并且相关经理会被告知该事件。

讨论和结语

默里(Murray,1997)认为,腐败导致决策的扭曲,从而有利于那些有资本疏通打理的人,并进一步使他们更加富有;它引起了次优资源的配置,尤其是在国际援助项目中,并且它常常会导致一些不必要的奢华项目出现;它还使得并没有能力从事某项工作的个人和组织获得雇请。本文希望通过对丹麦工业联合会制定的指导原则的讨论,就反腐策略提供一些建议。几乎每个人都谴责,腐败行为在所有情况下都是可耻的,是对金钱的屈服,对信任的背叛,以及对神圣典范的侵犯(Noonan,1984)。

面对腐败的市场,企业陷入了一个典型的囚徒困境中,因为它们必须决定是否行贿:如果不行贿,它们会面临将合同拱手让给另一个较不诚实的竞争者的风险,但是如果它们接受腐败是做生意的一部分时,他们就触犯了法律,并且在未来更容易受到勒索。当然,最佳情形是所有的企业都拒绝从事腐败活动(丹麦工业联合会,2001)。

一家企业的反腐政策不应该只是一份文件,而必须成为一种惯例。反腐政策还应得到管理团队的拥护,员工们也必须遵守,这是事业取得成功的明智选择(Ferrell Fraedrich and Ferrell,2002)。例如,个人不应该只凭借实现销售目标就获得提升——了解其销售目标是如何实现的同样重要。虽然高层管理是关键,让较低级别经理、销售人员以及跟不同区域市场接触更紧密的人员参与进来也同等重要,因为这些人会掌握关于当地腐败情况的有用信息。销售和采购部门的员工,连同代理商,最有可能直面腐败现象,因此必须对这类人群给予特殊关注。更可取的做法是,应当让审计该企业经济活动的外部审计人员对反腐政策进行评估。

研究意义

波普(Pope,1997)认为,为了打击腐败,有必要支持公共项目、政府改组、法律执行和公民意识提高,以及改变各阶层的态度。在国家发展和现代化的过程中,腐败不断呈现出新的形式,这是一场永无止境的战斗(Girling,1997)。未来的一个研究方向是分析国际组织和跨国企业在打击腐败和不道德行为中所起的作用。

政府在反腐斗争中的作用也应当加以分析。例如,在拉丁美洲,议员一直拥有豁免权,但是事情正在发生变化。巴西国会近期开除了一些受到腐败指控的议员,而在尼加拉瓜,波拉尼奥斯总统在竞选活动时的腐败行为成为了讨论话题(《经济学人》,2002年8月24日)。

另外,还可以对不同管理系统进行研究。例如,德国公共合同贿赂问题的部分原因是缺乏公开性,为此,联邦内政部最近起草了一份适用于当地政府合同的信息自由法案,政府也计划建立全国行贿企业黑名单(《经济学家》,2002年4月6日)。管理系统的更新,例如任命外国人担任董事会成员,可以显著改善企业先前有污点的形象,这就是俄罗斯最大的石油公司——卢克石油公司为了追赶上俄罗斯最西化的石油公司尤科斯时所采取的策略。国际性报告还必须符合国际会计准则(《经济学家》,2002年6月29日),在这方面,萨班斯·奥克斯利法案已经革新了美国的会计实践(《经济学人》,2003年2月8日)。

虽然高级主管们已经损害到企业的管理,主要投资者传统上并不倾向于批评企业或者在股东大会上投票反对企业管理层,这也是一个非常有趣的调查。针对为何许多机构决定保持沉默,一些原因已被查明:他们不想破坏股价;他们追求短期动量策略;他们以这些企业的名义投入资金,风险便可卸除(《经济学人》,2002年11月2日)。

最后,虽然经济合作与发展组织的所有成员都已承诺将制定法规以防止和打击腐败现象,但是这方面的进展一直很缓慢。因此,未来研究可能会调查最新反腐立法的影响和意义(Givskov,2002)。

参考文献

Altman, B. W. (1998), "Transformed corporate community relations: a management tool for achieving corporate citizenship", *Business and Society Review*, Vol. 102/103, pp. 43 – 51.

Amundsen, I. (1999), "Political corruption: an introduction to the issues", *Working Paper* 99: 7, Chr. Michelsen Institute, Bergen.

Andvig, J. (1995), "Corruption in the North Sea oil industry", *Crime, Law and Social Change*, Vol. 23, pp. 289 – 313.

Andvig, J. C. and Fjeldstad, O. H. (2001), *Corruption: A Review of Contemporary Research*, Norsk Utenrikspolitisk Institut, Oslo.

Arias, J. T. G. (1998), "A relationship marketing approach to guanxi", *European Journal of Marketing*, Vol. 32, No. 1/2, pp. 145 – 156.

Bratton, M. and van de Walle, N. (1994), "Neopatrimonial regimes and political transitions in Africa", *World Politics*, Vol. 46, No. 4, pp. 453–489.

Carroll, A. B. (1979), "A three-dimensional conceptual model of corporate performance" *Academy of Management Review*, Vol. 4, No. 4, pp. 497–505.

Carroll, A. B. (1998), "The four faces of corporate citizenship", *Business and Society Review*, Vol. 100/101, pp. 1–7.

Chabal, P. and Daloz, J. P. (1999), *Africa Works: Disorder as Political Instrument*, Indiana University Press, Bloomington, Indiana.

Confederation of Danish Industries (2002), Undgå korruption-en guide for virksomheder, Copenhagen.

de Sardan, O. (1996), *L'économie morale de la corruption en Afrique*, *Politique Africaine*, Vol. 63, October, pp. 97–116.

Diamond, L. and Plattner, M. F. (1993), *The Global Resurgence of Democracy*, Johns Hopkins University Press, Baltimore, Virginia.

Doig, A. and Theobald, R. (2000), *Corruption and Democratisation*, Frank Cass, London.

Ekpo, M. U. (1979), *Gift-giving and bureaucratic corruption in Nigeria*, in Ekpo, M. U. (Ed.), Bureaucratic Corruption in Sub-Saharan Africa: Toward a Search for Causes and Consequences, University Press of America, Washington, DC.

Ferrell, O. C., Fraedrich, J., and Ferrell, L. (2002), *Business Ethics: Ethical Decision Making and Cases*, Houghton Mifflin Company, Boston, Massachusetts.

Fjeldstad, O. H. and Semboja, J. (2000), "Dilemmas of fiscal decentralisation: a study of local government taxation in Tanzania", *Forum for Development Studies*, No. 1, pp. 7–41.

Friedrich, C. J. (1989), "Corruption concepts in historical perspective", in Heidenheimer, A. J., Johnston, M., and LeVine, V. T. (Eds.), *Political Corruption: A Handbook*, Transaction Publishers, New Brunswick, New Jersey.

Girling, J. (1997), "Corruption, Capitalism and Democracy", *Routledge*, London.

Givskov, K. (2002), "Briterne i spidsen med regler mod korruption", *Dagbladet Børsen*, 23 July, p. 11.

Goldsmith, A. A. (1999), "Slapping the grapping hand: correlates of political corruption in emerging markets", *American Journal of Economics and Sociology*, Vol. 58, No. 4, pp. 866–883.

Heidenheimer, A. J., Johnston, M., and LeVine, V. T. (1989), *Political Corruption: A Handbook*, Transaction Publishers, New Brunswick, New Jersey.

Hope, K. R. (2000), "Corruption and development in Africa", in Hope, K. R. and Chikulu, B. C. (Eds.), *Corruption and Development in Africa: Lessons from Country Case-Studies*, St. Martin's Press, New York.

Huntington, S. P. (1968), *Political Order in Changing Societies*, Yale University Press, New Haven, Connecticut.

Johnston, M. (1997), "What can be done about entrenched corruption?" paper presented at *The Ninth Annual Bank Conference on Dvelopment Economics*, 30 April – 1 May, World Bank, Washington DC.

Khan, M. H. (1996), "A typology of corrupt transactions in developing countries", *IDS Bulletin: Liberalization and the New Corruption*, Vol. 27, No. 2, pp. 12 – 21.

Laufer, W. S. (1996), "Integrity, diligence and the limits of good corporate citizenship", *American Business Law Journal*, Vol. 34, No. 2, pp. 157 – 181.

Maignan, I. and Ferrell, O. C. (1998), "Definition and operationalization of corporate citizenship: a cross-cultural approach", paper presented at the Marketing Exchange Colloquium, American Marketing Association, Vienna.

Médard, J. F. (1998), "Postface", in Briquet, J. L. and Sawicki, F. (Eds.), *Le Clientélisme Politique dans les Sociétés Contemporaines*, Presses Universitaires de France, Paris, pp. 307 – 316.

Moody-Stuart, G. (1997), *Grand Corruption*, WorldView Publishing, Oxford.

Murray, D. (1997), *Ethics in Organizations: Values-Codes-Vision-Strategies-Action*, Kogan Page, London.

Noonan, J. T. Jr. (1984), *Bribes*, University of California Press, Berkeley, California.

Nye, J. S. (1967), "Curruption and political development", *American Political Science Review*, Vol. 61, No. 2, pp. 417 – 427.

Olsen, J. K. (2002a), "Polsk korruption plager firmaer", *Dagbladet Børsen: Politik/Økonomi*, 29 July, p. 13.

Olsen, J. K. (2002b), "Virksomheder slås med bestikkelse", *Dagbladet Børsen*, 22 July, pp. 12 – 13.

Olsen, J. K. (2002c), "Danske firmaer må finde sig i korruption i Mellemøsten", *Dagbladet Børsen*, 23 July, p. 11.

Pinkston, T. S. and Carroll, A. B. (1994), "Corporate citizenship perspectives and foreign direct investment in the US", *Journal of Business Ethics*, Vol. 13, No. 2, pp. 157 – 169.

Poole-Robb, S. and Bailey, A. (2002), *Risky Business: Corruption, Fraud, Terrorism & Other Threats to Global Business*, Kogan Page, London.

Pope, J. (1997), "National Integrity Systems: The TI Source Book, TI and EDI", *Washington DC*.

Prud'homme, R. (1995), "The dangers of decentralization", *The World Bank Research Observer*, Vol. 10, No. 2, pp. 201 – 220.

Quah, J. S. T. (1999), "Combating corruption in South Korea and Thailand", in Schedler,

A., Diamond, L., and Plattner, M. F. (Eds.), *The Self-Restraining State: Power and Accountability in New Democracies*, Lynne Rienner Publishers, Boulder, Colorado, pp. 245 – 256.

Shleifer, A. and Vishny, R. W. (1993), "Corruption", The Quarterly Journal of Economics, Vol. 108, No. 3, pp. 599 – 617.

The Economist (2001), "Rotten eggs unbroken: Turkey and corruption", 3 November.

The Economist (2002), "Is there less than before? Italy and corruption", 16 February.

The Economist (2002), "The Mittal way: political donations", 23 February.

The Economist (2002), "Too much of it: corruption in Germany", 6 April.

The Economist (2002), "The view from the slums: Kenyan corruption", 29 June.

The Economist (2002), "Slush money: OPEC and Russian oil", 29 June.

The Economist (2002), "On down, just 70 or so to go: Montesinos on trial", 6 July.

The Economist (2002), "Waiting for the fat man to sing: corruption in Latin America", 24 August.

The Economist (2002), "Grab and smash", 14 September, 2002.

The Economist (2002), "Small place, big wave: corruption in Lesotho", 21 September.

The Economist (2002), "Measuring corruption: Angola", 26 October.

The Economist (2002), "Will the owners please stand up: shareholder activism", 2 November.

The Economist (2002), "Who killed the fly? Corruption in Mozambique", 23 November.

The Economist (2003), "Holier than thou", 8 February.

Transparency International (2001), The 2001 Corruption Perceptions Index, http://www.transparency.org/cpi/2001/cpi2001.html.

Transparency International (2002), Background Paper to the 2002 Corruption Perceptions Index: Framework Document, 2002, http://www.transparency.org/cpi/2002/dnld/cpi2002.methodology.pdf.

Treisman, D. (2000), "The causes of corruption: a cross national study", *Journal of Public Economics*, Vol. 76, No. 3, pp. 399 – 457.

Williams, R. (1999), "New concepts for old", *Third World Quarterly*, Vol. 20, No. 3, pp. 503 – 513.

World Bank (2002), *World Development Report: Building Institutions for Markets*, Oxford University Press, New York.

Wunsch, J. S. and Olowu, D. (1990), *The Failure of the Centralized State: Institutions and Self-Governance in Africa*, Westview Press, Boulder, Colorado.

Yang, M. M. H. (1989), "The gift economy and state power in China", *Society for Comparative Study of Society and History*, Vol. 31, No. 1, pp. 25 – 54.

Yang, M. M. H. (1994), *Gifts, Favours and Banquets: The Art of Social Relationships in China*, Cornell University Press, Ithaca, New York.

丹麦是如何成为丹麦的？[①]

Mette Frisk Jensen

历史学家梅特·弗里斯克·詹森在她关于自 17 世纪以来丹麦反腐史的研究中总结了一些最新发现。

近来，在社会科学家眼中，"走向丹麦"已成为"如何将发展中国家中基础薄弱、腐败严重的一些国家转变为像丹麦及其他斯堪的纳维亚国家一样运行良好的社会"这个问题的隐喻。正如弗朗西斯·福山所言："对发展中国家的人民来说，'丹麦'是一个拥有良好政治制度和经济制度的神秘国度，它是一个稳定、民主、和平、繁荣和包容的国家，而且政治腐败程度极低。人人都想知道怎样才能将索马里、海地、尼日利亚、伊拉克或阿富汗变成'丹麦'。"(Fukuyama, 2011; Pritchett Woolcock, 2008)。

在最新的反腐败研究中，"走向丹麦"也同样成为"如何有效地治理全面、持久的腐败难题"这个问题的同义词。研究的重点是当今世界上被认为腐败最少的国家为控制腐败现象所走过的历史路径——例如丹麦和瑞典这样的国家(Teorell & Rothstein, 2012; Mungiu-Pippidi, 2013; Johnston, 2013)。但是，丹麦凭借其国家行政管理取得明显成功的背后隐藏着什么样的故事呢？是什么类型的治理、国家建设、行政史和法律史为丹麦现今成为腐败程度低、行政效率高、法治渗透面广的模范国家打下了基础？

历史研究表明，1660 年后，丹麦引入了许多反腐败机制和措施，其中包括建立法治社会和重点培养效忠于国王和国家的公职人员。1660 年专制主义被引入，丹麦建立了世袭君主制，随后这些条件作为丹麦国家建设进程的一部分被逐步建立起来。起初，发展这些条件主要是为了巩固君主专制的最高地位和权力。

[①] http://corruptionresearchnetwork.org/acrn-news/blog/the-question-of-how-denmark-got-to-be-denmark-2013-a-historical-pathway-of-fighting-corruption.

为此，历代君主需要忠诚的公职人员执行他们作为国家领袖和路德教会领袖所下的命令。国家统治者的这个有意尝试创建了一个可靠且忠诚的行政管理机制，也正是这样的机制逐渐将丹麦行政管理变成了韦伯式的官僚制典范，也在很大程度上使得18世纪时期行政部门的贿赂现象减至最低程度。直到19世纪中期，韦伯式官僚制度、改变公职人员办公条件的许多法律改革以及建立确保弊政最小化的丹麦统治的坚定意志，这三者的结合证明其在控制国家行政管理中腐败的程度方面颇有成效。这为丹麦官僚腐败和政治腐败建立了一个较低的基准，这一基准自19世纪中期以来大体上也没有太大变化。

1660—1849年丹麦的专制统治

在引入专制主义之后，国王的政府在一种以君主为中心、以法治为基础的森严等级制度下，重组了自身及其行政管理部门。丹麦历代国王为了巩固刚刚确立的绝对王权，必不可少的方式就是将贵族阶层先前拥有的政治权利予以剥夺。1660年之后，等级差别得到最小化，所有公民都被视为在国王的专制统治下拥有同等地位。与此同时，贵族阶层在土地拥有、行政管理中的高级官职以及军役方面的垄断被废除。1660年之后的第一代君主们运用他们的权力积极任命官员，改变皇家官员团体，并设立与国王本人紧密联系的行政管理部门。在专制统治的早期，接受皇家官职仍被认为是国王为了扶持某人而施予的一种恩泽。但在弗雷德里克四世（1699—1730年）摄政期间，皇家公职人员履行其职责所必需的技能成为接受官职的先决条件。这些变化意味着，丹麦的专制主义开始为公职人员招募中的贤能主义和更大程度的社会公平铺路。对于皇家公职人员来说，他们十分清楚自己行使的权力来自君主，他们从未自己拥有职位。

若想担任这样的职位，皇家公职人员必须亲自向国王郑重宣誓以表忠诚，并承诺会按照国王的律法和规定履行职责。根据规定，公职人员必须诚实、努力、勤奋，无时无刻不为国王尽忠职守，确保国王的财富安全。17世纪末期的几年内，贿赂、挪用公款和诈骗行为被定为犯罪，尤其是对公职人员而言，同时，国王对他们下达了很多越来越详细的关于如何执行行政管理的指示。

1736年，哥本哈根大学在考试科目中设置了法律考试，同时决定未来公职人员想要成为法官必须具有正式的法律学位。法学院的设立旨在提高公职人员的技能和丹麦法律知识。主要是资产阶级出身的法学毕业生渐渐占据了行政管理领域中的职位，从而促进了行政服务的专业化。在整个18世纪，法学家逐渐接管了官僚职位，开始是在哥本哈根中央行政部门工作，慢慢蔓延到大部分区域和地方较高级别的公共职位。19世纪初期前后，行政管理中从招募到最终被任命为皇家公职人员基本上都是任人唯贤，这样做也改进了建设法治社会的条件。

数个世纪以来，丹麦正式的专制统治以各种形式施行着，但事实证明，这样的统治经久不衰，一直持续到1848—1849年自由宪法被引入为止。19世纪初，一套新的改革方案相继出台，使得丹麦的行政管理更加接近韦伯在20世纪初所描述的理性运作的官僚制。1803—1830年建立了对公职人员账户的详尽控制，1840年完成了私人账户和公共账户的分离，1850年左右提高了公职人员的薪资，使之成为富裕的中产阶级，1849年养老金在丹麦宪法中获得保障。总体而言，这一套结合了历代国王和他们顶级顾问意愿的谴责公职人员不当行为的法律和行政改革，使得按照规章履行公职而取得养老金更让人信服，而不是企图通过腐败手段增加收入。这最有可能地为丹麦行政管理造就了一个新的——相对无腐败的——整体环境，这大概形成于19世纪中期。在这几个世纪中，丹麦专制统治表现出一种意志和力量，从而通过对不当行为相对一致的谴责来打击公职人员腐败，不论官僚等级的高低，这在任何一个国家的反腐败斗争中都是十分重要的。

参考文献

Frisk Jensen, Mette (2014), "The question of how Denmark got to be Denmark-establishing rule of law and fighting corruption in the state of Denmark 1660 – 1900", *Working Paper Series* 2014: 06, The Quality of Government Institute, University of Gothenburg.

Frisk Jensen, Mette (2013), "Korruption og embedsetik. Danske embedsmænds korruption i perioden 1800 til 1866" Ph. D. -dissertation, Aalborg University (Corruption and the Ethics of Public Office-corruption amongst Danish civil servants during the period 1800 to 1866") Published by University Press of Southern Denmark in 2013.

Fukuyama, Francis (2011), *The Origins of Political Order. From Prehuman Times to the French Revolution.* New York: Farrar, Straus and Giroux.

Johnston, Michael (2013), "The Great Danes: Successes and Subtleties of Corruption Control in Denmark", Chap. 2 pp. 23 – 56 in Research in Public Policy Analysis and Management, Vol. 23: *Different Paths to Curbing Corruption*, Emerald Group Publishing Limited.

Kennedy, James & Frisk Jensen, Mette (2013), "Fighting Corruption in Modernity: A literature Review", ANTICORRP deliverable, http://anticorrp.eu/publications/fighting-corruption-in-modernity-a-literature-review-1.

Lind, Gunner (2012), "Beyond the Fiscal-Military Road to State Formation: Civil Society,

Collective Identities and the State in the Old Danish Monarchy, 1500 – 1850". *Balto-Scandia*, Vol. 18.

Mungiu-Pippidi, Alina (2013), "Becoming Denmark: Historical Designs of Corruption Control", *Social Research*, Vol. 80, No. 4, pp. 1259 – 1286.

Pritchett, Lant & Woolcock, Michael (2008), "Solutions when the Solution is the Problem: Arraying the Disarray in Development". *World Development* 32 (2): 1991 – 212.

Teige, Ola (2014), "Bureaucratic Corruption and Regime Change. The case of Denmark and Norway after 1814" pp. 145 – 161 in *Scandales et Corruption à l'époque contemporaine* (Eds. Oliver Dard, Jens Ivo Engels, Andreas Fahrmeir, Frédéric Monier) Armand Colin/Recherches.

Teorell, Jan & Rothstein, Bo (2012), "Getting to Sweden: Malfeasance and Bureaucratic reform in Sweden 1720 – 1850". The Quality of Government Institute, University of Gothenburg, *Working Paper series* 2012: 18.

Uslaner, Eric M. & Rothstein, Bo (2012), "Mass Education, State Building and Equality. Searching for the Roots of Corruption". The Quality of Government Institute, University of Gothenburg, *Working Paper Series* 2012: 5.

Weber, Max (1922/1971), "Wirtshaft und Gesellschaft". Norwegian translation in "Makt og byråkrati", Oslo 1971.

Østergaard, Uffe (2010), "Martin Luther og dansk politisk kultur. Nationalkirke, luthersk reformation og dansk nationalisme". *Kirtik* 195, pp. 36 – 59.

下 篇

中国学者对丹麦廉政建设的思考

丹麦商业反腐经验对我国的启示[①]

李雨洋

全球清廉指数(Corruption Perceptions Index)是由世界著名非政府组织"透明国际"建立的清廉指数排行榜,反映的是全球各国商人、学者及风险分析人员对世界各国腐败状况的观察和感受。自1995年被开始列入排行榜开始直至2014年,中国的排名一直靠后,分数一直在32～40徘徊(25～50指示"腐败比较严重";0～25则指示为"极端腐败")[②]。而在透明国际2013年公布的"行贿指数(BPI)"排名中,中国企业更是与印度、俄罗斯企业包揽"最有可能行贿"排行榜前三甲[③]。

反观现实,2004年,朗讯公司主动向美国证券交易委员会递交报告,汇报其在中国的商业贿赂事件;2005年,美国司法部报告天津德普公司的商业贿赂丑闻;2006年的CCI行贿案,中石油、中海油、东方电气、华润电力、定州电力、大唐电力等企业无不牵涉其中。正是多案频发,影响极坏,治理商业腐败成为2006年中国反腐败工作的重点,也是从这一年开始,中国反商业腐败工作取得了重大进展。据统计,2005年8月—2006年12月,全国共查结商业贿赂案件17 084件,涉案总金额45.06亿元;2007年全系统共查结商业贿赂案件7 450件,案值21.15亿元,罚没款4.66亿元,其中,向司法机关移送涉嫌犯罪的商业贿赂案件达19件[④]。

尽管如此,在中国,治理商业腐败仍面临许多困难,形势非常严峻。民间经

[①] 本文曾刊于《黑龙江社会科学》2016年第3期。
[②] http://www.transparency.org/whatwedo/publication/national_integrity_system_assessment_china_executive_summary.
[③] http://www.transparency.org/whatwedo/publication/national_integrity_system_assessment_china_executive_summary.
[④] http://news.xinhuanet.com/legal/2007-02/15/content_5742904.htm.

济分析机构安邦集团数据显示,近 10 年来,跨国公司在华行贿案件一直呈上升趋势,在中国调查的 50 万件腐败案件中,有 64% 与国际贸易和外商有关。除了外企,国有、私营企业也一个个被拖下"水"。首都机场集团公司原董事长李培英,因贪污、受贿罪被一审判处死刑;中国信保原党委书记总经理唐若昕涉嫌受贿犯罪被开除党籍公职;以原董事长王效金为首贯穿古井集团采购、经销、广告甚至改制等各个环节腐败窝案;级别最高、掌管企业规模最大、涉案金额最多的中石化原总经理陈同海腐败案;江苏铁本钢铁公司偷税漏税、违规上马项目等。私营企业的腐败同样严重。飞龙集团、巨人集团在其鼎盛时期轰然倒塌,与其廉政建设不力,导致内部腐败,有着相当大的关系。私企正在成为我国权力机关人员腐败的后花园。特别是 2013 年 7 月 11 日,公安部在其官方网站罕见通报:因涉嫌严重商业贿赂等经济犯罪,葛兰素史克(中国)投资有限公司(以下简称 GSK 中国)部分高管被依法立案侦查。此案一出,震动海内外。

新一届领导人上台后,中国政府对于反腐败、反商业贿赂的执法力度正在不断增加。但是长期以来,中国惩治腐败更多集中于党政机关领域,而对于商业领域的腐败监督惩治一直是相对的"短板"。无论是在广度还是深度上,中国的反商业腐败都还有很长的路要走。

多年来,丹麦在透明国际的清廉指数排行榜上常常名列第一、第二[1]。丹麦的清廉是一贯的,也是整体性的,其清廉程度与不少国家相比可谓遥遥领先。根据 2013 年欧洲晴雨表(Eurobarometer)关于腐败的调查,只有 20% 的丹麦人相信腐败广泛存在于他们的国家(欧盟的平均水平:76%)。只有 3% 的丹麦受访者认为他们的个人日常生活受腐败影响(欧盟的平均水平:26%)。同时,在过去 12 个月中,只有不到 1% 的人被要求或期望行贿(欧盟的平均水平:4%),12% 的人说他们个人知道谁曾受贿(欧盟的平均水平:12%)[2]。欧洲晴雨表一项专门针对商业腐败的调查发现,受访的丹麦经理中 19% 相信偏袒与腐败有损于丹麦的商业竞争(欧盟的平均水平:73%)。只有 4% 的丹麦企业相信,在做生意时,腐败对于他们公司来说是一个问题(欧盟的平均水平:43%)[3]。而另一份安永会计师事务所 2015 年的调查报告显示,丹麦是欧洲、中东和非洲地区商业环境最廉洁的国家,仅 4% 的受访人认为丹麦商界存在普遍的商业贿赂和腐败行为。

---

[1] http://www.transparency.org/whatwedo/publication/national_integrity_.
[2] 2013 Special Eurobarometer, p. 397.
[3] 2013 Flash Eurobarometer, p. 374.

究其"清廉"的秘诀，丹麦政府非常重视平等理念，以及道德、廉洁和法制教育，并通过制度设计体现社会的公平正义，从而减少贫富差距，遏制贪腐。另一方面，丹麦又十分重视廉政制度建设，且制度设计防微杜渐，颇有预见性。以下仅针对商业反腐方面，具体探讨丹麦经验。

一、融入国际社会，积极推进反商业贿赂国际公约的通过与签署

近些年来，国际目光越来越关注腐败问题，大量的区域性及国际性公约开始对个人、企业及公务员提出行为上的要求。1996年经济合作与发展组织要求30个组织成员及6个非组织成员宣告外国公务员的贿赂为犯法行为，此事件在国家立法的发展中起到重要作用。2005年12月14日，《联合国反腐败公约》正式生效，这是联合国历史上通过的第一个用于指导国际反腐败斗争的法律文件，对预防腐败、界定腐败犯罪、反腐败国际合作、非法资产追缴等问题进行了法律上的规范，其重点是建立国家预防机制，对接下来的几年中在全球范围内对国家立法及国家机构的发展都有巨大影响。

另外，区域性公约及行动方案例如《美洲反腐败公约》《非洲联盟预防打击腐败公约》要求盟约国家在反腐工作中加强立法、完善机构，打破了之前认为腐败在国际贸易中是一个"有必要存在的恶魔"的观念。此项议程在国际范围内产生影响，一些国家在国际公约要求之外加强反腐立法，完善相关机构。个人、企业以及公务员也因此被要求遵守一系列综合互补的法律。

正是在这个背景下，丹麦接受了一系列的责任来反对与惩罚在公共及私人领域的贿赂或其他形式的贪污行为。2000年，丹麦认可了欧洲委员会的反腐败刑法公约（《欧洲委员会反腐败公约》），此公约囊括了国内外公共及私人领域的官员及共犯的行贿受贿行为。2002年，丹麦通过了经济合作与发展组织的《国际商业交易中反对外国官员腐败公约》，承诺会在全国范围内采取必要的防范措施来惩罚并有可能起诉那些贿赂国外官员的个人。2003年，丹麦签署了《联合国防腐败公约》，此公约除了要求参与国为国内外官员的贿赂行为定罪之外，也要求为官员挪用公款或其他形式的利用职位之便非法挪用公款的行为定罪。此公约还要求为在私营部门及其中的共犯的行贿受贿行为定罪。

2000年，作为欧盟成员国，丹麦批准了欧盟第一个保护欧洲共同体经济利益的协议（《欧盟反欺诈公约》）。此协议涵盖了在欧洲共同体或欧盟成员国范围内打击政府工作人员的贿赂行为。除此之外丹麦还认可了在欧洲共同体及欧盟成员国内打击政府官员贿赂行为的公约（《欧盟反贿赂公约》）。与第一个《欧盟

反欺诈公约》相似,此公约针对的也是在政府领域的贿赂行为,即政府官员在欧盟成员国及欧共体成员国范围内的贿赂行为。另外,2003年在欧盟的庇护下丹麦作出了在私营部门打击贿赂的框架决定。此框架决定要求成员国宣告故意的发生在商业活动中的行贿受贿为犯法行为。

丹麦根据以上提到的国际义务及欧盟合作中的义务,在其法律中对商业腐败及其他领域腐败进行了详细的说明和规制,既加强了本国反商业腐败的力度,又在相当大的程度上保证了丹麦本土企业在海外的合法权益和国际竞争力。我国目前只加入了《联合国反腐败公约》和《联合国打击跨国有组织犯罪公约》,但这还远远不够。随着世界市场日益一体化,中国企业未来将越来越多地参与国际市场的竞争,了解、熟悉反商业腐败一系列国际公约的内容,进而不断参与新的国际和地区性反商业腐败公约的制定,将不仅仅关系到未来中国反腐败事业整体的发展,也将从更高的层面上保护我国企业的国际竞争力。

二、构建严密的法网,将形形色色的商业腐败行为纳入法律调整之中,这是丹麦杜绝商业腐败的利器

在立法方面,丹麦有廉政规范性立法和反腐败惩治性立法。在廉政规范性立法部分,丹麦对国家公职人员确立了严格的公务员管理制度,其公务员法规定"公务员为国家服务,不是为某个政党服务";还具体规定了公职人员的行为标准,对上级要有必要的尊重,不能做生意等;同时,丹麦的公职人员每年还要与其所在单位签订一份廉政合约,从而承诺廉洁奉公,这就促使了公职人员把廉洁自律和勤政廉政作为一种内在的自觉行为。

在反腐败惩治性立法方面,丹麦对行贿受贿的犯罪行为,详细量化刑法标准,以使对腐败行为进行最有效的惩罚。丹麦在接受《联合国反腐败公约》《美洲反腐败公约》《非洲联盟预防打击腐败公约》《欧洲委员会反腐败公约》《欧盟反欺诈公约》以及《欧盟反贿赂公约》等国家或地区性反腐败公约的基础上,根据以上提到的国际义务及欧盟合作中的义务,在其刑法中,明确将向政府官员行贿和政府官员受贿行为视为犯罪,2000年又把犯罪范围扩大到行贿外国官员。同时,企业若出于商业目的为政府官员安排旅行、特殊服务以及赠送礼品,均属犯罪行为,即便被对方拒绝亦视为犯罪。根据丹麦《刑法》122页规定:"任何毫无根据的赠送、承诺或提供给工作在丹麦或国外的政府部门的官员礼物或其他好处以引诱其滥用职能做或不做一些事情的行为都应当接受罚款或3年以下有期徒刑。"《刑法》122页是关于个人在国外或国际政府部门的行贿行为,也包括一些

毫无根据的好处，这些好处用来引诱政府官员滥用职权。礼物或好处一旦给出、承诺或提供来引诱官员利用职权做或不做一些事情，罪名已经充分成立。没有提前的保证在行为已经实施后送出礼物的情况也有详细的规定。

《刑法》299页第二部分特别针对私营部门的行贿受贿行为进行详细定罪："不符合280页所列举的条件的个人通过接受、要求或被许诺礼物或其他好处来为自己或他人通过毫无保证的方法保护另一人的资产，以及给予、承诺、主动提供礼物或其他好处的个人应当处以罚款或18个月以下有期徒刑。"丹麦刑事立法涵盖了欧洲刑法委员会公约与其附加协定中所包括的所有腐败犯罪形式和附加议定书，但不包括影响中的交易。

2013年，丹麦国会又通过修订法例以期对经济犯罪案件进行预防、调查和起诉。关于贿赂，在公共部门的主动贿赂的最高刑罚从3年增至6年。对于私营部门的贿赂与仲裁者的贿赂，最高刑罚从1年零6个月刑罚增至4年[①]。获取信息的方法由法律管制，且任何人都可以访问任何公共管理机构[②]。在2013年初，对获取公共管理部门信息的立法草案提交给委员会议会。新的立法将增加公共管理的开放性，并使公众更容易获取文档[③]。丹麦议会于2013年6月采用此立法。对于私营部门来说，当一个人接收、要求或接受礼物或其他好处，或者当一个人给予、承诺或提供礼物或其他好处时，则构成腐败罪（丹麦刑法，第299条，No. 2）。该情况同样适用于公共部门。但是，个人腐败罪最高只能判处18个月监禁，许多欧洲以外的国家在私营部门反腐方面没有相关法规（丹麦工业联合会，2001）。

反观我国，对于商业贿赂的规定，散见于《刑法》《反不正当竞争法》、国家工商总局《关于禁止商业贿赂行为的暂行规定》、两高《关于办理商业贿赂刑事案件适用法律若干问题的意见》等法律、规章和司法解释等各个法律层级、各个部门规定中。商业贿赂的定义也为循环定义。《暂行规定》定义商业贿赂为"经营者为销售或者购买商品而采用财物或者其他手段贿赂对方单位或者个人的行为"。其实质是以贿赂定义商业贿赂。虽然陆续有行政规范性文件出台对商

[①] https://www.retsinformation.dk/Forms/R0710.aspx?id=152268.
[②] 《丹麦获取公共管理文件法》和《丹麦公共管理法规定》为获取管理信息的一般规则。欧洲各国反腐集团理事会（GRECO）第二轮评估报告，2005，第8页。见：http://www.coe.int/t/dghl/monitoring/greco/evaluations/round2/GrecoEval2(2004)6_Denmark_EN.pdf.
[③] 该法由专门指定的委员会的建议上起草，该委员会由前申诉专员 Ombudsman Hans Gammeltoft-Hansen 领导。Hans Gammeltoft-Hansen. 2009. "5之后—26之前"。参见：http://www.aabenhedstinget.dk/26-fremskridt-5-tilbageskridt/.

业贿赂的行为界定作出解释,但仍不够全面。除了专门的法律外,我国还缺少全面、及时的司法解释,也不利于在形形色色的具体案件中对相关法律进行有效解释。

三、公共机构、社会组织提供了有效的预防性反腐服务,帮助企业进行合规建设,这成为丹麦杜绝商业腐败的有力措施

公共机构方面,自 2007 年以来,丹麦制定了一套公职人员行为守则[①]。该守则处理公共管理有可能出现的实际情况,包括"基本价值观和原则""言论自由""保密义务""公正"和"接受礼物[②]。"丹麦已将该守则散布于公共部门的工作场所,同时也展开了一系列信息公布活动以加强人们对守则的认可。2007 年,司法部印发名为《如何避免腐败》的宣传手册。该手册就丹麦反腐败立法给出了例子和解释[③]。此外,针对在海外有商务活动的公司,丹麦有禁止丹麦公司在海外实施商务行贿的《零容忍政策》。丹麦政府还会派遣专门的咨询人员驻扎海外,帮助当地的丹麦公司避开违法行为。另一方面,除完备的制度作保证外,丹麦政府还投入了很多精力在系统的腐败斗争中。"全球商务反腐门户"便是由丹麦和德国等国家政府资助成立的一家专注于商业反腐和腐败风险管理的门户网站。该网站的丹麦分公司首席执行官也是丹麦业界有名的反腐专家。除此之外,丹麦外交部还下设有"反跨国行贿机构",全力打击行贿受贿、以权谋私的腐败行为,维护了国际公平竞争和正常的交易秩序,在一定程度上保护了一些跨国公司的合法利益。

社会组织方面,同业公会代表着丹麦这个国家并且帮助丹麦政府在腐败现象普遍的国外市场运行,它不提供直接的合法帮助,而是告知企业相关合法事宜,并且就如何在特定市场避免贿赂与贪污给出意见。同业公会对反腐行为同样执行《零容忍政策》,不管当地的商业生活中贿赂是否是正常因素,此政策照样

[①] 该守则由公共管理的现代化合作与各部委,公共雇主和雇员组织协定。《公职人员行为守则》参见:http://hr.modst.dk/Publications/2007/God%20adfaerd%20i%20det%20offentlige%20-%20Juni%202007.aspx。
[②] 欧洲各国反腐集团理事会(GRECO)第二轮评估报告,《丹麦合规报告附录》,2009 年,第 3 页。参见:http://www.coe.int/t/dghl/monitoring/greco/evaluations/round2/GrecoRC2(2007)2_Add_Denmark_EN.pdf。
[③] 司法部,2007,避免腐败:http://jm.schultzboghandel.dk/upload/microsites/jm/ebooks/andre_publ/korruption/index.html。

实施①。在努力争取对丹麦企业的利益来讲，在更加透明有效的国际贸易与投资的过程中，同业公会发挥了重要作用。由于《零容忍政策》不同于向警察举报无意识参与贿赂或贪污腐败行为，同业公会不会积极调查贪污案例，但是会告知企业当地情况，作为丹麦企业的顾问会协助尽职调查，因此丹麦企业可以安全地向同业公会寻求意见和建议。

以丹麦工业联合会为例，丹麦工业联合会从四个方面对企业的道德行为进行调控。一是企业与第三方（例如代理商、客户和提供商）面对面，二是礼品和招待费用，三是政治竞选捐款，四是打击小规模腐败的企业政策。

在调控企业与第三方活动方面，丹麦工业联合会规定，企业必须认清楚准则涵盖哪些主体，这些主体要承担哪些责任以及违背准则要接受哪些制裁。依靠代理商（和供应商）可能是特别有问题的，因为他们可能在一个腐败的市场中从事交易，并认为这是做生意的正常方式。如果需要代理商，企业应事先仔细审查代理商的名誉；弄清楚企业之前已聘请过的代理商名单，以及同他们的合作经历是怎样的；并要求代理商遵守企业政策，并且事先做出约定，如果代理商做出不道德行为，那么合同将被取消。在有争议的问题上，丹麦工业联合会建议企业在特定的区域寻求法律顾问的援助。

在涉及礼品和招待费用问题上，丹麦工业联合会认为，在很多国家，邀请贸易伙伴一起进餐，或者赠送礼物是很正常的事情。但是，礼节和腐败难以区分，因此有必要建立一套准则。礼品和招待费用不应该违反对方公司的政策或者对方国家的刑法。一个企业接受对方的礼品和招待并给予对方同等价值的礼品和招待，这种情况是允许的。此外，礼品和招待费用不应该是铺张浪费的。给予业务伙伴的礼品决不能是一笔钱，在暗中进行，或者在报价或谈判时提供。如果贸易伙伴给予礼品的目的是影响谈判的方向，则坚决不能接受。另外，礼品的货币价值不应该超过企业政策规定的数量。

在涉及政治竞选捐款方面，丹麦工业联合会规定，在为一个政党捐款之前，企业必须决定这样做是否明智。一些企业认为最好是避免这类捐款，因为这样很容易使企业遭受批评；另外一些企业在议会中支持所有政党。如果一家企业决定为竞选捐款，理想的状态是，通过总部进行以确保在遵守反腐败政策的框架下进行。

---

① "Anti-corruption Policy for the Trade Council", http://um.dk/en/~/media/UM/English-site/Documents/About-us/Anti-corruption%20policy/TC%20Anti-Corruption%20Policy%20revised%202202010，2010，2.

在涉及打击小规模腐败的企业政策方面，丹麦刑法一般不区分小规模和大规模腐败，但是一些国外组织，例如经济合作与发展组织却对其进行区分，并认为如果不加区分，将不可能参与到商业活动中。在有些情况下，丹麦刑法不把行贿判定为犯罪，例如一个人的安全受到威胁，或者如果这是维持正常关系的标准程序。在所有情况下，最重要的是贿赂被记录在企业的档案内，以及相关经理被告知该事件。

丹麦大使馆在其商业反腐政策中有着重要作用，因为他们和运行在国外市场的丹麦企业有着日常接触。丹麦的同业公会在大使馆内设立了专门的工作人员，并将其并入大使馆提供给丹麦企业的正常的商业服务中去，例如市场调查、伙伴调查、协助建立贸易办公室、生产设施等。有效的预防性反腐服务的关键是尽职审查，因此同业公会的反腐政策有一些服务旨在加强企业在腐败盛行的国家投资时的尽职审查能力。为了支持大使馆的咨询工作，同业公会还专门准备了一个工具箱，作为丹麦国际开发署反腐部门中的集成部分以支持尽职审查的实现。该工具箱为腐败风险评估与管理提供了以下工具：

- 为代理商、顾问及合作伙伴作检查的简单模型；
- 信息采集系统样板；
- 帮助与公共合约保持联系；
- 在轻微案件中为企业提供一般援助的概述；
- 建立局部网络的模型；
- 与公共权威部门保持联系（小的实际案例和大的政治案例）；
- 一个最重要的法律与公约的纲要，一个在商业语境下有特殊重要性的条款的简要介绍；
- 基于大量的现存指标的基础上得出一个关于腐败的简要概述。

丹麦工业联合会从以上几个方面对企业行为进行调控，帮助企业进行合规建设，特别是为丹麦企业在海外一些腐败相对盛行的国家进行活动时提供了许多有益的建议和培训，规定详尽，操作便利。反观中国，创新社会治理体制是我国新一轮改革的重要内容。从十八届三中全会《决定》里可以看到，这次创新社会体制改革的内容强调了"社会自我调节""居民自治""良性互动"等概念，同业协会作为我国社会治理的一个重要组成部分，如何借鉴丹麦同业公会等社会组织助力企业合规建设的经验，充分发挥其在反商业腐败方面的优势，值得我们下功夫好好研究。

四、注重廉政文化建设，为根本上杜绝商业腐败打下了坚实的社会基础

纵览世界，凡是腐败率低、政府廉洁程度高的国家，除了拥有严格的法律制度规范外，普遍建立了一种社会所认可和遵循的廉政文化体系。从狭义上讲，廉政文化是与腐败文化相对立的，以建立廉洁政府、廉洁政治或以规范公职人员从政行为为目的所形成的各种思想、理论、规范、制度、价值观念、道德、法治、传统以及行为方式、价值评价等历史性积淀。广义来说，廉政文化包括精神（主要指关于廉洁从政的各种道德观念、价值取向、思想理论等）、制度（主要指用来保证廉洁从政的规章制度、行为准则等）和物质（主要指用来体现精神层面、制度层面的廉政文化所必不可少的物化载体，包括各种廉政主题公园、廉政教育基地等）这三个层面。本部分仅就其狭义部分进行论述。在丹麦的廉政文化建设中，培养高洁的社会风气、建立社会道德体系、强调社会舆论的监督，是最值得我们借鉴的宝贵经验。

在社会风气培养方面，拥有共同信仰是丹麦人取得其廉政文化建设成果的根基保障。正如剧作家和文学评论家艾略特说过："一个民族的文化是其宗教的体现。"基督教的文化可认为是西方文化的精髓。基督教义中的原罪观、拯救观和超越观，塑造了西方人民恪守法律、崇尚道德的意识，为个体抵抗腐败提供了心灵的净化剂[1]。除了共同的精神信仰，良好的教育环境也是丹麦廉政文化建设得以顺利开展的前提。在丹麦，道德教育、廉洁教育和法制教育，是学校教育的重要组成部分。丹麦公民大多在初级学校就学习社会学课程，在高中阶段就学习法律知识，在青年人步入社会之前就已具备了基本的法律知识和遵纪守法的观念。对公务员，则更加重视廉政教育，年轻学生大学毕业初入公务员系统，培训便接二连三，以使他们明了"腐败"的界限。这种全民化、阶段化的教育模式，使清正廉洁融入丹麦人民的民族精神之中，深化成为一种廉政文化品格[2]。廉政文化的价值理念通过不同阶层的推广，最终形成了一种"以贪为耻、以廉为荣"的全民思想意识，丹麦各党派、各媒体和社会各阶层对腐败行为均嫉恶如仇，同仇敌忾，没有丝毫容忍之心。这种多年的熏陶和教育使得公正廉洁成为丹麦人民的自觉习惯，并成为当代丹麦文化的一部分。

---

[1] 丁品余：《国外腐败丑闻与廉政之鉴》，中国劳动出版社1995年版。
[2] 李秋芳：《廉政文化建设理论与实践研究》，中国社会科学出版社2011年版。

在建立社会道德体系方面,丹麦从儿童时期就开始就注重这方面的培养,这种多年的熏陶和不懈的教育使诚信和廉洁成为一种北欧人自身非常看重的品质,并成为了北欧文化的一个重要组成部分。民众习惯于通过勤劳的双手努力创造属于自己的财富,并对投机取巧、行贿受贿深感鄙夷。在良好的社会道德体系下,丹麦人非常重视自己的信誉,政府公职人员和普通民众都很害怕自己留有信用污点,因为一旦因自己的疏忽而留下污点记录,在崇尚清廉的丹麦乃至整个欧洲就难以立足①。

在社会舆论监督方面,丹麦将新闻舆论纳入法治轨道,让新闻媒体在反腐败斗争中承担起应有的社会责任,为政府提供了面对公众的平台,为公众提供了舆论环境,在社会中产生了积极良好的影响②。2002年,时任丹麦哥本哈根市法鲁姆区区长的皮特·布里克斯托夫特挪用公款用于个人吃喝,经过媒体报道后,该事件成为丹麦社会的一大丑闻,皮特本人因此身陷囹圄。在过去的几年内,一些零星的商业腐败案件(主要集中在建筑领域,某些建筑公司和个体建筑师企图通过贿赂官员来获得项目)的发生,也是经过丹麦媒体曝光而被查处的。2012年底,有媒体爆料称丹麦文化大臣乌菲·埃尔贝克任职后在其配偶工作的一所艺术学校举办了5场文化活动,花费18万丹麦克朗(约合3万美元)。在此事件被披露后短短5天之内,埃尔贝克就宣布辞职了。不到一周,内阁大臣即因"利益输送"嫌疑也受到了牵连,引咎辞职。除此之外,丹麦的社会团体也作为一支不可小觑的监督力量在发挥着作用。丹麦的多数公职人员分别参加了白领阶层、蓝领阶层以及高级工会。这些工会团体独立行事,代表公职人员的基本利益,对政府机关进行监督,一旦发现有不良或侵权行为,工会团体可以向议会行政监察专员投诉,甚至直接进行公开批评,乃至组织团体罢工。这些都对丹麦的廉政文化建设,发挥了非常积极的作用。

---

① 宋振国、刘长敏:《各国廉政建设比较研究》,知识产权出版社2006年版。
② 孙晓莉:《国外廉政文化概略》,中国方正出版社2011年版。

从丹麦"零腐败"经验试析中国高等教育腐败的影响因素[①]

王同彤

现代高等教育承担着高深知识的传播、创新与应用等功能,肩负着道德发展与社会示范的任务。故此,高等教育腐败会破坏知识生产的严肃性和独立性,损害道德价值的示范性,严重影响社会的发展,其危害不容小觑。联合国国际教育规划研究所(IIEP)在2007年发表的伦理与腐败问题研究报告《腐败的学校,腐败的大学,我们能做什么?》中指出,非法收取报名费、挪用教学经费、学术欺骗等腐败行为,在世界范围内严重破坏了教育系统,世界银行的统计也指出,全球每年因教育腐败而浪费的经济收入高达10亿美元。[②]

近年来,随着信息公开力度的加强,我国高等教育的腐败也逐渐被披露,学术造假、贪污科研经费、滥用学术权力、权钱色交易等一系列事件尤为触目惊心。一时间,人们陡然发现,本该崇高纯净的"象牙塔",变成了污水横流的"荣国府"。中国的高校似乎已经成了腐败"重灾区"。对高等教育腐败的治理,已经成为迫在眉睫的问题。

当病患已成常态,健康就尤为令人羡慕。正在全世界都为腐败痼疾所困扰之时,丹麦这个远在北欧的国度,正从"童话"变成"神话"。原因无他,2010年以来,在世界国民幸福指数和全球清廉指数的排行榜上,丹麦持续位居高位,"零腐败"的美誉响彻全球。[③] 丹麦对于腐败的治理模式与历史经验,日益受到全球各国政府和众多研究机构的关注。那么,在高等教育腐败治理的问题上,"丹麦经验"是否能够和其他领域一样,提供示范和借鉴?本文旨在通过比较丹中两国高

[①] 本文曾刊于《黑龙江社会科学》2016年第3期。
[②] Jacques Hallak and Muriel Poisson. Corruptschools, corruptuniversities: What can be done? International Institute for Educational Planning. 2006, p39.
[③] 高荣伟:《丹麦:"零腐败"的"童话之国"》,《东北之窗》2014年第5期。

等教育领域一系列的影响因素,观察丹麦"零腐败"的奥秘,以期对我国高等教育的健康发展提供启示。

一、高等教育腐败的定义、表现形式及影响因素

对高等教育腐败的研究已经不胜枚举,普遍认为,高等教育腐败应定义为:当事人为了牟取不当利益,在高等教育系统中实施的非法的或不当的行为和事件,并造成不良影响。[①] 这一定义同时具备法律和道德内涵,可以较为全面地说明高等教育腐败涉及的动机、内容、范围及后果。

学者们通过对各种腐败类型的分析,发现尽管有普遍存在的腐败类型,但各国在教育腐败形式方面还是存在较大的不同,有些形式的高等教育腐败存在于特定地区,而腐败的类型则更多地同国家体制特征、发展阶段相关联。例如,在美国主要关注的是欺诈、剽窃和作弊;而在俄罗斯主要关注的则是大学录取中的行贿受贿。[②] 目前在中国,基础建设、政府采购、财务管理和招生教学是主要的教育腐败领域。以笔者之见,目前中国的高等教育腐败可以约略划分为两类,一类是物质腐败,包括基建、财务,这一类型中腐败的主体与其他领域如政府部门的相关腐败并无本质不同,只是发生在高等教育系统中;另一类是精神腐败,包括学术造假、道德不检等,该类型腐败的主体和腐败行为具有特定性,高等教育以外的领域并无此类现象。

反映在高等教育领域的教育腐败类型的不同,实际是由于国际上各国政治制度、社会经济水平以及历史文化的差异所造成的,这就需要进一步探讨影响高等教育腐败的相关因素。

国际教育规划研究所(IIEP)将影响教育腐败的因素大致分为制度、社会政治、经济、文化环境四个因素。[③] 反腐败信息中心(U4)将导致教育腐败的因素分为八个:经济因素、捐赠人的轻率行为、透明规则和标准的缺乏、社会因素、基础设施的缺乏、组织结构和控制机制的不当、不适当的人力资源、社区参与和接近信息的缺乏。可以看出,导致教育腐败的主要为政治、经济、制度和文化四个因素。反腐败信息中心所指出的八个因素可以包括在这四个因素之中。[④] 高等教

---

① 王文礼、许明:《国际高等教育腐败问题研究述评》,《西北师大学报》(社会科学版)2008年第4期。
② 杨启光、周小浦:《国际高等教育腐败的表现及其反腐基本走向》,《江苏高教》2011年第6期。
③ Jacques Hallak and Muriel Poisson. Ethics and corruption in education. International Institute for Education Planning, http://www.unesco.org/iiep/PDF/Forum15.pdf, p. 22.
④ 王文礼、许明:《国际高等教育腐败问题研究述评》,《西北师大学报》(社会科学版)2008年第4期。

育是教育体系中最高的一环，肩负培养社会精英的使命，与社会的上层建筑联系紧密，故此，上述四个因素对于高等教育腐败与否的影响更为强大。这一分析模式也是我们接下来研究丹麦高等教育中"零腐败"经验的基础。

二、丹中高等教育腐败影响因素比较

由于丹麦的清廉程度可谓"路不拾遗，夜不闭户"，腐败本已少之又少，想找出具有典型意义的高等教育腐败案例几乎不可能，进行具体的案例比较非常困难，所以本文着重探讨影响高等教育腐败的相关因素的比较。上节已经提到，相关研究指出，影响高等教育腐败的因素主要有政治、经济、制度和文化。故此，一个国家在这四方面的设计建构，对于遏制高等教育腐败有着重要的意义。

（一）政治因素

一个国家和民族的发展，政治设计是首要因素，政治在很大程度上指导、管理、支配高等教育的发展，因此政治的结构，也会影响到高等教育领域。具体来说，则会牵涉大学主体的地位、组织架构的设计、宏观改革的方向、人事任命的准则等一系列至关重要的安排。

丹麦是一个历史悠久的王国，但以平等理念而著称，同时又是一个立宪民主国家，如丹麦大使所言："丹麦拥有一个建立在严格法律法规上的运作良好的司法体系，在法律面前，人人平等。这个体系的根基建立于1849年6月5日，丹麦颁布了第一部宪法并成为了一个民主国家。在那之前，丹麦是封建的君主制度。1849年6月颁布的宪法中对权力的分割，促成了独立的司法机构的建立，这也对建立一个有效的反腐败机制有着巨大的意义。由于及早建立民主制度，一个真正独立并有效的司法系统对政府和立法进行监督，对贪污腐败的零容忍成为了丹麦的民主传统，并且深深扎根于丹麦社会和丹麦人的心中。"[①]这样一种在历史中形成的法治、民主、高效、廉洁的政治传统，对于丹麦高等教育机构的精神内核及操作实践都会发生实质性的影响。

丹麦国土面积较小、人口数量相对较少，高等教育机构成为承担国家科学研究的主体。由于采取民主选举制，政党意识形态对教育的支配和影响力有限，而丹麦政府的行政权力主要在监督、投资、规模等宏观层面施加影响。重点在于，

---

① 于胜楠：《专访"全球最清廉国家"丹麦驻华大使裴德盛》[EB/OL]. http://news.xinhuanet.com/herald/2010-11/15/c_13607127.htm. 2010-11-15.

这些管理均是在法律的框架下进行的。2003年,丹麦政府颁布了《大学法》(The University Act),明确了作为高等教育机构主体——大学的法律地位。根据条文,丹麦的大学是公共事业部门下的独立分支机构,接受科学、技术和创新部的指导。[①] 对大学的管理和组织结构也作了明确的规定,其自主性和自治权得到了很大程度的尊重和保护。有研究者称《大学法》令大学真正地在国家管理下实现自由。[②] 同时,为了进一步明确政府和大学之间的关系,寻求大学的自主性,在《大学法》的精神指导下,丹麦各大学纷纷制定大学章程——将大学的权利以章程的形式规定下来并经政府教育主管部门认可。这样一来,将政府的权力限制于宏观层面的干预,而大学内部保证了学术独立和权力的自主分配,进一步保证了大学的自治。例如,2006年,丹麦政府决定重新审查大学的整体结构,着手进行大学和政府研究机构的合并。在合并之前丹麦有25所大学和研究机构,合并之后减少到8所大学和3个研究机构。其中7所大学要承担97%的国家科学研究工作。尽管政府对大学的数量和研究方向有一定的干预,但政府并没有直接进行具体的合并操作,而是给出三条合并指导方针:在整个合并过程中,政府研究机构不能被划分为更小的单位或者划分出不同的机构;所有合并后的机构应由一个统一的管理体系进行管理;大学和政府研究机构的合并不应机械地进行地理式的合并。充分尊重了各大学和机构的自主地位。[③]

简言之,在丹麦的政治传统中,是以自上而下的法律与章程,来规范和管理高等教育机构。"依法治国"的理念被归结到"依法治校"的实践。也正是在这种法治民主的理念下,丹麦的高校才能充分行使自身的权利,在组织结构、人事任用、财务预算等方面公开透明。同时,司法独立的精神使得丹麦监察系统能够对大学进行监督,从而有效地杜绝腐败。

在现代中国,政治对高等教育的影响也是巨大的。乍看之下,在政府对于高校的管理与干预方面,中国与丹麦体现出相似的形式,主要由教育部和地方政府职能部门所管辖。但若仔细考察这种管理的运作状况,两国之间的根本政治差异就充分地显现出来,这也正是造成腐败的潜在因素。

差异首先体现在立法层面的困境。《中国共产党普通高校基层组织工作条

---

① http://www.au.dk/en/about/organisation/index/0%3A-governance,-administration/01/historisk/lov403/.
② Autonomy and Control: Danish University Reform in the Context of Modern Governance, Wright, Susan; Orberg, Jakob Williams, Learning and Teaching: The International Journal of Higher Education in the Social Sciences, V. 1, N. 1, pp. 27 - 57, Spr., 2008.
③ 武翠红. 金融危机下丹麦大学的战略选择[EB/OL]. http://news.sciencenet.cn/sbhtmlnews/2012/12/266736.shtm?id=266736. 2012 - 12 - 05.

例》规定我国高等学校实行党委领导下的校长负责制,同时对党组织的设置、职责、纪律检查工作、人事配置等各方面作了详细的规定。① 依据《中华人民共和国高等教育法》,高等学校的名称、规模、学科设置、内部管理体制等事项由国务院教育行政部门审批;高等教育投入和条件保障主要源于公共财政拨款;校长由上级党委任命或上级政府聘任。② 从我国教育法律及有关规定来看,我国对党委领导下的校长负责制这一管理体制中党委书记、校长的职责定位在区分度上并不是非常清晰,且在现实运行中时有相互掣肘的现象。这就使得目前中国的大学依然在历史的惯性上前进,无法从根本上把握作为独立法人的权利,自然也就无法明确大学的权责,无从约束和规范内部的各种现存力量。外部的权利模糊,内部的权力失衡,是高等教育腐败形成的重要原因。

其次则是组织建构和权力分配层面的困境。根据研究,在高等教育场域中,中国高校在组织结构,决策机制,监督体制以及组织文化方面,体现出和政府部门高度一致的特点。③ 在我国,中国共产党作为执政党,对国家行政机关实行政治、思想和组织领导,对国家大政方针和重大事项进行决策,而高校也采取这种与国家治理一致的方式,实行党委领导下的校长负责制。在组织结构方面,高校党的委员会作为中国共产党基层组织,在组织设置上同上级党组织一样设有办公室、组织部、宣传部、统战部、纪委等机构,其职能与地方党委职能基本一致;而且规模较大、党员较多的高校经上级党组织批准可设立常务委员会。高校行政体系的建设也基本按照政府行政部门机构设置,设置办公室、发展规划、人事、审计、国有资产管理、采购、基建、计划财务等部门;而在决策方面,高校的组织、人事、财务、教学、科研等重要权力主要集中在党委和行政部门,这与我国决策权力主要集中于党政部门高度同形,且在这些组织内部,决策权力又明显集中于高层领导手中,而以学术委员会为中心的学术权力被虚置或弱化,这些都使得高校依附于"官本位",而放弃了本应承担的学术和道德责任。这样一来,尽管政府和高校的组织功能还是组织目标都截然不同,但它们表现出的腐败特点在大部分领域却是高度一致的。

再次,行政权力对大学精神和学术自由的干预成为普遍现象。在大学权力运作与政府同构时,原本应该高扬的大学精神和学术自由就开始萎缩了,而且高校被纳入行政级别体系,校级和院级的领导都有相应的行政级别,这固然一方面

---

① 《中国共产党普通高校基层组织工作条例》(中发〔2010〕15 号,2010 年 8 月 13 日)
② 《中华人民共和国高等教育法》
③ 曾明、郑旭旭、章辉腾:《治理结构、权力机制与高校腐败——基于 117 个高校腐败案例的分析》,《廉政文化研究》2015 年第 2 期。

是为了向各种势力获取资源,另一方面也损害了高校的独立性。大学内部无论是行政资源还是学术资源都向位高权重者集中化。"权力导致腐败",阿克顿勋爵的话依然言犹在耳,当权力集中制的政治模式影响到了高等教育机构的治理模式,接下来直接导致经济方面的腐败也就不足为奇了。

(二) 经济因素

经济因素对于丹中两国高等教育的影响都是十分直接的,因为丹麦和中国的高等教育的主体均是以政府拨款为主要资金来源的公立大学,科学研究和创新的经费也主要来源于政府投资。然而,在具体的经济投入比例、资源分配方式以及监督管理制度上,两国的差异很大。

丹麦是典型的"三高"国家,即经济高度发达、高税收、高福利国家。丹麦的个人所得税高达 50%~70%,主要应用于社会福利和教育投资上,丹麦教育投资的第一个特点是投资力度大。早在 1998 年,丹麦在教育和培训上的花费就达到了 GDP 的 7.2%,按占 GDP 的比例,丹麦是当时世界上教育支出占 GDP 比例最高的国家,2003 年,丹麦有 23.1%的人口接受过高等教育,65.4%的人口接受过职业培训。到 2010 年,丹麦教育投入增至 GDP 总额的 8.8%,在 34 个经合组织成员国(OECD)中占据首位。① 根据最新的 Universitas 21 排名,在全球 50 个国家中进行的高等教育体系的排名中丹麦排名第三,其中资源方面则排名第一(政府的资金投入和私人领域对教育和研究的投入)。② 而且,丹麦的大学数量和学生人数相对较少,意味着可以获得较高的人均教育投资。例如,丹麦的大学生可以享受免费教育服务,不但不用交学费,政府每月还给予生活补助,足以支付其每月的相关开支。

高投资使得丹麦的高等教育机构可以充分将精力放在培养学生,改善和提高教育质量上,学生无须为学费担忧,教师也可以充分享受经济自由。然而,经济的宽裕绝不意味着可以对资金为所欲为,如丹麦一件"家喻户晓"的腐败案发生于 2012 年底,有媒体爆料称丹麦文化大臣乌菲·埃尔贝克任职后在其配偶工作的一所艺术学校举办了 5 场文化活动,花费 18 万丹麦克朗(约合 3 万美元)。公众舆论哗然,监管部门也迅速反应,在此事件被披露后短短 5 天之内,埃尔贝克就宣布辞职了。不到一周,内阁大臣即因"利益输送"嫌疑也受到了牵连,引咎

---

① http://ufm.dk/en/newsroom/press-releases/2013/oecd-denmark-invests-most-in-education-1.
② http://www.universitas21.com/article/projects/details/152/u21-ranking-of-national-higher-education-systems.

辞职。① 这种"勿以恶小而不检"的细致监督和严格管控,才能保证大量的资金投入在教育上而不产生腐败。

充裕的经济投资和廉洁的社会环境,使得丹麦在高等教育的投资上回报丰厚,不仅为世界贡献了物理学史上作出杰出贡献的哥本哈根学派,也极大地增强了国家的科技创新实力。世界知识产权组织(WIPO)日前发布 2015 年全球创新指数报告(GII)。丹麦位居全球第 10,而中国位列第 29 名。该指数的创新质量主要依据大学表现、学术论文影响力和专利申请的国际维度来衡量。而根据马丁繁荣研究所发布的 2015 年全球创新指数(GCI),丹麦在 139 个国家中脱颖而出,与芬兰并列全球第 5 位,位居欧洲榜首。丹麦投资促进署署长 Dorte Bech Vizard 女士表示:"丹麦的全球创新指数名列世界前茅,我感到非常高兴,这说明丹麦的人才、科技和包容度营造了独特的商业环境。"全球创新指数以经济增长和持续性繁荣为衡量指标,研究各国经济发展的 3 个重要因素——人才、科技和包容度。② 以丹麦的人口数量和国家规模,能够长期在国家创新竞争力上位居全球前列,这与丹麦的高等教育的大力度投资密不可分。

反观中国,改革开放前教育投资占 GDP 的比例不足发达国家的一半,而且与发展中国家相比也明显偏低。高等学校的经费很大一部分来自对学生的收费,国家财政拨款比例不足,在这样一个"共同贫穷"的时期,高等教育各个领域乃至全社会的腐败现象都是较少的。

近年来,中国的经济实力和高等教育规模有了飞速增长,截至 2008 年,中国高等教育的毛入学率已经达到 23.3%,普通高等教育在校生数超过 2 000 万,中国已经超过美国,成为世界高等教育第一大国。③ 然而,教育大国并不意味着教育强国,直到 2012 年,中国全年财政性教育经费支出 2 万亿元左右,占当年国内生产总值的比重达到 4%,首次实现教育法规定的教育投入占 GDP 4%的目标,距最初提出这一目标已经过去了 19 年。国家对科学研究事业的资金支持也有了长足进步,2006 年起,中国政府在科研创新上的投入绝对值就达到世界第二的水平,仅次于美国。正是在这样一个经济快速增长的背景下,我国在教育科研方面,经费投入上有了很大的增长,项目、经费、各种表彰,都拥有巨大的物质利

---

① 杨敬忠、吴波:《感受丹麦"反腐速度"》[EB/OL]. http://jjckb.xinhuanet.com/2012-12/25/content_420243.htm. 2012-12-25.
② 驻丹麦经商参处:《丹麦当选 2015 欧洲最具创新国家》[EB/OL]. http://china.huanqiu.com/News/mofcom/2015-09/7469185.html. 2015-09-11.
③ 岳昌君:《中国高等教育财政投入的国际比较研究》,《遵循科学发展建设高等教育强国——2009 年高等教育国际论坛论文集》,2009 年,第 77 页。

益,在这种巨大的物质诱惑前,而监督管理又没有跟上的话,对高等教育腐败客观上起到了刺激的作用。有研究对 2000—2012 年《检察日报》年度公开报道的教育腐败案件进行统计分析,教育腐败在数量上呈现出一个持续高发的态势。该报自 2004 年起开始以大量篇幅报道具体教育腐败案件,公开报道案件数量在 2007 年达到顶峰。可见,我国教育腐败在 2004—2007 年频繁爆发,并得到新闻媒体的更多关注。此后公开报道案件数急剧下降,但 2010 年起又开始攀升,且年度报道案件数均高于 2004 年以前。[①] 故此,通过统计可以看到,在教育投资增长的情况下,腐败也呈现上升趋势。

另一方面,高等教育的急速扩张又使得资金缺口愈发庞大,教育投资达到 GDP 4% 仅仅只是一个国际及格线。资金短缺使大学在各方面都承受了很大的压力,如扩招带来的学生过多、教师短缺、硬件设施不足、学科建构缺失等。这都使得大学在分配有限的经济资源时显得捉襟见肘。同时,教师长期以来的低收入状况并未得到明显改善,在利益驱动下,诸如贪污科研经费、招生舞弊等腐败现象也越发常见。

经济腐败的直接恶果是对教育质量和学术质量造成了负面影响,使得教育投资的投入和产出不成比例。如 2008 年中国授予的博士学位就已经超过了美国,2013 年光是科学与工程学就颁发了 28 700 个博士学位,组成规模庞大的研究人员队伍。中国科研在论文发表和专利申请数量上也早已达到了世界一流水平,但有量无质的问题同样没有解决,平均每篇论文被引用次数和与国外学术人员的合作发表论文数都只有美、日等国的一半左右。作为专利申请第一大国,中国专利的含金量却名不副实,同时向美国、日本和欧洲的三家专利局提出申请的专利数量仅仅是美、日、德三国的零头。

可以看到,经济因素无疑是一把双刃剑,过少的投资无疑不能保障高等教育的基本质量,但增长的投资在监管缺位的情况下,会催生更多的腐败。而且,这与经济是否发达并无直接关系,同是经济发达国家,美国和丹麦的廉洁程度就差距甚大。丹麦是如何保障经济投资不被腐败分子所利用呢? 这就涉及下一个关键的直接因素:制度设计。

(三) 制度因素

丹麦和中国的高等教育机构均为政府主导管理。然而,实际运作中,两国在

[①] 雷玉琼、张程:《我国教育腐败的现状和趋势研究——基于〈检察日报〉报道的教育腐败案件》,《中国行政管理》2014 年第 9 期。

外部的监管制度和内部的权力运作制度是有着根本不同的。具体来说,制度差异体现在高等教育机构的监督、评估和内部管理三方面。

在丹麦,高等教育事业的反腐败建设的开展很大程度上依赖于监察官制度。丹麦在1953年创立了监察官机构,它的权力与责任是监督除法院以外的有关民事、军事的中央政府部门的行政活动。在丹麦,监察官由议会指派,不仅对行政部门有监察职能,对任何领取国家财政薪金的人员都具有监察职能,大学机构也在其监察范围内。在这个领域,监察官行使的职能主要为受理投诉,对高校董事进行调查。同时,为了把丹麦大学的腐败减少到最低程度,丹麦议会设立了公共预算支出和财务管理委员会及审计委员会。国家审计委员会办公室作为议会下属的独立机构,其职责是对各种公共支出进行审查,大学机构更是重要的审计对象。丹麦国家审计办公室对大学负全面审计责任,审计办要向议会预算委员会报告工作。审计办有20多人专门负责对大学的审计工作,审计方式包括财政审计和效益审计。大学董事会也要雇用有执照的会计所作为内部的审计机构。①

丹麦政府从2001年开始了大学管理体制改革,将大学管理、创新职能分别从教育部、商务部剥离。于2006年将科学部重组为科学、技术与创新部,其主要职能之一是管理研究型大学。2011年,又把原先的高等教育部和科学、技术和创新部合并成立一个新的部门,即丹麦科学、创新和高等教育部(The DanishMinistry of Science, Innovation and HigherEducation),突出了高等教育在国家创新体系中的地位。该部门代表政府对大学实施管理和一般性监督。②

为达到对大学有效管理的目的,丹麦政府采取了四方面的措施。第一,绩效合同制,科技创新部代表政府与大学签订合同(3—4年)并监督合同执行。合同的主要内容为大学的战略目标、发展重点和发展规划,因此这个合同实际上是效益合同,大学每年要向部里报告合同进展情况。丹麦政府为大学提供经费,大学有使用经费的权利,但要遵守拨款条件。为使拨款产生最大效益,丹麦政府为大学建立了拨款体系,也叫"出租车跳表体系"。以教学为例,教学的跳表体系根据学生活动表现,以通过考试率和毕业率为标准决定拨款额。这种拨款体系具有竞争性,使大学和学生更具竞争能力,促进大学合同的效益。

第二,第三方综合评估机制。1992年,丹麦建立高等教育国家外部评估机构——丹麦高等教育质量保障和评估中心,1999年,设立丹麦评估所,该中心是一个独立于教育部和高等院校的机构,其任务是:对丹麦大学和其他高等院校

---

① 《丹麦廉政建设研究报告》。
② 陈小露:《丹麦国家创新体系的构成和特点研究》,《郑州师范教育》2013年第4期。

进行评估活动,政府对高等教育评估机构没有控制权,不干涉评估机构的评估过程和评估结果,评估机构的独立性和权威性很强。① 这种机制既有利于增强人们对质量评价、评估和检查活动的信心,又有利于政府通过立法、拨款、批准和任命评估机构部分成员等方式保留自己的主导、监督和奖惩作用。

第三,外部督察员制度。又称校外考试官制度,丹麦高校评估的外部督察员制度始于19世纪,是丹麦包括高等教育在内的各级各类教育质量保障的一大特色。外部督察员由政府任命,成员来源广泛,既有教育界人士、专家学者,又有政府官员、学生家长、工商业人士等,高校对课程及学生培养的质量和标准负有主要责任,而外部督察员就负责监督这些标准的具体实施情况。丹麦政府强调外部督察员对高校的独立性,强调督察员要对院校有深入的了解以保证公正性,同时协助督察员加强与院校的沟通和联系。外部督察员制度是一个合作、协商、建议的过程,其工作范围已逐步从结论性评价转变为过程性评价,对高等教育工作具有威慑力。是丹麦政府实施高等教育质量保障体系重要的组成部分。②

第四,大学章程制度。丹麦大学内部的管理体制则主要以大学章程设定的架构来运行,根据丹麦大学章程的规定,大学内部的权力关系主体包括学校董事会(评议会)、学院理事会、研究委员会、学术委员会、代表会议及校长等。丹麦大学章程不仅对各权力主体的职责、权限进行了明确规定,甚至对主体成员的来源、身份都作了界定,保证校内外各方利益群体的权利都得到尊重,进一步体现了民主的理念,有效地制止了由于权力集中带来的腐败现象。③

正是有了这一系列外部和内部的完备制度,丹麦高等教育事业才得以保证高效和清廉,教育行业涉及的腐败案例几乎绝迹。

在中国,反腐和监察制度通常由各级纪委来完成。现行中国高校的监督制度是专职监督工作的下级要在上级领导下开展监督上级或平级的工作。在一些高校的权力运行过程中,往往是决策、指挥和执行多,而监督、约束、反馈少,权力的使用很少受到制度和程序的监督,导致腐败滋生。比如现在高校纪检监察部门独立性较差,隶属于高校党委或校长。校务公开流于形式,使一些学校重大事项得不到监督。尽管教育系统内部监督除了纪检还有监察、审计、工会、职工代表大会等内部监督组织,但同样属于下级部门,更非专职。可喜的是,在十八大

---

① 侯威、李威:《丹麦高等教育的外部质量保障机制》,《世界教育信息》2004年第9期。
② 程燃、林荣日:《丹麦、英国校外考官制度的变化对我国建立高校质量保障体系的启示》,《现代教育科学》2014年第5期。
③ 陈立鹏、王洪波:《丹麦大学章程对我国的启示》,《中国高校科技与产业化》2011年第5期。

以来的反腐中,出现了如巡视组制度这样的外部监控机制,对于高校腐败起到了直接的震慑作用。

在高等教育评估机制上,我国则完全缺位,目前,国内只有教育部主导的对学科进行评估的制度,而完整的高等教育评估机制旨在对大学办学水平,包括教育质量和办学方向进行综合评价。目前对于大学的综合性评价,更多地是通过各民间机构的排名,而非严谨的综合评估。而各种排名,又对大学所能争取的社会资源发生影响,这也为腐败打开了门路,通过向排名机构行贿来提升名次的丑闻也层出不穷。客观上损害了排名的公正性和高等教育的声誉。

在教育投资和科研资金的使用制度上,我国现有机制则缺乏有效的监管手段。例如,目前科研经费多以课题形式下拨,采取预算制,其责任主体就是课题组,由上级主管部门承担项目审查和监管责任。这就使得一方面,行政管理部门对经费的使用制定出层层规定,使得科研经费的使用充满障碍;而另一方面,经费使用缺乏专业性审计,无法公开透明,造成了小课题组公开怨声载道,大课题组则偷偷中饱私囊。实际上,科研经费的发放应该是一个以"结果"为考核对象,以学术委员会等机构为监督者的过程。可目前科研经费的分配机制是以"预计可能取得的科研成效"为发放依据,以下拨经费的各级行政管理机构为监督方的。这就使得科研经费在目的上是功利的,在使用中则是不切实际的。更为糟糕的是,行政权力和学术权力的合一,使得经费的流向更趋集中,也削弱了各类科研课题的学术性。

在我国大学内部管理制度上,大学管理机构与政府机构的同构性,使得原本应该成为大学"宪法"的大学章程无法具有实质性权责定位,以致大学的内部的权力运作无法达成制衡,有研究指出,高校包括政治权力、行政权力和学术权力三种不同的权力。其中政治权力处于核心地位,行政权力处于主导地位而学术权力相对边缘化。[1] 反映在具体决策方面,高校党委负责审议确定学校基本管理制度,讨论决定学校改革发展稳定以及教学、科研、行政管理中的重大事项;讨论决定学校内部组织机构设置及其负责人的选拔、任命与调整。高校校长全面负责学校教学、科研和行政管理工作,拟定发展规划;拟定内部组织机构设置方案,推荐副校长,任免内部组织机构负责人;拟定和执行年度经费预算方案;组织教学科研工作;聘任与解聘教师及其他工作人员,对学生学籍进行管理等。如此一来,权力集中在缺少监督的高校领导,客观上更易于滋生腐败。仍以《检察日

---

[1] 沈小强、袁利平:《高校权力结构的反思与重构——兼论我国高校"去行政化"》,《教育发展研究》2010年第23期。

报》在 2000—2012 年公开报道的教育腐败案件统计为例,腐败主体在单位或部门处于领导地位、拥有实际决策权的腐败案件共 165 起,占所有案件的 89%。其中,高等教育机构的 104 起案件中有 54 个案件的腐败主体是高校的校领导,43 个案件的涉案主体是职能部门的领导。①

综上所述,目前中国在监督、评估及内部管理的制度建设方面,均存在不同程度的漏洞,无法从根本上预防腐败的产生,更对腐败的惩处有心乏力。

(四) 文化因素

"人是文化的沉淀"。如果说政治、经济、制度都是影响高等教育腐败具体但片面的因素,那么文化则是一个抽象但全局的因素。文化是一种无形无色的存在,它产生于特定的社会环境,却深深扎根人们的灵魂,甚至成为世代相传的文化基因。文化影响到社会中人的精神状态和心理活动,形成处理问题的路径和准则。它源于历史中政治、经济、制度的建构,同时又对未来这三项因素的建构产生持续的影响。所以如腐败已经成为一种文化,那么其对未来的危害将是可怕的。

在反对腐败的文化构建上,丹麦可谓十分轻松。因为有着四类文化传统的保障。第一,反腐观念是一种深入人心的历史文化。如丹麦大使所言:"在历史传统上,我们也没有腐败问题。所以我们根本就不用抗击腐败或避免腐败。这是根植于我们的文化中的,我们的文化不相信贿赂、敲诈和腐败。"②换言之,在丹麦,反腐意识已经作为一种历史传统和公共道德深入人心。因为有良好的教育,可以信任的政府、守法的私营部门,丹麦人不需要做像贪污腐败这种危险的、复杂的事情。

第二,透明公平的制度文化。透明、民主体制和公平对待,较少的等级制度和较多的社会参与也是典型的丹麦价值观。丹麦有着完善并强大的法律制度来抵制腐败。而平等的文化理念使得社会中不再有阶层的分界,这同样也会影响到社会各组织以及大学的民主结构,来合理地分配和制约权力。同样,在透明公开的丹麦社会里,任何公共开支、公共权力都被置于监督之下,无法通过集权和暗箱操作来从事腐败活动。

---

① 雷玉琼、张程:《我国教育腐败的现状和趋势研究——基于〈检察日报〉报道的教育腐败案件》,《中国行政管理》2014 年第 9 期。
② 于胜楠:《专访"全球最清廉国家"丹麦驻华大使裴德盛》[EB/OL]. http://news.xinhuanet.com/herald/2010-11/15/c_13607127.htm. 2010 - 11 - 15.

第三，教育为先、预防为主的温和文化。在丹麦，道德教育、廉洁教育和法制教育是学校教育的重要内容。对公务员，则更加重视廉政教育。年轻学生大学毕业初入公务员系统，接二连三地培训使其清楚"腐败"的界限，自觉遵循道德界线。丹麦政府每年会花费大量人力、物力培训丹麦企业，加深他们对腐败的认识，教他们如何应对腐败环境以避免他们在进行商业活动时向官员行贿。因此，丹麦的企业都非常遵守制度和规则。①

第四，对腐败"零容忍"的严厉文化。丹麦各党派、各媒体和社会各阶层对腐败行为均嫉恶如仇，同仇敌忾，没有丝毫容忍之心，这是丹麦清廉社会价值观的完全和集中体现。正是因为其最严格、最完善和高效的反腐体制和社会监督机制，丹麦才在"世界最清廉国家"榜单上长期高居榜首，领跑全球。

当然，上述文化的养成，与丹麦长期处在一种政治稳定、法律公正、经济富足，社会清明的状态下息息相关，而丹麦人一旦养成了这种清廉的文化观念，整个社会反腐的成本就会大大地降低，可以说将高等教育腐败乃至一切类型的腐败都连根拔除了。

在历史上，中国的道德文化准则也是强烈反对腐败的，然而，和丹麦保持了一种长期稳定的社会状态不同，中国的社会与文化在近百年来一直处于激烈的动荡与转型期，大大地削弱了文化对于腐败的制约能力。而改革开放以来，传统文化的传统规范能力日趋下降，经济的步伐走得太快，远远超过了人的灵魂，"一切向钱看"不只是"时髦"的口号，更是社会上许多人奉行的价值观，腐败获得了新的文化温床。文化具有沉淀性和渗透性等特点，在一定的条件下，旧有的腐败文化依然能沉渣泛起，影响人们的思维和行为。在这样的大环境下，高校不能免俗，更难以脱俗。可以说，政治和社会的腐败风气侵染了高校，而高校腐败反过来又对社会起到了愈加不良的示范效应。

第一，特权文化的侵蚀。发达国家由于广泛的民主监督制度，超越法律的特权都会受到约束和谴责。在中国，由于长期以来"官本位"文化的影响，加之法律的不完善，监督机制的不健全，使得无论在政府还是在高校内，正当的权力往往会演变为为官员自身谋利的特权。例如近年频发的招生腐败，本质上，赋予高校更多的招生自主权的初衷是为了避免"一考定终身"，但没有责任约束，没有民主监督的自主权往往会被主管官员利用而变成特权，利用其大做权钱交易。又如在科研项目的获取和学术评奖上，往往有着较高行政级别的官员可以名利双收，而具体研究的人员则一无所获。这些都是特权腐败的典型。

---

① 荣伟，丹麦：《风清气正的"童话之国"》，《侨园》2014年第5期。

第二，缺乏伦理规范的获利意识。亚当·斯密的《国富论》在中国的高校中大名鼎鼎，《道德情操论》却乏人问津，其中心思想强调的人在追求物质利益的同时，要受道德感念的约束，努力形成"利他"的道德情操。然而，在当今中国全然被"利己"所替代。长期以来的贫穷，让人们渴望快速致富，然而，却无视了利益的获取必须合情合法。中国高校目前经济类腐败频发，无疑是急于获利的心态所致。而当无节制的获利成为一种风气，会造成更深层次的间接腐败，如通过学术造假来获取更大利益。当知识分子内心的道德规范无法遏制利益的诱惑，整个社会的良知都会轰然崩塌。

第三，"法不责众"的文化心理。"法不责众"使得人们在腐败的时候，一方面有一种坦然的从众心理；另一方面也排除了对法律惩治的敬畏心理。在如今的高校系统中，权力缺乏制约有助于形成各式各样的利益团体，成为了集体腐败的基础。政治学有这样一条原理：一项法规，如果大多数人不去遵守，那么少数遵守者的利益就会受到损失；反之，如果多数人都能遵守，那么少数违法者就会受到制裁。集体腐败是以获取小团体利益为主的腐败形式，例如各式各样的"小金库"。又如，高校的科研造假往往非个人行为，而多是团队共同作假。仔细分析，尽管集体看似是一个整体，但腐败都可以落实到其中获利的个人，可见，集体腐败不过是个人腐败的叠加升级，惩戒集体腐败，归根结底要变为惩戒集体中腐败的个人，重点打击利益团体中个人"法不责众"的心理。

第四，缺乏反腐廉政的教育文化。尽管中国的高校可谓在意识形态教育上常抓不懈，但对于反对腐败的教育比较流于形式。这固然一方面出于"遮丑""为尊者讳"的考虑；另一方面也是因为缺少触及灵魂的反腐宣传，以及缺乏相应的监督投诉制度。目前高校腐败的主体以行政人员和高级别的学术人员居多，而他们在学校里是行政和学术权力的主宰者，广大的普通教师和学生，一方面可能会被上位者给予的利益所诱惑而协同腐败；另一方面无法在受到侵害或威胁时通过有效途径来检举揭发。没有深入人心的反腐教育来促进自我道德规范的提升，校园里的教师和学生每一个人都有可能成为潜在的腐败主体，但如果抓好教育，形成反腐风气，则每一个人都可能成为腐败的监督者与检举者。

三、丹麦经验对中国防治高校腐败的启示

通过分析考察，可以看到，丹麦和中国在上述四方面因素均存在较大的历史和现实差异。高等教育是社会的产物和缩影，不难发现，目前中国高校腐败丛生的现象，客观上是由于政治风气失序、社会道德失范所滋长，根本上则由于是高

等教育体系中的"权利"辨析不清与"权力"分配不当所导致。可以说,丹麦在反对腐败的成功之处,某种情况下也正是中国目前的失败之处,尽管国情和社会发展阶段是最大的现实制约,但在具体防治高等教育腐败的措施上,丹麦仍为我国提供了非常值得借鉴的启示。

第一,完善高等教育立法和监督机制。尽快出台《大学法》,使大学有法可依,有章可循,同时完善多渠道、新途径的监督机制,加大对腐败的执行频率和惩处力度。第二,建立健全绩效考核评估机制。成立国家高等教育评估机构,引入绩效合同方法,对高校的基础建设、学术水平、科研实力进行客观公正的评价。第三,推进教育去行政化进程。既包括学校外部的去行政化,彻底落实学校的办学自主权;更要推进学校内部的去行政化,同时建立规范的权力运行分配机制,做到公平民主、公开透明。第四,在高校内部全面加强反腐意识。将反腐教育作为高等教育的必修课程,受众则是高校内的全体师生,让走出学校的学生,进一步去更新社会道德意识和环境。

对于中国的高校来说,反对腐败更需要从精神文化的层面入手,因为知识分子的腐败比经济腐败更可怕,制度设计固然比人强,但洁身自好、出淤泥而不染一直也是中国文化的传统美德,高校一直担负着引领社会道德的责任,在健全制度、加大投入的同时,不能忽视高等教育的反腐文化建设。如果反腐倡廉意识能够作为一种社会公德深入人心,而高校能够在社会上树立廉洁自律的模范,久而久之,清廉便会成为各级政府工作人员克己奉公的律令,腐败便会成为民众心中不可逾越的道德底线。正派的社会会树立正派的人格,而正派的人格则会构建起正派的社会。

弗朗西斯·福山在其新著《政治秩序和政治衰败》的前言中写道:"发展中国家和那些旨在帮助这些国家的国际社会面临着'抵达丹麦'的考验。在这里,'丹麦'并不是一个地理上的国家,而是一个理想化的社会,它繁荣、民主、安全,国家治理得当,腐败率很低;在那里,有执行力的政府、强有力的法律和民主的保障并存。"

愿在实现"中国梦"的道路上,在防治高等教育腐败的努力中,我们都能到达"丹麦"!

丹麦的监察专员制度对我国廉政工作的启示[①]

张腾腾

自 1955 年监察贪污腐败的国际性非政府组织——"透明国际"每年发布全球清廉指数排名以来,丹麦一直名列前茅:在 2010 年、2012 年、2013 年、2014 年的得分都高居榜首,2011 年名列第二。同时它也拥有全世界最清廉的公务员系统和最幸福的国民,因此众多研究分析机构均把目光对准了丹麦这个仅有 500 多万人口的北欧小国,意在学习并效仿其廉政经验。

健康的公民文化道德体系、政治与行政透明、严格的公务员管理、多维的权力制约机制、健全的反腐败立法、适当的高薪养廉和全面严格的廉政考核都是使丹麦成为"第一清廉国家"的重要因素,但其中最为关键,并能保证上述的机制顺利运作的是丹麦多维的监督机制。

丹麦政府各种规定能得到严格执行,有赖于完善的监督体系。丹麦有议会监督、政党监督、专门机构监督,以及强大的媒体监督和群众监督。在这种氛围内,没有不受监督的绝对权力。公务员管别人,同时也必须接受别人的管理。正因为制度严密,监督严厉,丹麦官员"基本不敢蹚入腐败浑水"。在强大的监督体系中,特别值得一提的是丹麦的监察专员制度(Ombudsman)。作为一种特殊的内部行政监督方式,监察专员制度为丹麦的廉政建设起到了十分重要的作用。

一、中丹在廉政合作方面已初步达成意向

2015 年 6 月 24 日,中共中央政治局常委、中央纪委书记王岐山在北京会见索伦森专员,中央纪委副书记、监察部部长黄树贤与代表团举行工作会谈,介绍了我国党风廉政建设和反腐败工作情况,并表明中丹之间的反腐败国际合作对

[①] 本文曾刊于《黑龙江社会科学》2016 年第 3 期。

我们做好党风廉政建设和反腐败工作有着重要意义。① 此前曾担任过丹麦检察长的索伦森称:"是丹麦人把监察专员制度传播到了全世界,英语中的监察专员署(Ombudsman)就源自丹麦语,这可能是唯一在全世界使用的丹麦语词汇。"索伦森还表示:"现在世界上最流行的监察专员模式是丹麦模式。丹麦议会监察专员署平均每年收到5 000条公民对该国行政机关及其雇员的指控,历史上看,我们帮助了某些国家,有些有用,有些也没有取得预期的效果。尤其是像中国这样一个有着13亿人口的大国,好多问题的解决都需要一个很长的时间过程,也非常复杂。我们希望丹麦的监察制度经验能够对中国有帮助。"

丹麦新任驻华大使丹姆斯高在今年8月接受媒体采访时,谈道:反腐是丹麦与中国紧密合作的一个领域。丹麦之所以多次被评为世界上最清廉的国家,主要是议会监察专员制度起到了核心作用。丹麦议会监察专员署代表团曾经几次访问中国,中纪委的相关代表团也数次访问丹麦,双方在反腐及廉政建设方面合作的空间很大。

可见,丹麦人认为自己的监察专员制度是十分值得中国借鉴的,也非常希望将自己的经验传授给中国。同时,双方也已经达成初步的合作意向。但是,两国毕竟在人口规模、历史文化、经济水平、政治制度等方面差距甚大,哪些经验值得我们学习和借鉴,哪些需要扬弃并改进以使其适合中国的国情呢?全面认识丹麦的监察专员制度有助于我们厘清这些问题,并推动中丹两国开展有效、愉快的合作。

二、丹麦的监察专员制度的相关情况

监察专员制度在1809年由瑞典国会首创,目前已传播到世界120多个国家和地区。丹麦作为世界第三个建立监察专员制度的国家,对瑞典模式进行了改良和创新,并迅速成为全世界最具影响力的范本。当前丹麦经验还在源源不断地输出到一些发展中国家,比如阿尔巴尼亚、越南等。

(一)建立的背景

历史上,丹麦是一个君主制国家。直到1849年颁布宪法,君主的权力被一分为二后,民主才引入丹麦社会。目前,丹麦的女王是权力的象征,而首相则是法律的执行者,并为此建立了许多的国家机构。由于法院判决案件缓慢且耗资

---

① 《王岐山会见丹麦议会监察署代表团》,《人民日报》2014年6月25日。

较多,民众需要一个专门的机构来倾听他们的呼声、处理他们的抱怨、保障他们的权利,当行政机关违背法律的规定侵犯了民众的利益时,他们就可以找到这样的机构来迅速处理有关的投诉。同时,由于行政机关的不断膨胀,也需要一个相应的监察机构,来监察他们依法行政,故监察专员制度适时引入。

1946年,丹麦宪法委员会提出建议,希望借鉴瑞典的议会监察专员制度以更好地监督政府。1953年,丹麦在其宪法修正案中明确指出构建议会监察专员制度。1954年,通过了《议会监察专员法》。丹麦推行行政监察专员制度,其目的一是代表议会强化国家最高权力机关对政府部长和行政官员的监督;二是代表公民利益维护法律和秩序,作为"因政府不公正、专横、滥用职权而受侵害的公民的保护人",受理公民对行政机关及其雇员的指控。

(二)组织机构与职责范围

丹麦仅设一名议会监察专员,由议会选举产生,任期为2年,可连选连任且没有次数限制,直至70岁退休。如果议会对他失去信任,则可予以解雇。议会监察专员向议会负责,但又相对独立,具体工作不受议会干涉。议会监察专员必须为法律毕业生,且不得为各级议员,不必有法官的经历。议会监察专员可以聘用和解雇自己的职员。目前,丹麦的议会监察专员办公室共有60多名工作人员,大部分是法律工作者。①

监察专员的工作完全独立于议会之外,不接受议会的投诉,政治上保持中立,不掺杂党派色彩。监察专员要向议会司法委员会报告工作,内容包括大要案处理决定,涉及须修改立法、行政法规及行政程序的案件,以及具有重大关系的行政错误和失职行为。监察专员的监察对象为中央政府和军队,包括部长、公务员,以及为国家服务的其他人员。监察专员有权调查任何公共活动,可以受理国家公务员有关个人聘用的投诉。但由议会通过选举而担任公职的人员、律师和法院工作人员不在监察之列。1961年修改后的《行政监察专员法》,将监察范围进一步扩展到地方政府,但对地方政府有独立决定权的事务则无权过问。

监察专员的工作与职责包括:第一,调查和处理具体案件,抵制不良行政。通过接受公民投诉启动调查,或者自己发起主动调查,对官员行为进行合法性、合理性审查并提出改进的建议,这构成议会监察专员最日常和最大量的工作。第二,提供建议、咨询,帮助政府改进不足。议会监察专员不光是和政府作对,很多时候,他会提出建议,帮助政府改进工作。"在公共管理中,监察专员不是一个

---

① 《2013年赴瑞典、丹麦、德国公民申诉制度考察报告》,国家信访局。

消极的旁观者,他最有资格和能力对行政行为作出批评,提供改进的建议。"①在丹麦,监察专员不仅监督官员的个人行为,同时也关注政府机构的行为,实现了全面的监督,可以说,丹麦监察专员不仅纠正了个案不公,而且推动了政府机构整体管理水平。②

《行政监察专员法》规定:"监察专员监督和处理被监察对象在执行公务中的任何错误和失职渎职行为。"监察专员可以就投诉立案调查,也可以主动开展调查。对于调查中发现有错误或不妥当的法律条文和行政规定,监察专员有责任向议会司法委员会报告,并通知有关部长,同时可以建议"维护法治和改善行政"的法律措施。

(三) 议会监察专员的职权

监察专员享有调查权、建议权、诉讼权,享有的职权与瑞典、新西兰相近。值得指出的是对于案件处理结果的是否公开,丹麦专员有一定的自主选择权,但一般情况下他们都会选择对社会公众开放。建议权也是丹麦监察专员经常运用的权力,通常情况下对于监察专员提出的建议政府部门都会采纳并作出改进。对于建议的执行问题,丹麦由司法委员会来负责监督政府机构的具体执行。

尽管丹麦的监察专员对某一案件或事件的建议或意见不具有任何法律上的约束力,但因其建议或意见通常都是以扎实的调查工作为基础,言之有理、证据确凿,被调查的行政机关就不得不接受,否则就会落个不好的名声,在民众心目中的地位也会大大下降。因此,自成立以来,其工作非常有成效,每年都会出一本厚厚的年度报告,对其一年来的工作进行总结,并对来年的工作进行规划。

(四) 议会监察专员的调查程序

每一个公民都可以向监察专员提出申诉,但申诉必须满足三个前提条件,才能被监察专员受理。第一,申诉行为的时效。第二,上一级行政机关能够改变的行政决定,在未决定是否改变之前,不能投诉。第三,受理当事人或与案件有直接利害关系的人提出的申诉。投诉必须以书面形式,且签字画押。

对于公民的申诉,监察专员首先的任务是决定是否应立案并调查。每年约

---

① Gerald E. Caiden. The Institution of Ombudsma. Gerald E. Caiden(ed.). International Handbook of the Ombudsman: Evolution and Present Function [M]. Greenwood Press, Westport Connecticut, 1983. 9.
② Hans Gammeltoft Hansen (ed.). The Danish Ombudsman 2005 [M]. Copenhagen: Folketingets Ombudsman, 2005. 227.

有一半的申诉因不同原因而被拒绝调查。但不是简单的回绝,而是清晰明了地向申述人说明拒绝的原因,并给予建议或是提供法律援助,帮助申诉人解决问题和维护合法权益。一旦立案调查,相关行政机关要提供文字说明给监察专员和当事人,如果双方的案件材料出入巨大,公署会进行深入调查。与行政法院一样,监察专员也是民众与政府机关之间的"冲突调解人",其保障了公民的合法权益也推动了政府部门的公正与廉洁。

三、对丹麦的监察专员制度的思考

可以说,监察专员是介于议会、政府和公民三者之间的一个对话机制、协调机制和制衡机制。对于不同的主体而言,议会监察专员的身份和职能是多样的:对于公民而言,他是贴心的护民官;对于政府而言,他是严厉的监察者;而对于议会而言,他则既促进法律实施,又间接参与法律制定。自20世纪70年代以来,议会监察专员在预防腐败、监察政府、推进善政和法治等方面发挥了独特的作用。

丹麦的监察制度为何如此成功并成为其他国家学习的样板呢?它究竟有何过人之处?用美国著名学者 LindaC. Reif 提出的评判一个监察专员机构是否成功的11项标准来审视,丹麦国会监察专员的成功经验可以归纳为如下几条:(一)国内民主政治发展成熟;(二)监察专员独立于行政机关;(三)监察专员管辖范围广;(四)监察专员权限大;(五)公众容易接近监察专员机构;(六)监察专员机构与其他机构实现了有机协调;(七)有充足的资金及人力保障;(八)监察专员机构具有很高的透明度和责任度;(九)监察专员的个人能力强、素质高;(十)政府对于监察专员机构的意见能作出及时有效的回应;(十一)监察专员对社会公众而言具有权威性。同时,丹麦国会监察专员制度在不断地进行着创新、改革和完善,持续探索更加高效、便民和实效的路径和方法。[①]

在我看来,监察专员制度之所以能在丹麦法律与社会发展中发挥积极作用,是以其制度设计的独特性为前提的。就其性质而言,监察专员的监督不是法院的司法性监督,不是议会的政治性监督,不是政府的行政性监督,更不是媒体和社会团体的民间监督。监察专员由议会选举,代表了议会,但其活动又是完全独立的;他的职权由法律予以保障,但其处理决定却没有法律效力;他的监督对象主要是政府机构,但他的调查开展及结论的执行又要依赖政府机构的合作。这

---

① 郑宁:《丹麦国会监督专员制度考察》,《团结》2010年第5期。

种种的特殊性决定了它在廉政建设中的效用。

相对于传统的权力分立及制衡体制而言,议会监察专员是一种新型的法律机制,议会监察专员的权力既不属于立法权,也不属于司法权,更不属于行政权,显然,这一制度是对西方传统的,三权分立模式的一种创新和改造。同时监察专员是一个把法律与人性巧妙结合的平衡机制。一方面,国家出台相应的法律制度,规定了监察专员的产生、职权,使其具备了完备的法律支撑;另一方面,通过选任一个人品、才学、能力、声望俱佳的专员,赋予其广泛的自由裁量权和争端的终局裁决权,让人性的良知、情感、能力得到最大的发挥,通过人的灵活性,弥补了法律机器的冰冷、僵化和低效。既严格按照制度办事,又容纳人文关怀和道德评判,这是监察专员制度的突出特点。

在我国,有的人抱怨身为监察机关,其监督因没有强有力的措施而无法真正发挥作用,这种说法虽有一定的道理,但比较丹麦国会监察专员的工作方式和成效,就会发现监督能否发挥其应有的作用和效果,法律上有相关的规定固然重要,但更为重要的是整个社会的执法环境和民众的认知水平。有了人人都尊重法律的执法环境,就算监督者的建议不具有法律上的约束力,其监督的功效还是有目共睹的。

四、对我国廉政工作的借鉴意义及启示

19世纪英国著名的历史学家阿克顿勋爵曾经说过,权力倾向于腐败,绝对的权力倾向于绝对的腐败。① 失去监督制约的权力必然导致腐败,这是被历史反复证明了的一条颠扑不破的真理。丹麦的议会监察专员制度以其自身的独立性、权威性的优势弥补其他监督救济机制的不足,有效缓解行政部门和公民之间的矛盾,并使公民个人的权利救济与行政监督巧妙结合起来,弥补法律的缺位,降低了公职人员从不良行政转变为违法乱纪的风险对丹麦的廉政体系建设起到了重要作用,同时其独特的制度设计和便捷灵活的运作模式,也为我国的廉政监督体系建设提供了有益的启示。

(一) 摸索建设"人大监察专员制度"的可能性

正如前文所述,丹麦的该制度是在国内民主政治发展成熟;监察专员机构与其他机构实现了有机协调;有充足的资金及人力保障等前提下发挥作用的;而中

---

① 阿克顿:《自由与权力》,商务印书馆2001年版,第342页。

国国情,国体与之大相径庭,同时我们的法律权威衰微,行政权力肆虐,腐败现象普遍,司法缺乏权威,社会陷入信任困境,所以我们没有与其相同的土壤和条件,不能马虎地照抄照搬,简单地设立"人大检察专员制度",而是应该以其为鉴,充分认识自身所存在的问题,并根据我们自身的情况慢慢摸索尝试,吸取其精华部分融入我们的法治建设体系,保证专员监督能够发挥其正常的功效。

首先可以组织理论探讨,寻找构建我国人大监察专员制度的历史文化基础、民众心理需要、技术支撑和法律依据,在此基础上,探索如何在相关制度的制约下保证专员的独立性、调查权、发布权、建议权等,同时还要理顺人大监察专员制度与其他监督救济制度的关系,以尝试建设有中国特色,符合中国国情的"人大监察专员制度"。

(二)考虑设立独立的专职反腐机构

监察专员制度成功的关键在于独立性,只有保证了独立性,才能让它真正发挥权利救济、监督行政的功能。增强监督机构监督的独立性,是我国进行监督机构改革的当务之急。为实现对行政权力的有效制约,就必须保证监督机构的相对独立性,在人、财、物等诸方面割断对地方党政的依赖性。因此,当务之急是将自省以下的各级监察机构独立出来,变目前的双重领导为中央自上而下的垂直领导:下一级为上一级的派出机构,主要领导成员由上级主管部门直接任命,不受同级党政领导节制。只有实行垂直领导,才有可能从制度上解决"同体监督"的缺陷,各级监察部门才可以坚持正义、挺直腰杆、理直气壮反腐败。

目前看来,设立专职反腐机构是可行之道。虽然我国也有相应的反腐败机构,但是数量太多,既有党内的也有行政的,既有经济的也有法律的,既有舆论的也有社会的,并且这些机构未形成合力,造成监督效能的低下,其结果可能出现乱监、滥监、空监、漏监,削弱了监督制约机制整体功能的发挥。在地位上也缺乏应有的独立性和自主性,存在监督机构受制于监督对象的情况,因此,我国应该更好地借鉴丹麦的经验,整合我国的监督机构。

(三)畅通信访举报渠道,营造全民反腐的社会氛围

丹麦国会监察专员的工作方式主要是调查案件和检查工作,其信息来源于民众的投诉和报章上的报道。这种工作方式具有很大的灵活性和自主性,调查什么案件、检查哪个单位的工作,都由监察专员自己说了算。在丹麦,积极发动群众参与权力监督,是监察专员获得成功的重要经验。

"廉者,民之表也;贪者,民之贼也",社会公众痛恨腐败,反对腐败,也是帮助行政监察机关监督官员抵制腐败的积极力量。因此,中国的行政监察工作必须重视和借助于群众的力量,要畅通信访渠道,保障公民的检举投诉权,要贯彻举报人保护制度,使群众敢于揭发,勇于监督,让腐败现象成为"过街老鼠,人人喊打";要扩大投诉举报渠道,公民通过信件、传真、电话和电子邮件均可以提出投诉,要及时反馈,对投诉是否受理、调查过程、处理结果及时与当事人进行沟通,尊重和保障当事人的知情权和参与权。

(四) 加强与媒体的互动与联系,保持监察工作的透明度

公开、透明是监督制度良性运行的关键。要做到公开透明就要充分发挥媒体的作用。丹麦的新闻媒体地位非常重要,被称为立法、司法、行政之后的"第四权力"。公众通过新闻媒体揭露腐败,监督政府的行为;媒体通过自主的新闻报道、转播、调查、评论,对政府官员行为操守进行批评监督。同时媒体对监察专员来说意义重大,它不仅使公民认识和了解监察专员的意义与作用,同时还可以及时报道监察专员的工作情况以及监察专员对一些事件的看法与意见,以使公民能够关注监察专员的工作进展,此外由于监察专员的决定对行政机关不具有约束力与执行力,监察专员需要借助于媒体的力量披露事实,以此给行政机关造成压力,从而迫使其主动改正违法或不良行政行为。

因此,中国的行政监察部门可以借鉴其做法,同媒体保持密切的联系与合作,案件处理过程及结果在不违反保密原则的前提下及时向媒体通报,年度工作报告通过媒体向社会公开,满足公众的知情权。实践证明,媒体的报道和公众的关注不仅可以帮助监察部门抵制外部干预,而且可以扩大监督效果,做到"查办了一个贪官,教育了一群干部"。

丹麦监察专员制度的成功经验启示我们,在全面深化改革、迈向民主和法治的转型时期,面对各地普遍存在的行政违法、权力寻租、官员腐败等问题,中国各相关部门应该根据国情,借鉴异域经验,找出问题,同时充分利用好自有资源,大胆推进行政体制和监督体制的改革,只有这样,才能"把权力装进制度的笼子",达到"使官员和干部不敢腐、不能腐、不想腐"这一党风廉政建设和反腐败斗争的重要目标。

探索自上而下与自下而上结合的反腐模式

——丹麦工业联合会反腐行动给我们的启示①

张 文

一、全球商界屡现腐败和不道德行为

  腐败是任何国家和社会都无法避免的现实问题,它存在于各种社会体制中,并不断以新的形态显现。腐败即个人或企业为了获得个人权益或政治利益而滥用公共资源,而与之相关的公务人员则违背政府规定的行为准则。腐败现象可能发生于国内社会,也可能发生于国际社会;可能发生于公共部门,也可能发生于私营部门,抑或发生于两部门之间。过去的文献已对腐败的种类进行了传统区分:一种是贿赂,包括回扣、小费、商业安排、酬金、好处费、报酬、润滑金等;另一种是挪用公款和性服务;还有敲诈、勒索、保护费或安全费、私下交易、礼品以及偏袒和裙带关系等。因此,腐败又可分为经济腐败和社会腐败,前者涉及钱财、物品交换,后者则涉及庇护、裙带关系或其他偏袒。腐败行为不仅是违法的,也是不道德的。

  在全球经济迅速发展的现代化进程中,商业腐败作为腐败形态之一已经引起社会广泛关注。商业腐败主要发生在企业与公职人员和权力部门之间。商业腐败普遍存在于世界各地。据透明国际②估算,每年仅仅与国际贸易和投资贿赂有关的腐败就相当于 900 亿美元;世界银行估算每年由于贿赂而给世界经济

---

① 本文曾刊于《学习与探索》2016 年第 4 期。
② 透明国际(Transparency International)即"国际透明组织",是一个非政府、非营利性、国际性的民间组织。"透明国际"成立于 1993 年,由德国人彼得·艾根创办,总部设于德国柏林。1999 年,透明国际推出 CPI(清廉指数或腐败印象指数),其研究结果常被权威国际机构反复引用。作为一个 NGO 组织,透明国际以推动全球反腐败运动为己任,今天已成为腐败问题研究中最权威、最全面和最准确的国际性非政府组织,目前已在 90 多个国家成立分会。

造成的损失多达 1 万亿美元。例如,在非洲"隐形腐败"①(Quiet Corruption)正在蔓延。据《非洲国家发展报告 2010》显示,超半数的非洲企业希望通过非正常支付"做成"事情,尤其在布基纳法索、刚果、几内亚、肯尼亚这些国家,近 80% 的企业愿意通过非正常支付获得政府支持。大多数撒哈拉以南的非洲国家企业都愿意通过非正常支付、送礼等手段获得政府官员的支持,同时这些企业也认为腐败问题是它们所面临的主要发展制约因素。对于非洲普遍存在的腐败现象,《经济学人》已经报道多起企业腐败案例。1996 年,莫桑比克最大的银行——莫桑比克商业银行深陷丑闻,在其私有化的前夜被掠去 1 400 万美元。另一案例是加拿大的阿克里斯国际公司以 26 万美元贿赂莱索托水工程项目的总监马苏帕·索尔,被莱索托法院判为贿赂罪。事实上,商业腐败现象并非局限于非洲大陆,它已在全球范围内蔓延。曾是美国最大的天然气采购商和出售商的安然公司因暗箱作业,利用财经审计的巨大漏洞进行秘密交易,这种"圈内人交易"使其最终深陷规模最大的破产深渊。一夜之间,这家被誉为"华尔街宠儿"的巨型公司轰然倒塌,其聘请的会计师事务所安达信也因安然案爆发的半个月内销毁相关文件而受到刑事调查,最后宣布倒闭。欧洲国家也同样遭受腐败困扰。据《经济学人》披露,近年来德国已经曝出了多起包括企业、官员和政客在内的丑闻事件,腐败已成为德国废物处理、建造、房地产以及制药领域的惯例。"现在只有傻瓜才会去抢银行赚钱"。德国巴登—符腾堡州的财政部长如是说。该部长所谈论的正是 2011 年夏天德国发生的逃税和假账丑闻。在意大利,8 位前总理和大约 5 000 名商人、政客被指控犯有腐败罪。

  腐败虽然已渗透世界各地,但在不同国家和地区会呈现出一定差异。丹麦是一个尤其值得关注的国家,这不仅是因为该国的高收入和高福利,更因为它的高度清廉。据透明国际在官网上发布的数据显示,2014 年全球国家清廉指数最高的是丹麦;更值得注意的是,自 2012 年以来丹麦已连续三年在全球国家清廉指数排行榜上位居首位。丹麦腐败现象虽然十分有限,但近年来随着资本、物品和服务流通日益自由,丹麦企业正走向国际化和全球化,它们不得不接触腐败的国际市场。在 2002—2003 年,丹麦著名的商业日报(*Dagbladet Børse*)曾开展了有关腐败的社会活动,该报的调查记者记录了丹麦企业在进行国际贸易时因

---

① "隐形腐败"一语来自世界银行发布的《2010 年非洲发展报告》,指前线工作者(老师、医生、监察员和其他政府代表)的各种渎职行为,这些行为包括可能被觉察到的离经叛道的行为(例如缺席)和难以被觉察到的行为(例如为了一己私利歪曲规则)。隐形腐败涉及一系列能直接影响受益者的交易,对家庭、农业和企业都造成了深远影响。

腐败带来的损失。调查显示，在 2000 年从事波罗的海地区贸易的 250 家丹麦企业中有 30% 的企业认为腐败是头等问题，南美和中东地区被认为是非常棘手的市场。因此，当下的丹麦既面临许多新机遇，但也遭遇许多新挑战和新风险，在此背景下，丹麦企业应加强应对腐败这一全球性问题。

二、丹麦工业联合会制定反腐准则

"如果公司能为明天的全球市场作好准备，它们一定有责任感并且能够理性关注当地和全球需求"，丹麦工业联合会总裁卡斯滕·迪布瓦如是说。丹麦工业联合会是一个民间组织，拥有国内制造业、贸易和服务行业范围内的 10 万多成员公司，致力于为丹麦企业提供最优条件以发展和提高企业总体竞争力，面对当下腐败的国际市场，丹麦工业联合会积极参与反腐斗争。对于丹麦企业而言，腐败通常意味着增加成本和投资风险，为此丹麦工业联合会于 2007 年发布《避免腐败——公司指南》一书，该书用语为丹麦语和英语，是 2002 年版本的升级版。该书强调，本指南的目的即向企业提供全面的介绍信息，以帮助它们为腐败遍布的市场竞争作好准备，而不必挑战自身的价值观以及违反丹麦法律与国际法律。在这样的宗旨下，该书提供了有关腐败的定义和信息，并论述了丹麦和国际反腐的法律环境，同时提供了与企业策略、反贿赂行为准则和反贿赂政策实施有关的观点和具体建议。从具体方面来看，丹麦工业联合会提出五项措施：（一）无行动；（二）奥德修斯行动①——从市场撤回；（三）分散决策制定过程；（四）建立反腐准则；（五）通过诚信互相承诺。

无行动。有时候不采取行动是完全合理的，这种情况往往发生在一些公司极少进入腐败市场时或者一些小公司比大公司缺乏协商权时。此外，如果一家公司没有成功执行反腐行动，那么公开的反腐行动反而会造成严重的后果，这家企业很可能会遭到公众的攻击，被指责缺乏行为示范。无行动的一个主要缺点是雇员或者代理人可能不经意地违反刑法，因为他们没有意识到其行为将构成腐败罪。

奥德修斯行动——从市场撤回。这一行动因希腊神话《奥德赛》中的奥德修

---

① 奥德修斯，希腊神话中的人物，是希腊西部伊塔卡岛之王，曾参加特洛伊战争。出征前参加希腊使团去见特洛伊国王普里阿摩斯，以求和平解决因帕里斯劫夺海伦而引起的争端，但未获结果。希腊联军围攻特洛伊 10 年期间，奥德修斯英勇善战，足智多谋，屡建奇功，他献的木马计使特洛伊城遭到里应外合被攻破。

斯而得名,奥德修斯将自己捆绑起来以抵制塞壬①的诱惑。同样地,企业可能会认为避免贿赂的唯一有效的方法是远离腐败市场。世界银行的证据显示,腐败程度与外商投资的数量呈负相关,这意味着企业往往不愿意在腐败市场上从事交易。例如,在腐败程度较高的中亚国家,其投资水平平均低于腐败程度中等的国家。

分散决策制定过程。一些跨国企业让当地企业决定反腐行动是否必要,虽然适应区域差异似乎合乎逻辑,但问题是根据丹麦法律,如果母公司对其子公司的行为视而不见,那么母公司必须承担法律责任。

建立反腐准则。企业必须建立反腐准则,准则的基本原则是指导员工在腐败市场中如何行动、保护公司及其员工、建立可监察的透明程序来避免错误和腐败的发生。

通过诚信互相承诺。政府当局与竞争企业建立诚信契约,该契约的原则是所有相关方面都应克制自身参与腐败。为了降低腐败发生的可能性,诚信契约还建立一套措施,致力于增加透明度、打击腐败以保护批发采购,建立书面协议以禁止代理人的腐败活动,同时对违约方进行制裁。随着更多的企业签署诚信契约,该契约的价值逐渐增加。在理想情况下,特定部门的所有企业都应该参加,但前提是可能的制裁必须是令人信服的。丹麦工业联合会制定的反腐准则主要从四个方面对道德行为进行调控:(一)企业与诸如代理商、客户、提供商等第三方会面;(二)礼品和招待费用;(三)政治竞选赞助;(四)打击小规模腐败的企业政策。

企业与诸如代理商、客户、提供商等第三方会面时,企业必须认清准则涵盖哪些主体,这些主体要承担多少责任以及违背准则要承担哪些制裁。依靠代理商(和供应商)很有可能出现问题,因为他们可能在一个腐败的市场中从事交易,并认为这是做生意的正常方式。如果需要代理商,企业应事先仔细审查代理商的名誉;了解本企业之前已聘请过的代理商的情况以及与他们的合作经历;并要求代理商遵守企业政策,这也意味着如果代理商做出不道德行为,那么合同将被取消。在有争议的问题上,一个好的建议就是在特定的区域内寻求法律顾问的援助。

关于礼品和招待费用。在大多数国家,邀请商业伙伴共同进餐或者赠送礼物是平常的事情,但是,礼节和腐败之间越来越难以区分,因此有必要建立一套

---

① 塞壬,希腊神话中人面鸟身的海妖,惯以美妙的歌声引诱水手,使他们的船只或触礁或驶入危险海域,从而使船员成为塞壬的腹中餐。

准则。礼品和招待费用不应违反对方公司的政策或者对方国家的法律；接受对方礼品和招待的企业在回馈对方同等价值的礼品和招待时亦是如此。此外，礼品和招待费用不应铺张浪费，给予业务伙伴的礼品决不能是一笔钱，也不能在暗中进行或在报价或谈判时提供。如果贸易伙伴给予礼品的目的是影响谈判的方向，则坚决不能接受。另外，礼品的货币价值不应超过企业政策规定的数量。

关于政治竞选赞助。企业在赞助政党之前必须决定这样做是否已经考虑周到。有些企业认为最好避免赞助，因为这样很容易使企业遭受批评。有些企业支持议会中的所有政党，如果一家企业决定赞助政党，理想的情况是通过企业总部进行以确保遵守反腐政策。

关于打击小规模腐败的企业政策。尽管丹麦刑法一般没有区分小规模腐败和大规模腐败，但是一些国外组织如经济合作与发展组织对其进行了区分，并认为如果不加以区分就不可能参与到商业活动中。在所有情况下，将贿赂情况记录在企业档案内极为重要，同时相关经理应被告知该事件。

三、丹麦工业联合会反腐行动给我们的启示

党的十八大以来，中共中央总书记习近平站在党和国家的高度全面推进党风廉政建设和反腐败斗争。在这项长期、复杂和艰巨的反腐斗争中，我们必须认真探索社会主义制度下的反腐倡廉道路，同时研究和借鉴其他国家反腐的有益经验。丹麦作为全球清廉指数最高的国家，其反腐经验值得中国借鉴。就丹麦工业联合会的成功反腐经验而言，我们可以得到两点启示：反腐工作需要自上而下和自下而上相结合，必须树立公民反腐的道德意识。

自2012年11月以来，习近平总书记大力开展反腐工作，在其领导下的反腐运动是一场集中的、自上而下的运动，中央纪律检查委员会在执行反腐任务时扮演着十分重要的角色。两年多来，中纪委向各省和大型国企派出大量巡视组，在被巡视单位内部发现诸多问题，并采取严厉措施，形成威慑力。中共中央通过一系列反腐措施和实际行动释放了强烈的反腐信号，展现了坚定的反腐决心。迄今为止，中国已在反腐领域取得重大进展，成果令人鼓舞。但我们也不能忽视这样的事实：反腐是一个极其复杂、缓慢和不确定的过程，它不仅需要自上而下的推动，也需要自下而上的配合，这种反腐模式在丹麦已经得以有效运行。丹麦的廉政首先得益于其完整的政府规范体系及其执法必严、违法必究的法制体系。维系丹麦廉政建设的最直接部门是由监察官组成的专职独立的反腐机构，监察官监督其管辖范围内所有行政官员履行职务的行为。同时，2008年出台的丹麦

刑法修正案明确规定向政府官员行贿和政府官员受贿均为犯罪行为,向外国官员行贿也被视为犯罪行为。此外,企业若出于商业目的为政府官员安排旅行、特殊服务以及赠送礼品,均属犯罪行为,即便被对方拒绝亦视为犯罪。除了完备的法律法规制度之外,诸如同业工会、丹麦工业联合会等非政府组织在反腐斗争中也扮演着重要角色。具有10万多成员公司的丹麦工业联合会在面对当下腐败的国际市场时,积极寻找反腐途径,应对全球商业腐败现象。丹麦工业联合会发布的《避免腐败——公司指南》一书为企业面对腐败遍布的市场竞争作了相应指导。然而中国缺少丹麦工业联合会这样完备的大规模非政府反腐组织,中国非政府组织体系发展也不够健全,大多依附于国际非政府组织,尤其缺少由工商业企业家组成的同业会、工业联合会这样的行业反腐组织,因而无法通过制定内部行规和商业道德准则来遏制商业腐败行为,维护公平竞争,这使得中国某些企业中普遍存在的商业性佣金、回扣、送礼、红包等贿赂行为没有受到及时的监督和制止。由于民间缺乏系统的反腐组织,加之中国行业自律性不强,商业健康发展条件不足,致使许多企业仍然自愿或被迫地走在政策和法规的边缘,有些甚至不惜冒险踩进腐败的雷区。非政府反腐组织的重要性不容小觑,它不仅能遏制商业腐败行为,同时还有助于加强公民反腐的道德意识。因此,非政府反腐组织应成为中国反腐斗争的重要力量。中国非政府反腐组织发展不足体现出中国公民社会反腐基础的薄弱,基层公民参与反腐工作的水平不高。与中共中央的反腐决心相比较,中国基层百姓缺乏反腐的公民道德意识和投身反腐斗争的积极性,这在一定程度上使腐败得以滋生和蔓延,从而导致靠关系、走后门、送礼、裙带关系等腐败问题层出不穷。反观丹麦,反腐作为国民的基本价值观已深入人心,清廉成为公民心中一条不可逾越的道德底线。

  丹麦公民对腐败的"零容忍"价值观与公民接受的反腐教育密切相关。以丹麦工业联合会这一非政府反腐组织为例,它重视对其成员的反腐教育,这也可以体现于其出版的《避免腐败——公司指南》一书中。该指南不仅对腐败和贿赂行为进行定义,强调商业腐败的严重后果,明确丹麦对腐败行为的立法和国际反腐公约对反腐问题达成的共识,而且列举了在商业活动中如何避免腐败的种种措施,包括对风险投资、代理和中间人的商业行为、内部监督建议等,并在此基础上制定了丹麦工业联合会的反腐准则。丹麦工业联合会对其成员公司的监督和教育,体现了它在反腐问题上的前瞻性和积极性,是公民反腐道德意识的具体体现,这种深入人心的反腐道德意识有助于反腐工作的全面开展。对于中国而言,党的执政基础在于人民,因而人民应该成为反腐败的主体,全体人民必须树立强烈的反腐意识和正确价值判断,意识到腐败剥夺了人民群众的根本利益和各种权利。公民社会反腐基础越是牢固,非政府反腐组织的发展能力就越强,商业市场的健康发展就越能得到保障。因此,唤醒公民的反腐意识,调动全民反腐积极性对于根除腐败具有重大意义。商业腐败具有极大的破坏性,它损坏民主和法制、破坏积极正确的价值观、侵犯人权、扭曲市场,对人类社会稳定和安全造成了有害影响。今天,商业腐败已经不再是局部问题,而是一种跨国现象,几乎所有国家无论大小和穷富都存在这一邪恶现象,特别是在发展中国家,腐败的影响更具破坏性。腐败对穷人会造成更大的伤害,因为腐败转移了本来用于发展的资金,破坏了政府提供基本服务的能力,助长了不平等和不公正现象,阻碍了外国投资和援助。中国作为发展中国家,应当特别警惕这一危害。丹麦工业联合会作为非政府组织的反腐经验向我们展现了一种自下而上的反腐模式,值得关注和重视。对于中国而言,反腐不仅需要党的领导这一坚强后盾,同时也需要全社会的广泛参与。非政府反腐组织作为一支卓有成效的民间力量,具有打击腐败的无限潜力。正如《联合国反腐公约》指出的:"各缔约国应当根据本国法律的基本原则在其力所能及的范围内采取适当措施,推动公共部门以外的个体和团体,例如民间团体、非政府组织和社区组织等,积极参与预防、打击腐败,并提高公众对腐败的根源、严重性及其危害的认识。"丹麦工业联合会的成功反腐经验不仅为我们提供了自下而上的反腐模式,同时让我们认识到借鉴他国有益反腐经验的重要性。

随着经济全球化和区域经济一体化的发展,腐败已走出国门,成为一种跨国犯罪行为,反腐已成为世界各国所面临的共同难题,需要各国之间的借鉴和合作。"预防和根除腐败是各国的责任,而且各国应当相互合作,同时应当有公共部门以外的个人和团体如民间社会、非政府组织和社区组织的支持和参与,只有这样,这方面的工作才能行之有效。"中国非政府反腐组织由于经验不足,有必要与国际非政府反腐组织建立联系,并汲取有益经验。总之,中国的反腐形势比较复杂,需要通过党对反腐工作的强有力领导和全社会的广泛参与配合,才能摸索出一条具有中国特色社会主义的反腐倡廉之路。

参考文献

1. LINDGREEN A. "Corruption and Unethical Behavior: Report on a Danish Code" [J]. *Journal of Business Ethic*, 2004, (1): 31-39.
2. Confederation of Danish Industries. "Avoid Corruption: A guide for Companies" [M]. *Ole Lund Hansen, Copenhagen: Confederation of Danish Industries*, 2007.
3. World Bank. *Africa Development Indicators 2010* [M]. Washington, D.C.: World Bank,

2010.

4. "Who killed the fly" [EB/OL]. (2002 - 11 - 21) [2015 - 09 - 29]. http://www.economist.com/node/1455373.

5. "Small place, big wave" [EB/OL]. (2002 - 9 - 19) [2015 - 09 - 29]. http://www.economist.com/node/1338833.

6. "Corruption in Germany: Too Much of It" [EB/OL]. (2002 - 02 - 14) [2015 - 09 - 30]. http://www.economist.com/node/1074498.

7. "Italy and Corruption: Is there less than before" [EB/OL]. (2002 - 02 - 14) [2015 - 09 - 30] http://www.economist.com/node/988054.

8. "About DI" [EB/OL]. (2015 - 03 - 08) [2015 - 09 - 30]. http://di.dk/English/AboutDI/Pages/confederation.aspx.

9. 联合国毒品和犯罪问题办事处. 联合国反腐公约[Z]. 维也纳：维也纳国际中心, 2004.

丹麦国家廉政体系建设及其对中国的启示[①]

胡 俊

依据透明国际每年度公布的全球清廉排行榜,丹麦自 2012 年到 2014 年已经连续 3 年蝉联榜首,被称为"世界上最清廉的国家",因此研究丹麦国家廉政体系建设,有助于我国借鉴国家廉政体系的合理思想,有效地预防和惩戒腐败,推动我国廉政制度的建设和完善,从而实现人民生活质量的提高和社会的可持续发展。

一、关于国家廉政体系的概述

透明国际(Transparency International,简称 TI)是一个专门以推动全球反腐败为目的的国际性民间组织。为了评估各国廉政建设和治理腐败,透明国际依据一系列实证调查和研究,在 20 世纪 90 年代提出建构国家廉政体系(National Integrity System,简称 NIS)。国家廉政体系被透明国际认为是能够最为有效地防范并最终阻止腐败的最重要的概念工具,它不仅提供一个理论框架来分析某个国家的腐败程度及腐败成因,还评估一个国家反腐败努力的有效性。因此透明国际大力推广国家廉政体系建设,促进了国际反腐败斗争的进程。

透明国际提出的国家廉政体系如同一座希腊神庙(见国家廉政体系图),由地基、主体和屋顶组成。神庙的地基是一个国家的政治、经济和社会制度与价值基础,也就是说,一个国家的政治、社会、经济和文化发展背景是培植这个国家廉政体系的根本基础。一般来说,政治较为民主、经济较为发达、文化较为保守的国家,它的国家廉政体系状况较好。只有地基稳固,制度性支柱才能够发挥支撑作用。神庙的主体由 13 根制度性支柱组成,每根支柱都是国家廉政体系的构成

[①] 本文曾刊于《学习与探索》2016 年第 4 期。

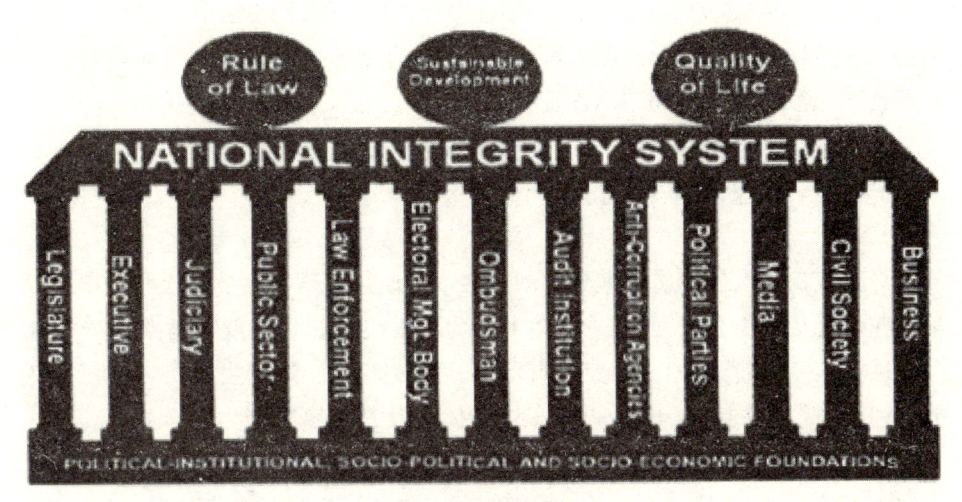

国家廉政体系图

要素,可分为三类,一是政府类支柱,有立法机关(Legislature)、行政机关(Executive)、司法机关(Judiciary);二是公共部门类支柱,包括公共部门(Public Sector)、执法机构(Law Enforcement)、选举管理机构(Electoral Management Body)、申诉专员(Ombudsman)、审计机关(Audit Institution)、反腐机构(Anti-Corruption Agencies);三是非政府类支柱,有政党(Political Parties)、媒体(Media)、公民社会(Civil Society)、商业组织(Business)。[①]

13根制度性支柱撑起国家廉政体系这一屋顶,而且每根支柱都必须有足够的强度和能力,任何一个廉政制度支柱的缺损都会严重导致整个廉政体系的不足,因为这些支柱之间是相互制约、依赖和影响的。如果某根支柱的支撑力较弱,那么它的负重就会转移到另一根或几根支柱上,必然加重其他支柱的压力,如果有好几根支柱的支撑力都很弱,那么国家廉政体系的神庙屋顶就会面临倾斜或倒塌的危险。神庙的屋顶上放置了3个圆球:生活质量、法制、可持续发展。只有国家廉政体系的神庙屋顶保持整体平衡,3个圆球才不会滚落下来。可见构建稳固、平衡的国家廉政体系的直接目的是反腐败,但最终目的是实现人民生活质量的提高、国家法制建设的完备、社会的可持续发展,从而在国家职能方面达到良治。

[①] SLINGERLAND W. National Intergrity System Assessment Netherlands 2012[EB/OL].(2012-05-14)[2015-06-17]. http://www.transparency.org/whatwedo/publication/national_integrity_system_assessment_denmark_executive_summary.

透明国际认为,一个国家不论采用什么样的社会制度,处在什么样的发展阶段,腐败的程度多么严重,构建国家廉政体系对于加强反腐败斗争都具有适应性和普遍性,这是医治腐败的有效途径,也是国际社会反腐败思想的结晶。

二、丹麦国家廉政体系的基本情况

丹麦被视为世界上腐败最少的国家之一。通过贿赂得到社会福利和服务的案例在丹麦几乎不存在,丹麦人总体上认为丹麦机构和官员没有腐败。2012年丹麦透明国际(简称 TI-DK,透明国际在丹麦的办事处)首次发布丹麦国家廉政体系评估报告,描绘出一幅丹麦国家廉政体系及其反腐败能力的全貌图。该报告不仅提供了对丹麦国家廉政体系的整体反腐潜力的综合分析,同时也描述了支柱之间的互动,评估了廉政体系的稳健性及其长处和短处,突出研究了为什么一些支柱比其他的更强健,以及它们是如何互相影响的。

这项研究报告的结论是:丹麦国家廉政体系是"健康"的。我们可以从丹麦国家廉政体系的"神庙结构"看出丹麦的廉政体系十分坚固。国家廉政体系神庙结构中的支柱总体都是强劲的,没有任何一个支柱被评估为真正薄弱。这主要是由于公共行政的强势文化,所有的公共机构,以及一些私营公司在工作中都拥有高度的透明度,获取机构信息十分容易,机构通过更新网站呈现丰富的信息。因此,丹麦廉政体系拥有高透明度的特征。而且各种执法机构都被认为是十分强劲的。警察局、检察院和法院都被认为是享有较高公民信任度的有效机构,而且这些机构在实践中都是独立的立法机关和执行机关。其他一些协助立法机关和执行机关的机构,如国家审计办公室和议会监察员也被评定为是有效运作的,在能力、管理和作用等方面都表现卓越。值得注意的是,丹麦廉政体系的最大弱点便是政党。相比较于其他一些国家,丹麦对于政党和议会候选人的私人赞助方面拥有相对较少的透明度。这个领域的立法显得不够充足,而且造成几种规避公开捐助的要求的可能性。作为一个出发点,所有给政党的私人捐款,超出2万丹麦克朗(3 608.41美元)必须公开,但也有各种保持匿名的可能性,捐款人可以通过基金会捐款或者如果他们向一个或多个地方党组织捐款少于2万丹麦克朗(3 608.41美元),他们可以选择匿名。另外,私营个体候选人向议会和政党成员提供资金不受任何非税收法规限制[①]。换句话说,在关于个体候选人的财政

[①] Group of States Against Corruption (GRECO): Evaluation Report on Denmark on Transparency of Party Funding, Third Evaluation Round, 2009, samt interviews med Roger Buch og Jørgen Elklit.

报告和透明度方面的法规监管不够严格。

三、丹麦廉政体系建设的主要经验

丹麦等北欧国家治理腐败的成效远远超过了英、美、法、德等国家,丹麦的经验证明多党选举、三权分立并不是制约腐败的唯一良方,因为丹麦是社会民主党长期一党执政,又是君主立宪制,不属于严格意义上的西方自由主义的民主体制,已经不能用议会、政府、司法等三权来概括它的政治体制和监督机制。丹麦等北欧国家保持廉洁高效,主要是建构了以综合治理、预防教育为特征的现代国家廉政体系,它以合法、公开、透明、责任为基础,建立了检查官制度等新机制和机构,在新的领域和范畴对三权实行重要监督,形成了社会团体、大众传媒等新的、重要的社会制衡力量,制约了三权运作的空间,同时靠一种讲究公平的社会价值理念和以贪为耻的国民自觉,确保公共机构接受公众监督,保证国家和社会的健康运行。

1. 严格的法制体系

丹麦拥有一个建立在严格法律法规上的运作良好的司法体系,在法律面前,人人平等。法律制度成为丹麦社会对抗腐败的最主要工具。这个体系的根基建立于1849年6月5日,丹麦颁布了第一部宪法并成为了一个民主国家。在那之前,丹麦是封建的君主制度国家。1849年6月丹麦颁布的宪法中对权力的分割,促成了独立的司法机构的建立,并对立法和行政进行监督,这对建立一个有效的反腐败机制有着巨大的意义。丹麦的刑法不仅对受贿,还对行贿进行严格规定,2000年开始把犯罪范围扩大到行贿外国官员。针对反政府腐败和反商业腐败,2008年11月,丹麦出台了刑法修正案,对行贿行为进一步作了明确,将向政府官员行贿和政府官员受贿行为视为犯罪,规定企业若出于商业目的为政府官员安排旅行、特殊服务、赠送礼品,哪怕被对方拒绝亦视为犯罪。丹麦甚至还制定了"零容忍政策",禁止国内公司在海外实施商务行贿。由于有一个真正独立并有效的司法系统对政府和立法进行监督,对贪污腐败的零容忍成为了丹麦的民主传统,并且深深扎根于丹麦社会和丹麦人的心中。

2. 透明的制度运行

丹麦的政党政治十分透明:(1)拥有公开的现代公务员制度,占职位多数的事务官由考试录用,不受政务官更迭的影响,而占职位少数的政务官通过选举由党派轮流充任；(2)法律规范了政党筹款制度，规定个人向候选人捐款有明确限额并且必须向全社会公开，还规定按照全民投票得票数量的多少对政党进行补贴；(3)行政政务公开，主要体现在政府信息公开和政务运行公开，丹麦政府各部门不涉密的报告、法规文件，官员的收入、缴税信息都是公开透明的；(4)政府每年发布预算白皮书，让国民能够了解所有公共资金的分配和使用情况。在经济方面，丹麦的市场经济体制十分规范，政府对企业的行政管制相当少，如行政审批项目非常有限，再如公共服务实行政府采购和招投标制度，导致资源配置充分市场化，这样使得政府部门难有设租寻租的机会。

3. 独具特色的监察官制度

丹麦政府设立的监察官是由议会选拔任命，并直接对议会负责，专门听取公民对政府部门工作成绩或过失的意见，调查公务员是否存在贪污腐败，处理公务员的过失行为或舞弊事件等。在丹麦，任何人都可以直接同调查官接触，哪怕是执行某个决定的程序不正确，丹麦人都可以向调查官投诉。这项监察官制度的主要职能就是以非司法手段纠正违法不当的行政行为，从而保障公职人员依法行政。丹麦的监察官制度已实行60余年，保障了公民的合法权利，保证了民众免受政府部门的不公正待遇，有效减少了官员的腐败现象。

4. 规范的审计制度

丹麦有一个独立的机构——国家审计局，所有的公共部门都必须公开他们的预算和开支情况，由国家审计局负责对这些预算和开支进行调查、研究，检察是否有违规和滥用的情况发生，并把相应情况上报给丹麦议会，这样使得公共财政、公共开支得以透明化、公开化，将权力运行在阳光下。此外，所有的公共开支信息也会在互联网上公布，以供民众进行监督。

5. 完善的财产申报制度

税务部门负责统计国内全体公司和个人的财产，并对其作出经济价值评估。全体公司和个人，包括公务员在内，都必须如实申报，相关部门不会允许任何瞒报的事情发生，住房、财产、土地都经过所有者注册，个人要想隐瞒某处财产、土地或其他资产几乎是不可能的事情，如果有官员想要获取任何便利或得到区别对待都非常困难，因此税务部门对政治人物和公务人员的财产状况了如指掌，从而有效避免了贪污腐败情况的发生。

6. 完备的反腐监督体系

丹麦除了议会监督、政党监督，还有强大的媒体监督，以及社会团体和民众监督，形成了强大、多元、独立的监督体系，使得各项廉政制度都能够得到严格执行。丹麦正因为制度严密，监督严厉，不管你是任职于公共还是私人机构，如果想要浑水摸鱼，不是件容易的事，至于丹麦官员，那就更是不敢蹚入腐败浑水。丹麦人普遍认为反腐败不仅是议会、政府和司法的事，更是全社会的事，社会团体和民众都有很强的监督意识。同时，丹麦等北欧国家现代化程度高，全体国民在追求平等和社会公正的民主社会主义观念主导下，把对政府官员的监督当作是一项应有的权利和义务，积极参与社会组织，参与社会监督。比如丹麦等北欧五国都有透明国际组织的分支机构，由社会各阶层热心反腐败的优秀人士所组成，以非政府的形式积极参与反腐败工作。当然，丹麦政府把政务公开和透明当作一种防止滥权和腐败的重要机制，这也为公众参与监督奠定了基础。

7. 优越的社会保障制度

丹麦的廉政制度是多方面的，有的国家制度设计的初衷并不是反腐，但是实际上却起到了防腐败的功效。丹麦拥有世界上最公平的收入和财产重新分配制度，以高税收的手段来实现全体国民的高福利，不仅确保了社会的公平正义，更使得一般国民都能够拥有相对较高的生活水准。而且丹麦实行"高薪养廉"，公职人员的薪金、养老金水平都非常高，有效地减少了为提升生活质量的"谋生型腐败"的发生。同时，公职人员相对的高薪使得其腐败行为代价相对较高，腐败成为高风险无回报的行为，将腐败的边际收益降为零，因此丹麦国民腐败动机相对减弱，这最大限度地减少了腐败案件发生的可能性。

8. 全面的反腐与廉洁教育

通过反腐败教育，清廉成为丹麦人心中不可逾越的道德底线。在丹麦，反腐败教育由道德教育、廉洁教育和法制教育构成，这些是学校教育的重要组成部分。丹麦除了在学校教育中注重反腐败教育，在职业教育、行业自律中也大力实行反腐败教育。尤其对于公务员系统，丹麦更加重视廉政教育，年轻大学生一旦进入公务员系统，有关反腐败教育的培训便接二连三，使他们明了"腐败"的界限，以免失足到贪污腐败的犯罪危险中。丹麦在普遍重视培养整个公务员队伍职业道德和操守道德的同时，还突出了执法系统的廉洁自律教育。此外，丹麦还非常重视针对企业人员的廉洁教育，政府每年都会花费大量人力、物力、财力对企业员工进行反腐败教育，加深他们对腐败危害的认识，以避免他们在进行商业活动时向官员行贿，并教导他们如何应对腐败环境，包括海外企业的环境。因此，丹麦企业都非常遵守制度和规则。

9. 廉洁的文化理念

在这种平等的社会中，机会均等的社会制度设计使得社会上升和流动渠道畅通，因此丹麦的土壤中很难滋生腐败。在丹麦，任何事情都是按照规章制度来办，如果有人琢磨着走后门或者送礼，反而会导致事情办不成。因为丹麦人会这样考虑：为什么要送礼，是不是本身有问题，所以才想到用送礼这种方式。于是丹麦人反而会因此加长审核时间。丹麦人的这种思维逻辑与国民公平、平等的理念息息相关。在丹麦有句常用谚语，即"不要认为你有什么特殊，你和我们每个人都一样"。

四、丹麦经验对中国反腐斗争的启示

我国可以借鉴丹麦反腐的成功经验，建构高效、完善的国家廉政体系，依据事先的制度性预防和惩罚，改变原先滋生腐败的体制土壤，使得腐败变成高风险、低回报的得不偿失的行为，对腐败进行科学治理。

1. 我们对于反腐败要有系统思维和全局观念

国家廉政体系是依靠系统、整体推进的方法来解决腐败问题的。反腐败的针对目标不应是公职人员个人，而是公共权力。因此中国的反腐败活动，不能过分依赖于通过少数贪官的发现、查处起到惩一儆百的遏制效应，而是必须对反腐败机制的缺陷进行综合评估，通盘考量诱发腐败的制度漏洞，着手于系统的国家廉政体系建构。

2. 加强人大在反腐败中的作用

人民代表大会制度是中国的重要立法机关，是中国国家廉政体系中的根本性基础，不仅行使修改宪法、制定修改基本法律，选举国家及地方各级人民政府、司法机关领导人员等重要权力，还审查、批准政府的财政预算和决算，对政府支出结构进行控制和监督。但目前各级人民代表大会并不是一个常设的机构，人大代表不是专职人员，还存在人大会期短、议程多的情况，缺乏对财政预算进行专门审查的时间和精力。而且各级政府、各类机关财政执行相对随意，特别是大量体制外资金的混乱运作，可见目前的预算体制对政府的约束是有限的，成为滋生腐败的重要源头。因此,在中国廉政体系建设中,必须重视各级人大对政府财政预算的审核、批准和监督的作用,促使公共财政进行透明、公开的运作。另外针对人大自身,要加强有效的约束机制,如人大代表的收入申报制度、廉洁问责制度等,还要加强人大代表与人民的沟通,从而真正代表人民的意愿。

3. 提高公共部门的公开透明度

如果没有有效的信息公开机制,国民很难对政府进行监督。比如在信息不对称的情况下,或者在信息不公开的情况下,国民不仅很难对政府行为提出实质性的质疑,而且政府也很容易找到借口来驳回国民的意见。公共部门的总体透明度不高的情况,制约了对公共权力的约束和监督,这也是中国公共部门提高廉政水平的主要障碍。因此我们需要出台一系列政策和举措来提高公共部门的透明度,推行政务公开,使得公共权力没有寻租的空间,让权力运行在阳光中。

4. 提升审计机关在反腐败中的独特地位

在丹麦的国家廉政体系中,审计机关具有重要作用。然而,我国审计体制是1983年才建立的,主要隶属于同级行政机关,缺乏应有的独立性,地位相对较低,无法有效地对行政机关进行严格审计,再加上预算投入不足以及审计人员不专业等,都限制了审计机关的办案能力,审计结果也就很难具备权威性,导致审计机构的作用难以有效发挥。因此,我们需要提高审计机关的地位,使之独立于行政机关之外,直接对立法机关负责,同时享有独立的预算和人员编制,从而使得审计机关能够真正做到对公共财政运行情况进行审核把关,进而在反腐败中发挥独特作用。

5. 发挥民营经济部门在反腐败中的作用

民营经济部门是制约公共权力的重要社会力量。改革开放以来,我国的民营经济部门逐步发展起来,然而目前中国民营经济部门对腐败问题的关注度还比较低,内部也缺乏社会责任意识和比较有效的廉洁机制。民营经济部门往往是腐败行为中的需求方,他们会采取商业贿赂等不正当竞争手段来谋取商业利益,甚至利用腐败来谋求超额利润。这样导致我国的民营经济部门不仅未能成为制约腐败的重要力量,一些情况下甚至助长了社会中行贿盛行的不正之风。民营经济部门对于腐败的态度往往对社会腐败水平产生直接影响。因此我们既要采取积极措施保障民营经济在市场经济中与国有企业平等竞争的权利,同时也要加强针对民营经济部门的反腐败教育,加大对民营经济的监管力度。

如果我们从国家良性治理的大视野中思考中国反腐败问题，那么就需要完善制度设计，消弭滋生腐败的制度漏洞，促进我们的国家治理模式向透明化、廉洁化方向发展，使得国家走向良治，即政府合理运用公共权力，公平分配公共支出，有效利用公共资源，增进和扩大公共福利，整个国家权力运行、管理体制处于高效、公平、透明状态。我们要让社会整体的清廉，成为国民幸福的保证。

丹麦反腐败体系、政策和行为准则对中国的启示[①]

赵红军 杜其航 胡 敏

一、引言

　　十八大以来,新一届中央在反腐败方面的所作所为受到党内外、国内外的普遍关注。首先,着力修订和颁布实施有关党纪法规的制度体系,构建反腐败的制度和法规体系。比如,2012年,《中国共产党章程》进行了重新修订,2013年12月31日出台了《中国共产党纪律处分条例》,2015年8月3日,又对2009年7月2日印发的《中国共产党巡视工作条例》进行了修订并重新印发全党,并开始在全党实施。此外还对原先存在的《中国共产党党员领导干部廉洁行政若干准则》(2010年1月18日)、《中国共产党纪律处分条例》(2003年12月31日)、《中华人民共和国行政检查法》(2010年修正)重新颁布,着力建构系统全面反腐败的党纪法规制度体系。

　　其次,在如上的党纪法规制度建设的基础上,还开始强化对纪律审查的力度和广度,强化巡视工作的制度性和规范性,加强对各类违反党纪法规、违反"八项规定"、违反领导干部廉洁从政规定以及各类利用职务之便违反纪律等行为进行监督和曝光的程度和频率。有关针对国家机关、中央企业的巡视无论是从巡视的地区省市范围、巡视频率还是巡视的深度和详细程度等都比以前大大增强。此外,还编制了反腐败、追逃的国际合作网络,强化对腐败官员的追逃、对赃款的追缴等行动。

　　笔者认为,新一届中央政府在反腐败方面的成绩和作为有目共睹,也得到了全国人民的广泛支持和欢迎。如今中国的反腐败还在路上,反腐败斗争的形势

---
① 本文曾刊于《学习与探索》2016年第12期。

依然非常严峻,各种违反党纪国法的现象还时有发生,且越来越隐蔽和高明。因此,我们在着力进行中国特色的反腐败制度、纪律、党纪法规建设,强化反腐败侦查、监督、曝光的同时,也应该借鉴国际反腐败先进国家在制度体系建设、反腐原则和行为规范等方面的经验和做法,从而才能更好地推动党风廉政建设,取得反腐败斗争的更大胜利。因此,本文系统介绍全球最为廉洁的国家——丹麦的反腐败历史之路、全面反腐制度体系、反腐败原则和行为规范,并给出其对我国反腐败的若干启示。

二、丹麦的反腐历史之路

《透明国际》2013年12月3日公布的《2013年度全球腐败指数报告》中,丹麦和新西兰并列第一名,成为全球最清廉和最幸福的国家。事实上,这并不是丹麦第一次荣登清廉指数排行榜的榜首。在1995年以来历次的全球清廉指数排行榜中,丹麦曾经多次荣登榜首。丹麦为什么能获得世界上最为廉洁国家的称号,原因是多方面的,但有一点是不可忽视的,那就是这个国家在历史上所拥有的统治、国家建设、行政和法律传统,为这个国家今天反腐的成功奠定了非常坚实的基础。

比如,1660年之后,丹麦就引进了许多反腐败的机制和措施,包括建立法治社会和重点培养忠于国王和国家的公务员队伍。尽管一开始这些条件是为了巩固丹麦君主专制的霸权地位,但这些条件也被作为国家建设的一部分而逐步建立起来。(一)公务员要绝对效忠于国王,他们的官职无论有多高多低,但都要忠实地执行国王的命令;(二)丹麦在一定程度上借鉴了韦伯的官僚主义模型,一方面国家不断引进那些能够改变公务员工作条件的法律改革;另一方面,国家也采取了很多确保弊政最小化的法律和监督举措,这样就有效地将丹麦的行政管理转变成为韦伯式官僚的理想境界。

在具体的政府和行政管理部门改革的过程之中,国王、政府主要是在以君主为中心、法律统治为基础的高度等级的体系下,重新组织了政府和行政管理部门。为了巩固刚刚形成的绝对王权,丹麦国王剥夺前任政治权力中的贵族身份。1660年之后,等级差别逐渐变小,所有公民都被视为在国王的绝对统治下拥有同等的地位。与此同时,贵族在土地拥有、民政管理方面的高级官职和军事服役方面的垄断均相继被废除。1660年之后的第一代君主,运用他们的权力任命官员,改变皇家官员的组成,亲自建立与国王紧密联系的行政管理部门①。

王室工作者或者公务员要想得到职位,就必须亲自向国王宣誓忠诚,并承诺按照国王的法律和规定履行职责。按照规定,公务员必须诚实、勤劳、勤奋,无时无刻不为国王尽忠职守,确保国家的财富安全。到了17世纪末期,诸如贿赂、挪用公款和欺诈行为被定为刑事犯罪。尤其对公务员而言,国王向他们下达了大量越来越细致的如何执行行政管理的指示。

1736年,哥本哈根大学的入学考试中就设置了法律考试,同时决定未来的法官必须拥有正式的法律学位。法学院的设立目的是提高官员的技能和丹麦整个社会的法律知识。自此,法学院的毕业生就逐渐占据了行政管理岗位,从而促进了丹麦公务员队伍的专业化。

到了19世纪初期,一系列新的改革方案相继出台,比如,1803—1830年,国家建立了针对公务员账目的详细控制,1840年,完成了私人和公共账号的分离,1850年,提高了公务员的薪水,使之成为富裕的中产阶级,1849年,丹麦的宪法保障了公务员的养老金。此外,还有谴责公务员不道德行为的法律和行政改革措施,使得按照法律工作并取得养老金更值得让人信赖,而不是通过腐败手段增加收入,这就使得丹麦的行政管理更加接近韦伯所描述的理想的官僚模型。

三、丹麦全面反腐体系和制度建设

丹麦的反腐败重在体系和制度建设,在教育体系中植入廉洁因素,旨在造就人们的清廉意识,防患于未然;而完善的司法体系,旨在扩大反腐败的司法宣传,造就"不能腐"的法治网络,而国家廉政体系,旨在构建反腐败的廉政网络,造就丹麦最廉洁国家的监管体系。

(一) 系统的反腐败教育体系

在丹麦人看来,风清气正、没有腐败才是正常的政治和社会现象,在他们的文化中似乎就没有送礼、走后门、贪污这些腐败的概念,清正廉洁很自然地就形成一种社会公德。如此良好社会意识的形成当然离不开丹麦强大而透彻的教育体系在这方面所发挥的积极作用。

丹麦的学校非常重视道德、廉洁和法治教育,而且这一教育一直贯穿从孩子

---

① http://corruptionresearchnetwork.org/acrn-news/blog/the-question-of-how-denmark-got-to-be-denmark-2013-a-historical-pathway-of-fighting-corruption.

刚开始认识和了解社会的小学到真正长大成人并走向社会的大学教育的全过程。在这十几年心智成长的过程中，也是在人生观、价值观形成的关键阶段，政府不断地以法治观念、道德培养、廉洁教育熏陶与打磨每一代人，其目的就是使道德观念、廉洁和法治意识深植于每一个国民心中。除了在学校阶段的相关教育，步入社会，进入工作岗位，政府还更具有针对性地进行了相应的廉政教育。年轻学生大学毕业初入公务员系统，便会接受各种廉政相关的培训，使他们更加清楚在自己将要面临的岗位上腐败的界限，明确什么是合法的，什么是不合法的，什么该做，什么不该做。丹麦公众对于腐败清楚的认知，以及反腐意识的牢固树立当然离不开这样系统的教育与培训。

　　丹麦政府也高度重视教育体系本身的反腐败建设，针对性地制定了一系列完备的政策，从而保证了丹麦教育体系的高效和清廉。（1）监察官机构对教育体系形成了有力的监督，监察官受理投诉，对高校董事进行独立调查。（2）大学机构也是丹麦国家审计委员会办公室重要的审计对象。审计办有20多人专门负责对大学的审计工作，审计方式包括财政审计和效益审计。（3）除了外部审计之外，大学董事会也要雇用有执照的会计所作为内部的审计机构，这有效地减少了丹麦大学的腐败。（4）丹麦的科技创新部代表政府对大学实施管理和一般性监督。为达到对大学有效管理的目的，丹麦科技创新部代表政府与大学签订合同（3—4年）并监督合同的执行。合同的主要内容为大学的战略目标、发展重点和发展规划，大学每年要向部里报告合同进展情况。（5）丹麦大学的经费由政府提供，为使拨款产生最大效益，政府为大学建立了"出租车跳表体系"。以教学为例，教学的跳表体系根据学生活动表现，以通过考试率和毕业率为标准决定拨款额。这种拨款体系具有竞争性，使大学和学生更具竞争能力，促进大学合同效益的落实。

（二）完善的反腐败司法体系

　　丹麦的司法体系奠基于1849年6月5日，当时菲德烈七世国王颁布了丹麦第一部自由宪法，通过它建立了君主立宪制并宣告丹麦成为一个民主国家。这部宪法还对司法机构、立法机构和行政机构的权力进行了明确划分，规定独立的司法机构对立法机构和行政机构进行监督，正是这样的三权分立，有力地制约了权力的滥用，并对之后建立一个有效的反腐司法体系具有巨大的意义。在此后的历史发展进程中，丹麦逐步建立了《刑法典》《公共资金法》《公务员行为规范》等一系列涉及反腐的法律法规，并不断改进和完善司法体系的反腐败能力建设。

　　丹麦《刑法典》和国际公约里对腐败这样定义："滥用权力以谋取个人私利。"

丹麦将腐败划分为三个级别：发生在公民个人与公职人员和权力部门之间的个人腐败；发生在企业与公职人员和权力部门之间的商业腐败；发生在较高级别公共管理和政治层面的政治腐败，并对于不同等级的腐败具有相对应的明确法律界定和量化刑罚标准。

《刑法典》中对个人受贿行为的相关条款中规定："丹麦、国外或国际上的政府官员毫无根据的接受、要求或被承诺礼物或其他好处，应当重则被判处有期徒刑上至 6 年，轻则罚款"。为了更好地从源头遏制贿赂行为，《刑法典》还对个人行贿行为作出了相关规定："任何毫无根据的赠送、承诺或提供给工作在丹麦或国外的政府部门官员礼物或其他好处，以引诱其滥用职能做或不做一些事情的行为都应当接受罚款或 3 年以下有期徒刑"。具体明确的法律规定配合高度透明的行政体系，使得丹麦的腐败行为无处遁形，再加上政府的"零容忍政策"，最大限度地保证了法律的绝对实施，使腐败行为代价高昂，这就使得腐败在丹麦这样一个人均年收入 37 300 美元的超高福利国家变得不值得也没有意义。

除了本国以宪法和《刑法典》为核心的相关反腐法律外，丹麦作为欧盟成员国，还接受了一系列的国际法规来反对与惩罚腐败行为。2000 年，丹麦认可了欧洲委员会的《欧洲委员会反腐败公约》，开始全面打击国内外公共及私人领域的官员及共犯的腐败行为；2002 年，丹麦通过了经济合作与发展组织的"国际商业交易中反对外国官员腐败公约"，开始在全国采取措施惩罚并有可能起诉贿赂国外官员的人；2003 年，丹麦签署了《联合国防腐败公约》，不仅对国内外官员的腐败行为定罪，还对私营部门及其中的共犯腐败行为定罪。随着欧盟范围内乃至全世界范围内对抵抗腐败力度的加大，丹麦也更加完善自身法律体系，与世界各国加强协作，最大限度地遏制腐败行为的发生。

（三）健全的国家廉政体系

丹麦国家廉政体系构成类似于一个神庙结构，见丹麦的国家廉政体系图所示[①]。

由立法、政府部门、司法、公共部门、执法机构、选举管理机构、监察官、最高审计机构、政党、媒体、社会公众和商人分别构成各大支柱，各支柱都充分而有力地发挥着自己的作用共同支撑着国家的廉政建设。在整个的丹麦国家廉政体系中，除了完善的司法和有力的执法外，下面重点介绍以监察官制度为主导、结合

---

① 参见清廉国际工作论文 http://www.transparency.org/whatwedo/publication/national_integrity_system_assessment_denmark_executive_summary.

丹麦国家廉政体系

立法 | 政府部门 | 司法 | 公共部门 | 执法机构 | 选举管理机构 | 监察官 | 最高审计机构 | 政党 | 媒体 | 社会公众 | 商人

丹麦的国家廉政体系图

媒体监督与公众舆论所共同构建的监督机制所发挥的强有力作用。

1. 丹麦的监察官制度

该制度确立于1955年,旨在保证民众免受政府部门的不公正待遇。监察官由议会选举产生,在议会的支持下工作,只对议会负责,且独立行使职权时,议会不得干涉。监察官的主要工作包括:接受公民投诉并展开调查;从媒体等其他渠道获取信息,对认为需要调查的事项展开调查;定期实地考察监狱、儿童收留所、精神疾病医院等一些弱势群体集中的机构,以确保他们的基本人权等。任何人只要对政府行政或官员个人行为有质疑都可以直接向监察官投诉,可以从丹麦的任何地方乘4个小时火车到达哥本哈根直接与监察官接触,也可以通过写信或电话与监察官联系。监察官每年会收到5 000件左右的投诉,对其进行充分的调查分析,并及时给政府或个人以可行的处理建议,由于监察官的特有权力加上丹麦的强大传统,一般情况下政府都会遵循监察官的建议作出响应。因此监察官制度是一个让政府纠错的强力工具,很好地起到了监督政府行政、保证社会公正的作用,也就最大限度地控制了腐败行为的产生。

2. 在丹麦社会对腐败行为的监督中,媒体扮演着核心作用

丹麦廉洁的社会文化使得民众对于腐败行为深恶痛绝,媒体从业人员更是对腐败行为保持高度的敏锐性,对公共部门毫不客气地进行监督披露,只要公务员有丝毫的出轨,媒体就会敏锐发现并且大肆报道,在全社会迅速掀起舆论浪潮,从而对官员腐败形成强大威慑。丹麦文化大臣的"裙带门"事件就是媒体强大社会监督效应的体现。

3. 除了来自社会各界严格而严厉的监督以外，政府部门、公共部门、政党及选举过程主动的信息公开和透明也构成了丹麦国家廉政体系的重要环节

法律法规的有效实施和全国范围的有力监督都需要及时准确地获取政府行政和公职官员的财务信息，也就是以高度的行政透明为支撑。丹麦政府向所有公众提供随时调阅档卷的服务，民众可以根据需要查看相关行政信息，审视政府施政优劣。丹麦政府部门的预算首先要得到财政部认可和议会批准，之后审计署根据其有权直接获取的各政府机构的账号及公司信息对资金使用和分配情况进行审计，并将结果公布于每年的年度预算白皮书中供所有公民审阅，所有的公共开支信息也会在互联网上公布，以供民众监督。

四、丹麦反腐败的政策和行为准则

（一）丹麦反腐的基本政策

1. "零容忍"原则①

丹麦的廉政建设举世公认，腐败现象几乎绝迹，这离不开这个国家对于腐败现象的"零容忍"。丹麦对各种形式的腐败现象实现"零容忍"政策，此政策适用于所有的丹麦员工。对腐败现象的"零容忍"作为一条基本的原则渗透于丹麦各部门、各行业的法律法规，"零容忍"政策在最大可能的限度上保证了现存反腐法律的绝对实施，并为员工面对腐败行为、腐败想法及致力于防腐时的行为提供了指导。该原则也是丹麦外交部国际开发署反腐的一条重要原则，按照这一原则，每个人有义务举报同事或者其他人可疑的，或者有证据证明的腐败行为，并且应首先举报给顶头上司。为了进一步指导该原则的应用，丹麦外交部国际开发署还设立了反腐败电子学习课程，并制订了打击腐败的行动计划。另外，在同业公会看来，贪污腐败就是为了一己私利滥用职权和公款。同业公会警告丹麦企业，不管当地条件如何，禁止行贿受贿，并且还积极协助企业进行反腐败风险管理，当同业公会怀疑或知晓公会内的行贿受贿行为时，就会采取行动。

丹麦用完备的法律法规制度向外界宣告这个童话王国对于腐败的"零容忍"，另外还采取许多行之有效的措施防止贪污腐败现象的发生。例如丹麦国际开发署建立了一个电子邮件报告系统，使公众可以对滥用开发署资金的行为进行监督和举报。丹麦和其他国家政府还共同资助成立了"全球商务反腐门户"，

---

① http://uganda.um.dk/en/~/media/Uganda/Documents/English%20site/AnticorruptionpolicyEnglishversion.pdf.

该门户网站专注于商业反腐和腐败风险管理。对腐败现象的"零容忍"已深深扎根于国民心中。丹麦各党派、各媒体和社会各阶层对腐败行为均嫉恶如仇,没有丝毫容忍之心。

2. 公开透明原则

丹麦的政治以及行政,崇尚公开透明,这是国家的一个主要原则,也是丹麦炼成"世界上第一清廉国"的重要原因之一。反腐时最大限度的公开和透明是必需条件。《丹麦公共管理法》和《丹麦访问公共管理文件途径法》规定:关于公共领域的信息一般情况下要对大众开放,公民可以通过以下网站获取信息:政府的"经济与成果"、丹麦贸易委员会反腐咨询服务、丹麦"欺诈与腐败"网站、丹麦使命网站的链接等。丹麦的廉政体系具有高度透明度的特征,政府制定了完善的信息公开方面的法律,基本实现了信息公开的法治化。丹麦所有的公共机构以及一些私营公司都拥有高度的透明度,大部分的机构通过更新网站将大量信息向外界传递,公众获取信息非常方便和快捷,这就有效预防了腐败现象的滋生。

在财务方面,丹麦政府每年发布预算白皮书,将公共资金的分配和使用情况向外界公开。丹麦规定国家公职人员必须按规定公开财产,内阁大臣必须公开每月的公务用餐开支、出访费用及收到的礼物等情况,所有的公共部门也都必须公开他们的预算和开支情况。除了对政府财政的充分披露外,丹麦还建立了完善的官员财产申报制度,所有人的住房、财产、土地都要在财产登记部门注册登记,且不允许任何瞒报。为更好地防止高级官员的腐败行为,丹麦议会在2009年通过了一项《透明制度》法案,规定内阁大臣必须公开每月的公务用餐开支、出访费用及收到的礼物等情况,以进一步提高官员的财务透明度。此外,丹麦议会在提高部长花销的透明度方面也树立了良好的榜样。它制定了"公开机制",即不同政党之间达成的协议。该协议鼓励部长们申报其每月的支出、差旅费、接受的礼物与其他相关信息。在自愿的基础上,部长们还在总理办公室网站上公开自己的个人和财务利益在政党筹款方面,法律规定个人向候选人捐款有明确限额并向社会公开,所有的公共开支信息也会在互联网上公布。不仅公职人员,这个国家所有公民的住房、财产、土地都要经过注册登记,不容忍谎报瞒报,这就使得他们财产都曝光于政府有关部门和广大民众眼中。

3. 平等公正原则

丹麦有句谚语:"不要认为你有什么特殊,你和我们每个人都一样。"平等公正原则也是丹麦反腐的原则之一。建立在这一原则之上,丹麦政府规定,工作中不应当在性别、肤色、宗教、文化、教育、社会地位、种族或者国籍方面有任何歧视色彩。任何人在性别、肤色、种族、文化、教育、社会地位和国际中都享有平等的待遇。丹麦的法律规则对所有的公司也都是平等的,这有利于建立一个更加自由并有竞争力的市场,成立公司或申请证书的时候也无须支付任何额外的费用。公职人员与平民百姓也是平等的,丹麦对公职人员采取许多限制特权的措施,因此他们拥有的特权很少。即便是丹麦首相和少数高官,在他们离职当天就得从官邸搬出,政府也不再给他们配备警卫和司机。丹麦对出差的公职人员同样有许多保持平等的规矩。比如除了大臣以外,副大臣以下的公职人员出差一般住在四星级以下的普通单间;乘飞机出差时,飞行时间在 5 小时以内的,一般坐经济舱;伙食补贴大家都一样,外交官离任回国带汽车入境必须像普通人一样纳税。政府还要求在丹麦的外国人也要遵守平等原则,在这样平等公正的社会中,贪污腐败很难滋生。

(二) 丹麦反腐败的行为准则

在个人与公司、公共机关、事业单位以及外国人打交道的过程中,丹麦政府对以下行为进行了清楚地界定,并对相关的行为准则进行了清楚的说明,其目的就是为腐败行为划出了清晰明确的边界。

1. "利益冲突"的界定与行为准则

当个人的一己私利可能影响公务公正、客观运行时,利益冲突便会发生。所谓个人利益包括给予自己、家庭、亲属、朋友,或者与其有商业往来或政治关系的伙伴或组织的任何好处。避免利益冲突是每个人和每个企业、每个机构的责任,因此,丹麦政府要求公民警惕任何实际的或者潜在的利益冲突现象,并积极采取措施避免此类冲突的发生。当面临潜在的或是真实的利益冲突问题时,利用个人的判断和常识作出正确的决策十分重要,同时员工也需要立刻联系上级,寻求相关方面的协助与指导。

2. "贿赂"的界定与行为准则

丹麦拒绝任何形式的行贿受贿,包括主动和被动贿赂。所谓贿赂是指通过向他人提供现金、服务或其他贵重物品来说服其采取作出回报的行为,包括接受礼品或收取其他好处,例如免费或减价旅行。特别需要指出的是,当利益给了配偶或子女等亲戚,这样的行为同样也构成了收取好处的行为,因此也属于贿赂的范畴。

在丹麦,贿赂行为属于刑事犯罪。当一个人、一个组织被给予不正当的好处时,就应当试图找到提供好处的人的身份,并尽快向上级报告该事宜,以及采取其他措施保护自己。丹麦立法明确指出,任何形式的不恰当好处都会受到国内以及国际公共官员条例的法律制裁。因此,作为公民、组织乃至任何人,都应当以此为戒。

3. "欺诈"的界定与行为准则

丹麦规定任何人不得通过欺诈来谋取不公的优势和资金,所谓欺诈,主要是指涉及欺骗、诡计与假意的经济犯罪,也就是通过欺骗、设计圈套,或者通过虚假的信息等骗取公司或者个人的经济好处。按照这一定义,丹麦政府宣布,欺诈属于非法行为,属于刑事犯罪的范畴,政府当然也禁止任何人利用欺诈手段获得个人利益、职位优势或相关财产。

4. "礼品"与相关的行为准则

不能直接或间接地送礼或接收送礼是丹麦反腐的重要行为准则之一,因为这会影响公职人员正确地履行职责和作出判断。其中,礼物包括现金、娱乐、服务、物质的东西或好处,以及作为礼物赠送的资产以及政治性质或慈善性质的捐款。但这并不包括传统的好客之道或小礼物。在很多国家,邀请贸易伙伴一起进餐,或者赠送礼物是很正常的事情。但是,礼节和腐败之间越来越难以区分,因此有必要建立一套准则。接受礼物和殷勤招待容易助长腐败现象。在丹麦,公职人员接受请客吃饭、宾馆住宿、飞行航班以及娱乐或运动项目的殷勤招待都属于腐败行为。丹麦《透明国际》致力于使高层官员对礼物清单进行登记并公开化,同时还要求官员接收的礼物清单要予以清楚说明,这样的清单包含相关花费的信息、差旅费、收到的礼物、官方代表的任务和下个月的活动等。另外,丹麦政府还有内在的关于政府收礼送礼政策的相关培训,时刻告诫公民和官员什么是合适的行为准则。

5. "裙带关系"的界定与行为准则

丹麦严禁在招聘、采购、提供援助和其他情况下偏向朋友、家人或其他亲近的人。偏袒亲友容易滋生腐败。在有其他人更符合要求并愿意履行工作时,却将机会提供给朋友或家人,这样就会构成裙带关系的腐败。为了在采购中避免偏袒于裙带关系,丹麦政府制定了一些政策并采取许多措施,例如丹麦计划生育协会制定了《采购手册》,以及总体透明程序以供遵循。丹麦禁止在招聘过程中因考虑亲朋好友的价值而偏向他们,使得他们收到特别的照顾,仅仅是因为个人关系的亲近而不是建立在对他们的技能、资格的专业及可观的评估之上。

6. "滥用权力"的界定和行为准则

权利滥用会导致腐败产生。丹麦法律规定所有有关各方必须诚实守信,杜绝滥用职位获取个人利益。例如,为了谋取个人私利,利用职权开取虚假证明,谎报资质。丹麦政府提供相关培训和指导,以及利用反腐网站,确保每位员工熟知反腐条例,加强对公职人员权力的监督。

五、丹麦反腐体系、原则和行为准则对中国的启示

(一) 教育在反腐败体系建设中的作用亟待发挥,教育部门的反腐行动亟须开展

教育是"百年大计",更是关系到国家长远发展、稳定,关系到子孙后代健全人格的塑造国家大计。对此,我们应该有非常清楚的认识。但当前我国的教育体系在塑造人的基本道德、价值观和健全人格方面却没有发挥应有的作用,在很大程度上我们的教育体系已经沦落为升官发财的通道,对应试教育的过度强调已经严重地扭曲了中国的教育体系。丹麦反腐败系统教育对于我国的启示是:1.我们亟须正视和纠正教育在健全人格、公正道德、清正廉洁等方面内容的缺失,尽快在幼儿园、小学、中学、大学等各个环节植入这些内容,使得公正廉洁、健全人格和公正道德这样的观念尽早成为中国教育的核心内容和要素;2.中国教育部门的垄断,教育产品和教育服务的供给不足,教育层次的单一化和均质化也已经在很大程度上使得教育领域成为腐败的重灾区,今后,我们应该尽快在教育领域适度引入竞争,增加教育产品和服务的供给层次,破除教育产品和服务的单一化和均质化;3.应该加快在教育部门和教育领域的反腐败力度,使得教育部门成为反腐败建设的推动者、反腐败教育的提供者和中国健全人格,良好美德、公正廉洁公德的塑造者。

(二) 大量的反腐败行政命令和条例亟须上升到司法层面,反腐败的国民司法体系亟须建立

十八届四中全会已经将"依法治国"确定为社会主义市场经济的客观需要,是建设中国特色社会主义文化的重要条件,也是国家长治久安的重要保障。但我国当前的问题是,行政对于企业、经济事务的干预过多,很多部门存在着大量的行政命令和条例,这些条例,远没有上升到法律层面,因而其对于社会公众,对于党员干部的约束作用就相对较小。丹麦反腐司法体系对我们的启示是,我们应该尽快颁布实施《公共资金法》《公务员行为规范》等,同时能够借鉴中国共产党党内的相关纪律和廉洁从政的若干规定,尽快制定适用于全社会范围的《反腐败法》,尽快将党内很多行之有效的反腐败条例和纪律处分等上升为全社会共同遵守的法律规范,从而从行动上落实十八届三中全会、十八届四中全会的决定。

（三）中国特色的国家廉政体系目标和建设也应该尽快提上议事日程，中国特色的廉政体系理论研究也亟须强化

透明国际是一个领导反腐败斗争的全球公民组织，其在全球设有 90 多个办事处。应该说，透明国际在全球反腐败的研究、有关反腐败的破坏性影响的认识，全球有关反腐败对于国家长治久安中重要性的认识等方面都发挥了积极的作用。中国特色的国家廉政体系是什么样子，与透明国际倡导的国家廉政体系之间存在着什么样的关联关系，中国特色的国家廉政体系的优缺点是什么，我们怎么借鉴透明国际的国家廉政体系建构中国特色的廉政体系，如此等等，这些重要问题，我国应该尽快开展研究，因为这些乃是建构中国国家廉政体系的重要内容，也是中国特色廉政体系理论建设的重要研究课题。同时，广泛开展国际合作，与相关的部门展开一定程度的合作，深化中国反腐败领域经验借鉴和国际宣传。

（四）中国反腐败的政策原则有待总结，各个部门的反腐行为规范亟须建立

目前中国的反腐败主要集中在中纪委系统以及中华人民共和国监察部及其他们在各省各市的下属机关。可以说，这是一个指导全中国反腐败的总指挥部。但我国目前的反腐败基本原则以及结合各个部门的反腐败行为规范却远没有形成，相关的原则和适合各个部门的反腐败行为规范也亟须制定。有关反腐败的总原则，到底是什么？是零容忍，还是什么？如此等等，都亟须开展相关的前沿研究。另外，中国各个部门，比如，外交部、教育部、国防部、财政部、税务总局等相关的权力机关、政府部门，到底应该出台什么样的反腐败行为规范，也应该尽早研究。利益冲突的定义是什么？怎么避免？贿赂的定义是什么，如何进行规避？什么是欺诈？如何进行预防？礼品的定义是什么？如何进行规定？裙带关系的含义是什么，如何进行回避？什么叫作滥用权力，应该如何避免？恐怕在中国反腐败正在如火如荼进行且受到全国上下、全球上下一致好评的当下，更应该再接再厉，争取早日建成中国特色的法治国家。

（五）丹麦的反腐败之路经过了持续长期的坚持，中国反腐败斗争应该成为中华民族文化建设的重要组成部分

马克斯·韦伯在《新教伦理与资本主义精神》一书中提出了一个重要的论点——只有在有新教伦理的国家才有可能建设成功基于理性基础上的市场经济。这个问题今天几乎成了一道难以逾越的理论定论。但中国过去 30 多年市场经济的实践充分证明，在儒家文化环境中建设市场经济不仅是可能的，而且也是可行的。建设法治国家和市场经济的任务的确非常艰巨,当然更需要几代人长期坚持不懈的努力,需要在政治建设、经济建设和文化建设三者都取得进展。

参考文献

1. [德]马克斯·韦伯:《新教伦理与资本主义精神》,[美]斯蒂芬·卡尔伯格(Stephen Kallberg)英译,苏国勋、覃方明、赵立玮、秦明瑞中译,社会科学文献出版社 2010 年版。
2. [德]马克斯·韦伯:《中国的宗教:儒教与道教》,康乐、简惠美译,广西师范大学出版社 2010 年版。
3. 丹麦外交部 http://um.dk/en/~/media/UM/English-site/Documents/About-us/Anti-corruption%20policy/TC%20Anti-Corruption%20Policy%20revised%202202010。
4. 丹麦计划生育协会 http://www.sexogsamfund.dk/Default.aspx?ID=27603。
5. 透明国际网站:http://www.transparency.org/whatwedo/publication/national_integrity_system_assessment_denmark_executive_summary。
6. 丹麦外交部网站:http://uganda.um.dk/en/~/media/Uganda/Documents/English%20site/AnticorruptionpolicyEnglishversion.pdf。
7. 反腐败研究网络 http://corruptionresearchnetwork.org/acrn-news/blog/the-question-of-how-denmark-got-to-be-denmark-2013-a-historical-pathway-of-fighting-corruption。
8. 透明国际网站:http://www.transparency.org/:transparency international:the global coalition against corruption。
9. 中央纪律检查委员会网站:http://www.ccdi.gov.cn/。

中丹反腐建设的历史传承

邱文平

腐败是源自人性的弱点,自春秋时期"百家争鸣"以来,对于人性的争论就构成了中国政治制度和思想史的核心问题。韩非子的法家认为"人性本恶",故而强调严刑峻法以遏制人的贪欲和胡为;孔子的儒家理论则认为"人性本善",所以大力弘扬人性善的一面,力图通过"内圣外王"的道德修养达到天人合一的理想道德境地,为世人树立了"君权神授"的道德君王形象。纵观历史,自汉武帝"罢黜百家,独尊儒术"以来,中国的历代王朝萧规曹随,概无例外都是以儒家立国。但实际上,所有深刻的历史研究都告诉我们,外儒内法才是封建王朝不二的统治规律。对于"人性本恶"的认知,历代王朝的统治者都是非常警惕的,从《史记》到《资治通鉴》的无数记载可知,历代君王都是希望在道德层面以儒教教化官员和百姓,现实层面以严刑峻法来铲除贪官污吏,期望能够缔造不朽的长寿王朝。可惜,历史无情地告诉我们,封建王朝无一例外失败了。对于声势浩大的反腐运动,我们不能不想到历史上的类似典型案件,借以寻找类似的规律和教训。

一、中国传统的反腐制度及其失败

(一)乾隆时期塌方式的"甘肃冒赈案"

乾隆四十六年(1781年),甘肃爆发了苏四十三领导的暴动,乾隆急派宠臣户部尚书和珅为钦差大臣率军镇压,但和珅一战而败,借口说甘肃连绵大雨,影响了作战。乾隆顿时生疑,因为清代规定督抚要向皇帝定期汇报雨水粮价,而此前甘肃一直报告连年大旱。在甘肃作战的阿桂同样奏报"珅雨势连绵滂霈,且至

---

① 本文曾刊于《黑龙江社会科学》2016年第4期。

数日之久",乾隆由此认定:"是以前所云常灾之言,全系谎捏。"①官员谎报旱情必然是为了贪污朝廷下发的赈灾粮食,乾隆下令和珅、阿桂查办此案。此时正好甘肃布政使王廷赞赴避暑山庄觐见,立即被逮捕审讯,王廷赞在百般抵赖后终于揭发了甘肃官员集体冒领贪污赈灾款项的事实。

7 年前,驻兰州的陕甘总督勒尔谨因甘肃地瘠民贫,在全省实行"捐粮为监"筹措赈灾物资,即公开出卖国子监监生的名额。原来规定只准捐谷每 40 石换取一个监生名额,但勒尔谨与甘肃布政使王亶望勾结,擅自改变规则,规定以 55 两白银换一个监生名额。王亶望与兰州知府蒋全迪为各县谎报灾情,定出收捐数额,再由布政司预定份数发单给各县照单开赈。当王廷赞接任甘肃布政使后,他发现"监粮折银"不符合"捐监"的规定,一度想停止,但却禁不住诱惑而被拉下水,非但不向皇帝据实陈奏,反而改革了全省组织贪污的程序,使其更加高效。几年内,甘肃全省捐银收入超过一千万两,被各级官员全部侵吞。甘肃整个官场全部塌陷,是真正的"塌方式腐败"。

在得知案情后,乾隆皇帝震怒:"甘肃此案,上下勾通,侵帑剥民,盈千累万,为从来未有之奇贪异事。案内各犯,俱属法无可贷。"②此案牵涉总督、布政使及以下道、州、府、县官员 113 人,追缴赃银 281 余万两,波及直隶、盛京、江苏、浙江、云南等几个省,震动全国,时称"甘肃冒赈案"。王亶望、蒋全迪处斩刑,王廷赞处绞首,勒尔谨赐死;贪污白银 2 万两以上的案犯斩首 56 人,免死发遣 46 人,革职、杖流、病故、畏罪自杀数十人,甘肃官场几乎一空。

(二)"甘肃冒赈案"中"带病提拔"的李侍尧

乾隆四十五年(1780 年)五月,原任大学士、云贵总督李侍尧贪污索贿一案经钦差大臣和珅初审,定为"李侍尧应斩监候,秋后处决"。随即经大学士、九卿奉旨核议,认为原拟"斩监候"过轻,应从重改为即行斩决。面对大学士、九卿的复审报告,历来办事有决断的乾隆皇帝在提起朱笔准备批写"依议"二字时,却表现出少有的犹豫不决。

在此之前,像李侍尧这样封疆大吏一级因贪污被杀的有云贵总督恒文、山东巡抚原任山西布政使蒋洲、山西布政使杨龙文、贵州巡抚良卿、湖南巡抚方世俊和广西巡抚原任云南布政使钱度,以及步军统领兼兵部尚书鄂善和驻南疆叶尔羌办事大臣高朴等多人。这批伏法的贪官污吏,有的是汉人,有的是旗人,有的

---

① "国史馆"校注:《清史稿校注》第 10 册,商务印书馆(台北)1999 年版,卷 236,第 8030 页。
② "国史馆"校注:《清史稿校注》第 10 册,第 8032 页。

甚至是皇亲国戚,乾隆在最后批准处决这些腐败的高官时一向毫不留情,绝不手软。

李侍尧貌不出众,但精敏过人,虽念书有限,一应公文案牍却能过目不忘。每有陈奏事件,无不切中事理,动合机宜。乾隆多次对臣下公开讲,甚至在李侍尧得罪后仍然说,"李侍尧历任封疆,办事明干,在督抚中最为出色",并把他与阿桂并称为当朝"最能办事之人"[1],堪称封疆大吏中之翘楚,可见乾隆对李侍尧的器重。乾隆对李侍尧确实想刀下留人。因为他从治理国家的多年实践中,对"人才难得"体会良深。杀了李侍尧,国家今后遇到大事就少了一个旁人几乎不可替代的处繁治剧的能员。所以,乾隆咬着牙推翻了满朝文武欲致李侍尧于死地的奏议,为之开脱:"是李侍尧一生之功罪,原属众所共知。诸臣中既有仍请从宽者,则罪疑惟轻,朕也不肯为己甚之事。"

乾隆四十六年(1781年),甘肃发生了苏四十三领导的暴动,即"特旨"将李侍尧从刑部大牢里提出,"赏给三品顶戴,并戴花翎,赴甘肃总办军务"。四月,陕甘总督勒尔谨获罪,又有旨命李侍尧"管理陕甘总督事"。李侍尧在云贵总督任上获罪,不过一年时间就总督陕甘等省了。随着"甘肃冒赈案"败露,李侍尧奉命偕钦差大学士阿桂彻底查办,勤能无人企及。以办理繁剧事务见称,且深通官场腐败奥秘的李侍尧有上佳表现自不待言,乾隆的以贪官查办贪官的以毒攻毒之计,让人感叹使功不如使过的"带病提拔",体会了中国传统权术之犀利。乾隆四十七年(1782年)五月李侍尧因办理甘肃贪污大案非常得力,乾隆命"给予现任品级顶戴",八月,加"太子太保"。不过两年工夫,又从一个待决死囚走向了仕途的新辉煌。[2]

(三)"贪官之王"国贼和珅

和珅在"甘肃冒赈案"中自始至终,结下了生死冤家军机大臣阿桂,也与被他亲手拿下的贪官李侍尧结为党羽。和珅初为官时,精明强干,为政清廉,通过李侍尧案巩固自己的地位。乾隆帝对其宠信有加,屡次破格提拔,使和珅不仅大权在握,而且成为皇亲国戚。随着权力的成长,他的私欲也日益膨胀,利用职务之便,结党营私,聚敛钱财,并用贿赂、迫害、恐吓、暴力、绑架等方式笼络地方势力、打击政敌。此外,和珅还亲自经营工商业,开设当铺75间,设大小银号300多间,且与英国东印度公司、广东十三行有商业往来。成为后人所称权倾天下、富

---

[1] 见《清史稿校注》第 10 册,卷 236,第 8031 页。
[2] 以上引文见《清史稿校注》第 10 册,卷 236,第 8030—8035 页。

可敌国的"贪官之王"。他的事迹家喻户晓,无须赘言。但是当时史家对他贪污数目的记载,我们还是需要看看的。

清人笔记中,下面的三种说法,基本上是相同的:

1. 《清稗类钞·讥讽》:"和珅在乾隆朝,柄政凡二十年,高宗崩,仁宗赐令自尽,籍没家产,至八百兆有奇,时人为之语曰'和珅跌倒,嘉庆吃饱'。""八百兆",即八千万两银子。

2. 《庸盦笔记抄查和珅清单》:"十七日,又奉上谕,前令十一王爷盛柱庆桂等,查抄和珅家产,呈奉清单,朕已阅看,共计一百零九号,内有八十三号,尚未估价,已估者二十六号,合算共计银二万二千三百八十九万五千一百六十两。"这个数字为 223 895 160 两,仅仅是已估价者;而尚未估价者,3 倍有余,其总数也应接近上述引文所估。

3. 《檮杌近志和珅之家财》,则说得更为清晰:"其家财先后抄出凡百有九号,就中估价者二十六号,已值二百二十三兆两有奇。未估者尚八十三号,论者谓以比例算之,又当八百兆两有奇。甲午、庚子两次偿金总额,仅和珅一人之家产,足以当之。政府岁入七千万,而和珅以二十年之宰查,其所蓄当一国二十年岁入之半额而强。虽以法国路易第十四,其私产亦不过二千余万,四十倍之,犹不足当一大清国之宰相云。"

《马关条约》赔款 2 亿两,《辛丑条约》也即"庚子赔款",为 4.5 亿两,两者相加,为 6.5 亿两,"仅和珅一人之家产,足以当之",清末民初的人士,持有这样的看法,当然也是有根有据的。

贪腐,对政权来说,犹如人之流血不止的创口,要是不止住流血,这个人最后必失血而亡。同时,贪腐对统治者来说,犹如人之患恶性传染病,要是得不到控制,疫情扩展,这个人也就会不治身亡。清代自乾隆后,便走下坡路,出现这样总额为 8 亿两银的巨贪,以及随后嘉道咸同年代更大面积的贪污腐败,不能不说是清朝灭亡的重要原因。

二、丹麦的反腐制度建设

腐败是全球性的历史问题,没有哪个国家自诞生就是廉洁自律的样板工程。仅仅 100 年前,现在自诩为道德高地的欧美国家还是专制体制横行,无法无天的君主贵族当政。但是随着第二次世界大战的结束,人类历史从未有过的惨祸也激发了各国思想家和政治家深刻的反思,对于廉洁政府和公平正义的追求导致了欧美国家相对的清廉制度的建立,其中,丹麦是一个典型的案例。所以,我们有必要看看丹麦的反腐制度设计的有益之处。

(一) 反腐意识成为道德底线

"全球商务反腐门户"丹麦分公司的首席执行官延斯·贝特尔森是丹麦业界赫赫有名的反腐专家。他在一次采访中表示,丹麦对于不同等级的腐败有着明确的定义,并且有相对应的监督机制和法律条款。因此在丹麦,无论你任职于公共机构还是私人机构,想要浑水摸鱼,那可并不是件容易的事情。"一般而言,腐败可以划分成三个级别:一是个人腐败,主要指发生在公民个人与公职人员和权力部门之间的腐败;二是商业腐败,主要发生在企业与公职人员和权力部门之间的腐败;三是政治腐败,发生在较高级别公共管理和政治层面的腐败。①"延斯认为,丹麦并不提倡以严厉的惩罚手段来遏制腐败行为,他们主张以事先教育为主。丹麦政府每年会花大量的人力、资金和物力培训丹麦企业员工,让他们对于何为腐败,以及如何应对腐败环境有一个清楚的认识。

正是因为这样,当反腐意识作为一种公共道德深入人心之后,清廉便不再是一种形式手段,而是人心中不可逾越的一条道德底线。无论荷兰鹿特丹大学"世界幸福数据库"的数据,还是2015年6月由美国密歇根大学发起的"世界价值观调查"结果均显示,在过去20年间,世界上"最幸福"的人都是斯堪的纳维亚半岛居民,其中丹麦人尤为突出。丹麦各党派、各媒体和社会各阶层对腐败行为均嫉恶如仇,同仇敌忾,没有丝毫容忍之心,这是丹麦清廉社会价值观的完全和集中体现。正是因为其最严格、最完善和高效的反腐体制和社会监督机制,丹麦才在"世界最清廉国家"榜单上长期高居榜首,领跑全球。对于我国的廉政建设而言,这更是一条值得学习的地方。如果反腐倡廉意识能够作为一种社会公德深入人心,久而久之,清廉便会成为各级政府工作人员克己奉公的律令,腐败便会成为民众心中不可逾越的道德底线。

(二) 同业公会普遍共识的反腐细目规定

同业公会的存在使得反腐制度的设计成为可能,道德的力量如果没有制度的约束只会成为一纸空文。而同业公会的细目规定使得反腐运动可以成为一项深入到各行各业的制度化约束。同业公会代表着丹麦并且帮助丹麦政府在腐败现象普遍的国外市场运行。同业公会不提供直接的合法帮助,而是告知企业相关合法事宜并且就如何在特定市场避免贿赂与贪污给出意见。在努力争取一个

---

① http://www.transparency.org/: transparency international: the global coalition against corruption.

对丹麦企业的利益来讲更加透明有效的国际贸易与投资的过程中同业公会发挥了重要作用。

同业公会解释清楚自己的价值标准、规则以及程序。因此,同业公会的反腐政策包含了一些针对企业的预防性的建议的方针,当同业公会工作人员怀疑或知晓丹麦公司牵涉贿赂或贪污时应当将腐败行为立即上报。

同业公会的规定都是清晰具体,具有严谨的法律条文特色,让从业人员很难寻找借口加以规避。如不能直接或间接给予、索取或者接受可能会影响行使职能,工作表现或判断的任何礼物或其他好处。这不包括传统的礼仪或者轻微的礼物。如上原则所述,个人、家庭、亲友或者可能影响或将要影响职责的公正性的,与个人有商业或者政治关系的相关人士或组织机构,不应当给予、要求或者接受礼品、好处、招待或者其他利益。这不包括传统的礼仪或者轻微的礼物。下面这些准则将进一步具体化。

一般情况下,丹麦外交部国际开发署员工不许接受礼品或其他好处,例如免费或减价旅行,使用车辆,门票和大幅度减免。从某种程度上说,在合同协议,差旅费补偿和晚宴邀请等的基础上,这些规定并不涉及全部员工。

当利益给了"第三方"(配偶/伴侣,子女等),同样构成收取好处的行为。轻微礼物和晚宴邀请的例外不应用于当礼物或邀请造成明确的或者具体的利益冲突的情况。这适用于在招标中与投标人关系的情况。

如果被给予不正当的好处,应采取如下措施保护自己:
- 拒绝不正当好处;没有接受它作为证据的必要;
- 试图找到提供好处的人的身份;
- 避免长时间接触,但是知晓提供好处的原因,可能被当作证据使用;
- 如果礼物无法拒绝或者退还给提供者,则应当保留,但是,不能使用/利用或者捐助给慈善机构或者用于其他公共用途;
- 如果可能的话,有证人在场,例如附近工作的同事;
- 尽快准备该事宜的文件;
- 尽快向上级报告该事宜;
- 继续正常工作,尤其是与提供利益相关的工作。①

这样的规定在丹麦各个同业公会中普遍存在,使得自律成为从业人员踏入职场的第一步学习。对于各种贪腐行为都有着具体的规定,并且随着新情况在不断地修正增补。这样,除了道德自律之外,细目的规定无所不在,个人的前途

---

① Transparency International's Corruption Perception Index.

和贪腐的风险成本已经不成比例,腐败的案例自然随之下降。

(三)"零容忍"的普适规则

丹麦有严格的监督机制(监察官制度)以及规范的法律条款来防止腐败发生。丹麦还针对贪污受贿行为制定了"零容忍政策",除此之外,丹麦国际开发署还建立了一个电子邮件报告系统,使公众可以对滥用开发署资金的行为进行监督和举报,更好地防止贪污腐败。按照"零容忍"原则,每个人有义务举报同事或者其他人可疑的或者有证据证明的腐败行为。

该原则规定每个人有义务遵守并尊重丹麦外交部国际开发署行为准则以及对腐败的"零容忍"原则。并相应地开设了丹麦外交部国际开发署打击腐败行动计划以及丹麦外交部国际开发署反腐败电子学习课程。

对外部支持者,努力实现公开度和透明度最大化。但是,必要时将采取保密措施,以保证合作伙伴、员工以及其他人的权利。该原则与规定公众在公共管理中获取信息的一般规则相一致。需要注意的是,此法也完全适用于丹麦外交部国际开发署海外代表。

作为领导者,应当认真对待每一次举报。检举系统的运作,重要的是举报人被认为是见证者,而不是一个投诉者/告密者(即系统的叛徒)。因此,负责任的领导者应当确保举报人没有任何偏见。此外,应当在调查前、调查中、调查后全方面保障受到怀疑的任何人的合法权益[1]。

(四)刑法的反腐条文

丹麦法律对于腐败的立法主要集中在其《刑法》的高度专业的规定,并且和同业公会有着密切的广泛合作。其法律规定并没有强制上报怀疑或知晓违反《刑法》中关于贿赂和腐败相关条例的要求。通知或上报的出发点是为了更好地管理,当遇到应受惩罚的罪行或怀疑应受罚的罪行时,在一定情况下,一个当局应通知另一个当局或者警察。此点同样适用于知晓或怀疑违反《刑法》中关于贿赂相关条例的情况。

聚焦于反腐的部门要时刻向同业公会业务发展部汇报正在进行的反腐工作。以外交部的同业公会为例,如果同业公会的业务发展部知晓或怀疑贿赂行为的发生的程度,作为他们工作的一部分,同业公会会向外交部的国际法律事务

---

[1] Group of States Against Corruption (GRECO): Evaluation Report on Denmark on Transparency of Party Funding, Third Evaluation Round, 2009, samt interviews med Roger Buch og Jørgen Elklit.

所咨询,再决定是否上报权威机构以及特定情况下上报哪个机构。此点产生于同业公会的零容忍政策,一旦知晓有贿赂行为发生须上报执法机构,同样适用于在掌握可靠证据基础上怀疑贿赂行为发生的情况。

根据丹麦《刑法》122页规定:"任何毫无根据的赠送、承诺或提供给工作在丹麦或国外的政府部门的官员礼物或其他好处以引诱其滥用职能做或不做一些事情的行为都应当接受罚款或3年以下有期徒刑。"

丹麦《刑法》122页是关于个人在国外或国际政府部门的行贿行为,也包括一些毫无根据的好处,这些好处用来引诱政府官员滥用职权。礼物或好处一旦给出、承诺或提供来引诱官员利用职权做或不做一些事情,罪名已经充分成立。

宣告个人受贿行为为犯法行为详见丹麦《刑法》144页。根据丹麦《刑法》144页规定:"丹麦、国外或国际上的政府官员毫无根据地接受、要求或被承诺礼物或其他好处,应当重则被判处有期徒刑上至6年、轻则罚款。"

关于私营部门,相关为行贿受贿行为定罪的条款详见丹麦《刑法》299页第二部分。《刑法》299页第二部分表明:"不符合280页所列举的条件的个人通过接受、要求或被许诺礼物或其他好处来为自己或他人通过毫无保证的方法保护另一人的资产,以及给予、承诺、主动提供礼物或其他好处的个人应当处以罚款或18个月以下有期徒刑。"

丹麦《刑法》中关于有犯罪企图和同谋的规定122页、144页及299页第二部分也有所涉及。前提条件是要有犯罪意图。当一个人通过行贿或受贿引起了根据上述刑法中提到的条款规定为违法的后果,或考虑到此行为会产生的必要的或可能的后果,或考虑到可能的犯罪事实的发生,尽管已经确定是犯罪行为仍愿意重蹈覆辙,这些情况都属于犯罪意图[①]。

三、丹麦反腐制度对我国的启示

(一) 公务员"零容忍"的道德建设和法律意识

国情不同,问题的解决方法也有所不同。中国正处于巨大历史变革的宏伟潮流之中,我国的反腐制度建设还处于艰苦摸索的阶段。当前最受社会关注的是公务员的贪腐及以权谋私问题。曾经被诟病最多的是"刑不上大夫",高官巨

---

① Johnston, Michael (2013), "The Great Danes: Successes and Subtleties of Corruption Control in Denmark", Chap. 2, pp. 23 – 56, *Research in Public Policy Analysis and Management*, Vol. 23: *Different Paths to Curbing Corruption*, Emerald Group Publishing Limited.

贪难以伏法。随着我国开始了严厉的反腐运动,中国的官场生态有了微妙的转化。上至政治局常委,下到科级干部,有贪必肃的严厉空气给了各级公务员巨大的压力。

但是也要看到,中国长期的封建历史传统中对于贪腐是有着莫名的宽容,虽然到处可见苦口婆心的劝诫,各级官员对于贪腐的观念尚未在道德层面形成完善的自律观念。"零容忍"的法律观念更是受到了许多地方的消极抵制。在一些调研中,某位高权重的国企高管在访谈中提到:"我的学习感受就是一切反贪举措要'实事求是'!"从字面上无可厚非,但是内在的不以为然一听就知。

将权力关进笼子里是中央再三倡导的理念,背后的台词就是"人性本恶",人性善的一面只有在恶得到遏制的时候才能彰显。否则只能是劣币驱除良币,善于钻营贪腐的公务员排挤打压不合大流的正派官员,形成裙带攀附的非正常官场生态,最后演变成塌方式"甘肃冒赈案"一样的"窝案"。

(二) 建立全国人大直属的反腐败委员会

当前的反贪事业主要是由中纪委在具体操作,但是鉴于中纪委是中国共产党的党务机构,不可能在所有层面都有所作为。在涉及许多政府和企业,尤其是私营和外资企业的时候,中纪委有些时候并不能出师有名,在立法层面还是需要全国人大委员会的介入。在全国人大委员会设立反腐败委员会,由各党派各阶层的代表人士组成,不仅具有完全的合法性,也可以更具公信力和广泛的说服力。在一定程度上也可以有效减少冤假错案。

(三) 加快制定《反腐败法》,现阶段需要在刑法条文中加强、细化对腐败的定义和惩戒

早在 20 世纪 80 年代,就有人大代表提出过立法反腐。1999 年的九届全国人大二次会议上,全国人大代表张仲礼提交议案呼吁制定国家《反腐败法》。后来又有不少代表提出反腐败国家立法的建议和议案,但该提议一直被搁置下来,反腐一直没能上升到国家法律层面。

随着十八大以来反腐风暴席卷全国,不少学者指出,反腐败立法已经时机成熟。在立法的层面,建成反腐体系最为重要的标志之一就是出台一部《反腐败法》。现在的反腐败立法分散在各种规范性文件、规章、行政法规、法律,包括党内的法规,结构较为混乱,也有很多不统一协调之处,法律位阶上看,作用还是很有限,如果能够上升为法律,反腐效果会更好。

十八届四中全会决定强调,要加快推进反腐败国家立法,完善惩治和预防腐败体系，形成不敢腐、不能腐、不想腐的有效机制，坚决遏制和预防腐败现象。在2015年3月8日举行的十二届全国人大三次会议第二次全体会议上，张德江委员长受全国人大常委会委托向大会报告工作时指出，要推进反腐败国家立法，研究修订行政监察法。

（四）加大放宽媒体对于腐败曝光的力度

马超群"小官巨贪"："1.2亿元现金、37千克黄金、68套房产，让人瞠目结舌的贪腐数字"；广州国营白云农工商联合公司原总经理张新华，涉嫌贪污2.84亿元，受贿1亿元；北京动物园原副园长肖绍祥涉嫌贪污上千万元；深圳龙岗街道南联社区原村委会主任周伟思，涉嫌在旧城改造项目中和他人共同受贿5 600万元；辽宁抚顺，被称为"土地奶奶"的国土资源局顺城分局原局长罗亚平，涉案金额高达1.45亿元，成为"职务最低、涉案金额巨大的女贪官"。

中央巡视组发现一些地方乡村干部的腐败问题凸显，小官巨贪问题严重，生活在基层的群众都知道这样的事件非常普遍。媒体对贪官的报道，实际是揭露贪官蜕变的过程，从而起到警示教育作用。光查处，不报道，就达不到"查一处教育一片"的效应。而且公布的东西越多，也会减轻办案人员的阻力和压力，国内人情案常见诸报端，领导干预办案，导致司法扭曲，难以实现法治公平的原则。在十八大四中全会关于依法治国的文件中，对领导干预司法的情况已经作出约束规定，并要求公开相关信息，以遏制干预司法的乱象。

舆论的监督是一切贪腐最大的对手，欺下瞒上是自古以来做官的"法门"。舆论报道越透明、越公开，对于贪官的威慑力就越大。对于法律的尊重和畏惧就会日益滋生，进而达到各级部门自律的廉洁态度。否则，贪官"以罚代刑""大事化小，小事化了""明修栈道，暗度陈仓"等躲避法律的招式屡见不鲜。杜绝贪官留后路，就要让媒体公开报道其为政得失，让权力在阳光下运行，杜绝黑屋交易。媒体的充分报道，既尊重了民众的知情权，又起到了一种警示作用，让民众相信执政党和政府的公信力。

（五）充分发挥同业公会的作用，讨论、制定反腐细目规定

中国的同业公会还处于发展阶段，和遍及全国的工会组织相互补充，正在蓬勃壮大。反腐制度建设中，丹麦的同业公会制度值得我们仔细借鉴。反腐是一个系统工程，仅仅依靠立法机构和中纪委有限的人力，难以做到全面覆盖，遑论全面监督无所不在的只有从业人员才能了解的高度专业化的行业腐败。

所以，在迅速发展的同业公会和既有的工会组织里，需要鼓励制定详细的反腐细目规定。本行业的从业人员是最了解腐败的奥妙所在，从中纪委破案的证据来源中可以看到，最大的功臣就是贪腐人员单位内部人士的举报。如果能够在同业公会的内部规定上有细密严谨的规定，许多贪腐行为在第一时间就会被发现和制止。许多德才兼备的人才也不会随波逐流，最后沦落到被审判的下场。"贪官之王"和珅从政之初，为官清廉，连续查处了数起贪腐大案才获得乾隆的信任，但是当没有任何监督和"潜规则"横行的封建王朝，他被拖下水也不过是一个时间问题而已。

　　道德的教诲必须伴随着法律的严惩，否则道德只能被败坏，法律不过是一纸空文；法律的执行除了执法者的辛劳，还需要各行各业细目的反腐自觉，否则难以在全民范围建立"零容忍"的道德共识。人民希望能够建立一个勤政廉洁高效的政府，政府也在强力推行肃贪严政，希望本文对丹麦的制度建设借鉴能够有所助益。

丹麦制度建设对我国反腐工作的启迪[①]

马　驰

2013年,联合国可持续发展解决方案网络(SDSN)发布的《2013全球幸福指数》报告确认,丹麦是全球最幸福的国家。其实,丹麦蝉联全球幸福榜榜首,已经不是第一次。无论是荷兰鹿特丹大学"世界幸福数据库"的数据,还是由美国密歇根大学发起的"世界价值观调查"结果均显示,在过去20年间,世界上"最幸福"的人都是斯堪的纳维亚半岛居民,其中丹麦人尤为突出,这与丹麦早已形成良性循环的民主清廉社会机制不无关系。所谓的"幸福"并不是用经济增长作为唯一衡量标准,还包括人们生存条件和生活质量的改善、健康生活、社会信任度、生活自由度、政府廉洁度和慷慨程度等方面。丹麦本土面积仅4.3万平方千米,人口也只有550多万人,但人均年国民生产总值却接近6万美元。虽遭受经济危机和国民生产总值负增长的影响,但仍跻身全球最富有国家之列。即使如此,一般社会常见的金字塔结构在丹麦并不明显。实际上这个国家里几乎没有穷人,但非常富有的大富翁也不多。庞大的中产阶级的存在是丹麦社会安定的重要因素之一,也是丹麦人幸福感倍增的重要方面。正如中国古人所说:"仓廪足而知礼仪,衣食足而知荣辱。"

丹麦不仅是全球最幸福的国家,同时也是全球清廉指数最高的国家。在2013年12月3日"透明国际"公布"2013年度全球腐败指数报告"中,丹麦与新西兰并列第一名,而这也不是丹麦第一次荣登清廉指数排行榜的榜首了。丹麦拥有一个建立在严格法律法规之上的运作良好的司法体系,在法律面前,人人平等,全社会对贪污、腐败实行零容忍。丹麦拥有一个真正独立并有效的司法系统对政府和立法进行监督,对贪污腐败的零容忍成了丹麦的民主传统,并且深深扎根于丹麦社会和丹麦人的心中。丹麦以及北欧的传统和文化中没有交换礼品、

[①] 本文曾刊于《学习与探索》2016年第12期。

走后门、贪污等这些概念。更重要的是，多年来，丹麦上自各级政府下至社会组织围绕预防贪污腐败，形成了一套严密的法律法规和制度体系，丹麦反腐制度建设给我们留下深刻启迪。

一、国家层面制度设计是反腐的主要支柱

贪污腐败是世界性问题，各国对此均有不同的防治、打击手段。丹麦廉政建设的最直接的制度设计就是成立由监察官组成的专职独立的反腐机构，这是重要的国家层面的制度设计。丹麦的监察官机构创立于1953年，该机构由7名律师和5名事务职员，1名办公室主任和1名监察官的高级助理组成。他们的权力与责任是监督除法院以外的有关民事、军事的中央政府部门的行政活动。他的管辖范围包含所有公职人员，不仅包括各级行政官员，还包括所有由国家财政支付薪水的人员，例如大学教授、博物馆馆长、牧师和芭蕾舞导演。丹麦监察官无权处理司法机关的行政行为。对于法官行为的投诉可以向一些指定法院的院长或向专门申诉法庭提出。丹麦监察官直接对议会负责，他们的职责是监督在其管辖范围内的所有行政官员履行职务的行为。正是有了监察官机构，而且这个机构直接向议会负责而不是政府的下属机构，丹麦政府才真正受到制度的约束，才在一定程度上得以高效清廉地运行。

除完备的制度作保证外，丹麦政府还投入了很多精力用于不同系统的防止腐败。如"全球商务反腐门户"是由丹麦和德国等国家政府资助成立的一家专注于商业反腐和腐败风险管理的门户网站。该网站的丹麦分公司首席执行官也是丹麦业界有名的反腐专家。除此之外，丹麦外交部还下设有"反跨国行贿机构"，全力打击行贿受贿、以权谋私的腐败行为，维护了国际公平竞争和正常的交易秩序，在一定程度上保护了一些跨国公司的合法利益。其次，在反政府腐败和反商业腐败方面，丹麦2008年还出台了刑法修正案，明确将向政府官员行贿和政府官员受贿行为同时视为犯罪行为，向外国官员行贿也同样是犯罪行为。同时，企业若出于商业目的为政府官员安排旅行、特殊服务以及赠送礼品，均属犯罪行为，即便被对方拒绝亦视为犯罪。

除了完备的法律法规制度，反腐败作为一条最基本的价值观也体现在丹麦政府工作的方方面面。反腐败作为一个内置的概念，时刻存在于文化、传统、法律制度、生长环境、家庭教育、学校、工作场所等领域。因为有良好的教育、可以依赖的政府、好的私营部门，丹麦公民也不需要做出像贪污腐败这种百害而无一利的危险行为。民主体制和公平正义，较少的等级制度和较多的社会参与也是

典型的丹麦价值观。

以丹麦外交部为例,他们制定了非常严格和系统的反腐工作条例,对所谓利益相关方、贿赂、敲诈、欺诈、挪用公款、礼物、裙带关系或徇私舞弊等与贪污腐败相关的问题领域作出十分严格和具有可操作性规定,外交部告诫丹麦外交部和所有代表丹麦的驻外人员什么可为,什么不可为。①

教育涉及千家万户,一个国家的教育制度对这个国家的未来发展至关重要。在丹麦,除了个别私立学校外,国家提供从小学到大学费用全免的政策,这为教育事业的开展打下了良好基础。值得一提的是,在丹麦,私立学校并不是贵族学校,普通平民只要成绩优秀,也有机会报考私立学校。丹麦政府对15岁或16岁以下的青少年施行义务教育,且义务教育并不仅仅局限于公立学校(Folkskole),学生也可以选择就读于私立学校,教育费用凭付款单据到政府指定部门报销。② 这一制度设计既避免了私立学校的贵族化,也保证了私立学校的健康发展。中国还是发展中国家,我们的义务教育还不是免费教育,政府更没有能力为进入私立学校的高收费学生埋单,但丹麦私立学校的发展模式无疑是健康的,值得我们借鉴。

由于国土面积的局限,丹麦的大学数量并不多。但是其教学水平以及科研力量都拥有极佳的声誉。如创立于1479年的哥本哈根大学,其排名始终稳定在世界前50名的行列。丹麦高等教育主要由丹麦科学、技术与创新部,丹麦教育部和丹麦文化部负责管理。自2005年实施高等教育改革后,丹麦的高等教育可以分为三个部分:大学(University)、大学学院(University College)和高等职业教育学院(Academies of Professional Higher Education)。

综合性大学由科学、技术与创新部负责管理,这些大学侧重学术研究,一般开设本科和研究生课程,可以颁发学士(Bachelor)、硕士(Master)和博士(PhD)学位。艺术类院校由文化部负责管理。大学学院等其他教育机构由教育部负责管理。大学学院一般开设学制为三年至四年半不等的专业性本科课程,颁发职业学士学位(Professional Bachelor),专业主要涵盖教师培训、工程、护士、健康、商务以及社会工作等学科。高等职业教育学院开设两年至两年半不等的职业教育课程,或者与大学合作,开设一些本科课程。丹麦大学本科教育和职业学院的绝大多数专业用丹麦语授课,大学的研究生教育设有英语授课课程。个别大学

---

① http://uganda. um. dk/en/danida-en/danidas-anti-corruption-policy/, http://uganda. um. dk/en/~/media/Uganda/Documents/English%20site/AnticorruptionpolicyEnglishversion. pdf.
② http://www. transparency. org/: transparency international: the global coalition against corruption.

和职业学院每年也设立用英语授课的专业,招收外国学生,但有名额限制。按照学校管理权限的划分,丹麦的大学具有不同的类别、性质,不同的类别和性质也确定了各类学校的数量及颁发学位的权限。

在丹麦,高等教育事业的反腐败建设的开展很大程度上也依赖于监察官机构,大学也在其监察范围内。在这个领域,监察官行使的职能主要为受理投诉,对高校董事进行调查。同时,为了把丹麦大学的腐败减少到最低程度,丹麦议会设立了公共预算支出和财务管理委员会及审计委员会。国家审计委员会办公室作为议会下属的独立机构,其职责是对各种公共支出进行审查,大学机构更是重要的审计对象。丹麦国家审计办公室对大学负全面审计责任,审计办要向议会预算委员会报告工作。审计办有20多人专门负责对大学的审计工作,审计方式包括财政审计和效益审计。大学董事会也要雇用有执照的会计事务所作为内部的审计机构。

丹麦的科技创新部代表政府对大学实施管理和一般性监督。为达到对大学有效管理的目的,丹麦科技创新部代表政府与大学签订合同(3—4年)并监督合同执行。合同的主要内容为大学的战略目标、发展重点和发展规划,因此这个合同实际上是效益合同,大学每年要向部里报告合同进展情况。丹麦政府为大学提供经费,大学有使用经费的权利,但要遵守拨款条件。为使拨款产生最大效益,丹麦政府为大学建立了拨款体系,也叫"出租车跳表体系"。以教学为例,教学的跳表体系根据学生活动表现,以通过考试率和毕业率为标准决定拨款额。这种拨款体系具有竞争性,使大学和学生更具竞争能力,促进大学合同的效益。正是有了这一系列完备的政策,丹麦高等教育事业才得以保证高效和清廉,教育行业涉及的腐败案例几乎绝迹。[1] 丹麦大学的分类管理和监察官制度,同样对我国的高等教育体系有借鉴意义。当下我国的大学一味大而全,越来越失去自身的特色,政府教育部门对所有大学用一个标准加以考核,致使不少学校偏离了正确的办学方向,各地大学在新校区的建设浪潮中,又缺少审计部门实质性的监管,使得为数可观的大学领导贪污腐败,锒铛入狱,这方面的教训是深刻的。

二、行业自律是反腐的重要保障

近些年来,国际目光越来越关注贪污腐败问题,大量的区域性及国际性公约

---

[1] http://eng.uvm.dk/Education/Overview-of-the-Danish-Education-System. Overview of the Danish Education System.

开始对个人、企业及公务员提出行为上的要求。1996年经济合作与发展组织要求30个组织成员及6个非组织成员宣告外国公务员的贿赂为犯法行为，此事件在国家立法的发展中起到重要作用。同样地，《联合国反腐败公约》的重点是建立国家预防机制，另外，区域性公约及行动方案例如《美洲反腐败公约》《非洲联盟预防打击腐败公约》要求盟约国家在反腐工作中加强立法、完善机构。这是一项新的国际议程，打破了之前认为腐败在国际贸易中是一个"有必要存在的恶魔"的观念。业公会代表着丹麦这个国家并且帮助丹麦政府在腐败现象普遍的国外市场运行。同业公会不提供直接的合法帮助，而是告知企业相关合法事宜并且就如何在特定市场避免贿赂与贪污给出意见。在努力争取一个对丹麦企业的利益来讲更加透明有效的国际贸易与投资的过程中同业公会发挥了重要作用。

这样的任务要求同业公会解释清楚自己的价值标准、规则以及程序。因此，同业公会的反腐政策包含了一些针对企业的预防性的建议的方针，当同业公会工作人员怀疑或知晓丹麦公司牵涉贿赂或贪污时应当将腐败行为立即上报。这在丹麦同样成为一种共识。

丹麦同业公会对贪污腐败同样实行零容忍。他们认为贪污腐败就是为了一己私利滥用职权和公款。丹麦同业公会列举了贪污的多种形式：为好处勾结、企业间秘密协定、欺诈的提议、审计诈骗、未经同意的交付、不正确的价格或故障设施、员工或设备造假的发票、贿赂、收礼、滥用公款、公差旅行诈骗或盗窃。丹麦《刑法》对行贿受贿有所区分并且规定"毫无根据地给予、承诺或主动提供给工作在丹麦、国外或国际上的官员礼物或其他好处来引诱有问题的官员通过滥用职权来做或避免做一些事情的个人主动行贿有罪，被动接受贿赂的个人也有罪。同业公会针对反腐的零容忍政策，在公会范围内、合作伙伴及顾客之间不接受任何形式的贿赂和贪污腐败。

政策中的关键信息是：同业公会及下属成员既不行贿也不受贿；同时警告丹麦企业禁止行贿受贿——不管当地条件如何；同业公会积极协助企业进行风腐败风险管理；当下属单位怀疑或知晓公会内的行贿受贿行为时，同业公会一定会有所行动。

为此，同业公会制定了集体反腐政策。同业公会的目标是所有员工都可以具备能力根据已制定的方针处理腐败案件。同业公会的员工要知道公会的价值观念、规则与程序，并且有能力为企业提供高层次的服务，例如对于贿赂、贪污、当地情况及具体合法问题的建议与指导。同业公会的集体反腐政策有以下几个组成部分：对同业公会工作人员实行零容忍政策；给予公司预防性建议的方针，包括为反腐服务指定某个使命为焦点;关于通知以及上报贿赂案件的指导方针。

丹麦大使馆在反腐政策中有着重要作用,因为他们和运行在国外市场的丹麦企业有着日常接触。因此在大使馆的同业公会的工作人员很有必要熟知反腐政策的各个部分。鉴于即使在艰难的环境下企业依然大力反腐,丹麦依然努力维持商业信誉,大使馆必须积极主动地提供给企业预防性的帮助,即使是在企业很不情愿讲出他们所面临的困境时。越早地面对挑战,就越有可能克服它。

大使馆将同业公会业务范围框架内的反腐服务视为全球风险与机遇。当企业第一次在一个新兴市场投资时或者突然面对了一个新的环境,比方说当地官员为了一己之利滥用新的法律,预防性的反腐服务就有助于公司的风险管理。① 处理反腐建议的自然的方法就是将它并入大使馆提供给丹麦企业的正常的商业服务中去,例如市场调查、伙伴调查、协助建立贸易办公室、生产设施等依次类推。由于反腐是企业社会责任中的重要部分,大使馆应该在他们提供给企业的引导性社会责任服务中在某个特定的产业领域提供一个关于腐败挑战的综述。

丹麦驻各地大使馆和同业公会在协助企业反腐中的作用很值得中国驻外企业学习借鉴。他们经常义务为企业举办各种培训,为涉外企业讲解本国和驻在国的法律法规,特别是告诫那些前往新兴市场和"透明国际"显示腐败严重的国家和地区,即便有些事情于驻在国不违法,如接受利益相关方旅行邀请、宴会、礼品等,但在丹麦同样视为违法,由此杜绝贪污腐败案件的形成。

三、反贪污腐败是丹麦全民共识

2002—2003 年,丹麦《商业日报》领导企业 *Dagbladet Børsen* 举办了一场关于腐败和不道德行为的社论竞选活动。该报的调查记者记录了丹麦企业在进行国际贸易时是如何应对腐败的,以及腐败是如何导致他们增加成本、增加投资风险和损失合同的。② 此项研究的一个重要结论就是:反贪污腐败已经成为丹麦全民共识。

丹麦工业联合会制定了五个不同的措施:(一)无行动;(二)奥德修斯的行动——从市场撤回;(三)分散决策权——决策制定过程;(四)建立反腐败准则;

---

① "Anti-corruption Policy for the Trade Council", http://um.dk/en/~/media/UM/English-site/Documents/About-us/Anti-corruption%20policy/TC%20Anti-Corruption%20Policy%20revised%202202010,2010,2.
② Altman, B. W., "Transformed corporate community relations: a management tool for achieving corporate citizenship", *Business and Society Review*, Vol. 102/103, 1998, p. 43.

(五)通过诚信协议互相承诺(丹麦工业联合会,2001)。每个措施根据如下方法执行。

无行动:有时,不采取行动似乎是完全合理的。例如在如下情况下,当企业很少进入腐败市场时,或者当小企业比大企业没有很强的协商能力时。此外,公开采取反腐败行动的后果可能非常严重,如果企业没能成功有效地执行此行动,那么公众很可能会因其缺乏榜样行为而攻击该企业。这一行动的主要缺点是,雇员或代理人可以很容易在不经意间违反刑法,因为他没有被提醒即将构成腐败罪。

奥德修斯的行动——从市场撤回:该措施的命名来源于奥德修斯。奥德修斯将自己绑起来以抵制塞壬的诱惑。以类似的方法,企业可以认为,避免贿赂需求的唯一真正的方法是远离腐败市场。世界银行的证据表明,腐败程度与外商投资的数量呈负相关,这意味着企业往往不愿意在腐败市场上从事交易。例如,腐败程度较高的东欧和中亚国家的投资水平平均低于腐败程度中等国家6%。

分散决策权——决策制定过程:一些跨国企业让当地分企业决定反腐败行动是否必要。虽然适应区域差异似乎合乎逻辑,但问题是根据丹麦法规,如果能够证明母企业对子企业的行为视而不见的话,母企业是要负法律责任的。

建立反腐败准则:企业决定应该建立一个反腐败准则。该准则的本质是解释员工在腐败市场如何行动;保护企业及其员工;建立可测查的透明机制,从而避免失误和腐败的发生。

通过诚信协议互相承诺:通过该项措施,政府当局和竞争企业签署诚信协议,该协议的原则是双方避免参与腐败。为了降低腐败发生的可能性,该协议还建立了一套机制,致力于增加透明度,保障批发采购打击腐败,通过书面协议禁止代理人腐败现象的发生,以及对违约方进行制裁。随着更多的企业签署诚信协议,该协议的价值逐渐增加——在理想情况下,特定部门的所有企业都应该参加,合理的制裁必须是可靠的。

总之,企业应该知道,虽然支付保证交易顺利的金额似乎很诱人,但"这是得寸进尺的开端,因为它会导致勒索源源不断地增加,如果腐败(政府或市政府)当局揭露已沦为其牺牲品的企业的行为,那么当局可能也会垮台"[①]。由于法规的变化,有必要将贿赂资金的来源进行保密,这使企业很难控制其资金的流动,这反过来又使员工很容易欺骗企业。

[①] Jarl Frijs-Madsen, head of office with the Danish Embassy in Warszawa, as referenced in Olsen 2002, p. 13.

丹麦同业公会从四个方面对道德行为进行调控。（一）企业与第三方面对面，例如代理商、客户和提供商；（二）礼品和招待费用；（三）政治竞选捐款；（四）打击小规模腐败的企业政策。

企业与第三方面对面，例如代理商、客户和提供商：企业必须认清楚准则涵盖哪些主体，这些主体要承担哪些责任以及违背准则要接受哪些制裁。依靠代理商（和供应商）可能是特别有问题的，因为他们可能在一个腐败的市场中从事交易，并认为这是做生意的正常方式。如果需要代理商，企业应事先仔细审查代理商的名誉；更新企业之前已聘请过的代理商名单，与他们的合作经历是怎样的；并要求代理商遵守企业政策，这也意味着，如果代理商做出不道德行为，那么合同将被取消。在有争议的问题上，一个好的建议是在特定的区域寻求法律顾问的援助。

礼品和招待费用：在很多国家，邀请贸易伙伴一起进餐，或者赠送礼物是很正常的事情。但是，礼节和腐败之间越来越难以区分，因此有必要建立一套准则。礼品和招待费用不应该违反对方公司的政策或者对方国家的刑法。一个企业接受对方的礼品和招待并给予对方同等价值的礼品和招待，这种情况也是允许的。此外，礼品和招待费用不应该是铺张浪费的。给予业务伙伴的礼品决不能是一笔钱，在暗中进行，或者在报价或谈判时提供。如果贸易伙伴给予礼品的目的是影响谈判的方向，则坚决不能接受。另外，礼品的货币价值不应该超过企业政策规定的数量。

政治竞选捐款：在为一个政党捐款之前，企业必须决定这样做是否明智。一些企业认为最好是避免这类捐款，因为这样很容易使企业遭受批评；另外一些企业在议会中支持所有政党。如果一家企业决定为竞选捐款，理想的状态是，通过总部进行以确保在遵守反腐败政策的框架下进行。

打击小规模腐败的企业政策：丹麦刑法一般不区分小规模和大规模腐败，但是一些国外组织，例如经济合作与发展组织却对其进行区分，并认为如果不加区分，将不可能参与商业活动中。在有些情况下，丹麦刑法不把行贿判定为犯罪，例如如果一个人的安全受到威胁，或者如果这是维持正常关系的标准程序。在所有情况下，最重要的是贿赂被记录在企业的档案内，以及相关经理被告知该事件。

丹麦同业公会从四个方面对道德行为进行调控，这种法规是十分明细的，操作上也很容易。相比之下，中国企业内部缺少这类法规，以至于很多企业行为处在政策与法律的灰色地带，有些企业也乐于在政策法律边界"踩红线"，造成法不责众的所谓事实，这是全民法律意识淡薄的表现。

丹麦是政治参与度极高的民主国家,很少发生腐败现象。治理国家的良好方式能够让民众更多地参与政治活动中,使人们感受到政治自由才能营造幸福的氛围。另外,透明、民主体制和公平对待,较少的等级制度和较多的社会参与也是典型的丹麦价值观。宗教信仰(基督教)也是丹麦人远离腐败的原因,因为教义教导他们要诚实可靠。丹麦在1849年成为了民主国家,确切地说更加完整地成为民主国家是在1901年。从那以后丹麦建立了完善并强大的法律制度来抵制腐败。上述这些因素与丹麦的福利模式结合在一起,能够为公民公平地提供社会产品和相对平均的收入,这样民众就会产生一种普遍意识——腐败和欺骗是不能被接受的。

腐败已成为全人类的敌人,反腐败是各国面临的共同课题。各国的社会经济转型时期,都曾历经一个腐败的频发和高发期,这是一个规律性的国际现象。当今正在进行市场转轨的发展中国家,无一不遭受着腐败的困扰。中共中央颁布的《建立健全教育、制度、监督并重的惩治和预防腐败体系实施纲要》中明确指出要"借鉴国外反腐败的有益做法",丹麦的反腐经验很值得我们参考借鉴。早在2002年11月1日,中国与联合国开发计划署就在北京签定"中国廉政建设"合作项目,项目旨在帮助中国进入世界反腐的洪流,从国外吸收有用的经验及相关教训。这就说明党和政府已经认识到腐败的严重性,借鉴国外有益的做法实际上已成为全国上下的一致诉求。目前中国已加入了《联合国反腐败公约》和《联合国打击跨国有组织犯罪公约》。我国正处于全面建设小康社会新的历史起点,改革开放进入关键时期。面对新形势、新任务,我们既要认真探索社会主义制度下的反腐倡廉工作,坚定不移地走中国特色的反腐道路,又要注重研究和借鉴国际反腐败有益的经验,全面推进中国特色社会主义伟大事业。

丹麦何以成为清廉国家①

张喜华

2012年11月30日,据丹麦媒体报道丹麦文化大臣乌菲·埃尔贝克任职后在其配偶工作的一所艺术学校举办了5场文化活动,花费18万丹麦克朗。这其中除了演出费用,还有大量公款吃喝。丹麦法律对公务用餐开支上限有明确规定。丹麦国家审计局主席彼得·拉尔森说:"埃尔贝克的这种行为有失公平公正,属于法律禁止的利用职务之便向特定对象输送利益,尽管这中间埃尔贝克没有得到直接的经济利益。"②事件报道不到一周的时间,埃尔贝克宣布辞职,其下台之快可谓是名副其实的"丹麦反腐速度",丹麦反腐力度和效率就是明证。

这起"裙带门"事件也可以看出,丹麦各党派、各媒体和社会各阶层对腐败行为均嫉恶如仇,同仇敌忾,没有丝毫容忍之心,这是丹麦清廉社会价值观的完全和集中体现。③ 丹麦由此再次向世界证明,在反腐和廉政方面,他们是世界上做得最好的国家之一。埃尔贝克辞职当天,由全球反腐败非政府组织"透明国际"发布的"2012年全球清廉指数排行榜"显示,丹麦、新西兰和芬兰并列榜首,被评为本年度"世界最清廉国家"。这已经不是地处北欧的丹麦首次赢得"全球最幸福的国家""全球清廉指数最高的国家"的美誉了。"透明国际"公布的2013年"全球腐败指数报告"(即贪腐印象指数,Corruption Perceptions Index)中,丹麦与新西兰位居第一名,2014年居榜首。值得注意的是,自"透明国际"公布统计数据以来,丹麦已经多次荣登清廉指数排行榜的榜首,即便不在榜首,也一定名列前茅。

我们知道,"透明国际"在衡量腐败程度上主要用两种指标,即"清廉指数"和

---

① 本文曾刊于《学习与探索》2016年第4期。
② 高荣伟:《丹麦:一个风清气正的"童话之国"》,《检察风云》2014年2月15日。
③ 高荣伟:《丹麦:"零腐败"的"童话之国"》,《东北之窗》2014年3月15日。

"行贿指数"。"清廉指数"反映的是一个国家政府官员的廉洁程度和受贿状况,以企业家、风险分析家、一般民众为调查对象,据他们的经验和感觉对各国进行10～0 的评分,得分越高,表示腐败程度越低。而"行贿指数"主要反映一国(地区)的出口企业在国外行贿的意愿。[①] 清廉指数采用百分制,100 分表示最廉洁;0 分表示最腐败;80～100 表示比较廉洁;50～80 为轻微腐败;25～50 表示腐败比较严重;0～25 则为极端腐败。[②] 全球清廉指数的数据来源是由一些专家学者从国际上重要、著名的调查报告中(如世界权威的"盖洛普""政治与经济风险组织""世界经济论坛"等机构和组织所作的调查报告)提取有关人士对各个国家腐败程度的感觉和评判数据,加以综合评估,给出分数。而"行贿指数"按照分数排序,分数越高,其国家企业在外国从事贿赂活动的可能性就越低。在"透明国际"这两项统计指标中,丹麦一直有出色的表现。一个地理位置并不十分优越,资源也并不十分丰富,人口仅 500 多万人,税收又高得惊人的北欧小国,为何能成为"全球最幸福的国家"和"全球清廉指数最高的国家"? 这是值得我们认真研究和思考的问题。

为此,北京第二外国语学院丹麦研究中心、哥本哈根大学和上海社会科学院思想文化研究中心开展合作研究,在尽可能的范围内,搜集、整理、翻译了丹麦政府及各部委预防腐败的相关法律、法规文件,邀请中外学者对这些文件开展了初步研究。政府清廉,国民幸福,这是全球任何一个国家的民众都梦寐以求的目标,丹麦到底是用什么方式方法、制度设计建设全球最幸福的国家和清廉指数最高的国家的?[③] 经过研讨论证,得出以下几点共识:

一、丹麦清廉教育深入人心

与会丹麦学者认为在他们国家没有太多腐败的机会,但要预防腐败。相对于中国当下以严厉的惩罚手段来遏制腐败,丹麦更主张以事先教育为主。丹麦政府注重对丹麦企业的廉政意识教育和防范培训,加深其对腐败的认识以及如何应对腐败环境。[④] 在丹麦,公众的反腐意识很强,抵制腐败是道德底线。大多数丹麦人认为,各级丹麦政府部门的清廉执政增强了市民对政府的信任度,也提

---

① 蒋姮、徐婷、周民:《当前国际合规管理的重要机制》,《中国经贸》2012 年 3 月 15 日。
② 曹小旭、段港:《开拓创新,全面推进反腐倡廉工作》,《科技风》2012 年 11 月 15 日。
③ 颜颖颛:《"世界第一清廉国"是怎样炼成的》,《决策探索》(上半月)2011 年 1 月 10 日。
④ 许春华:《丹麦如何防止腐败》,《新重庆》2012 年 12 月 25 日。

升了整个社会的公信度,人们生活在这样的社会感到安全。丹麦刑法里对腐败这样解释:"滥用权力以谋取个人私利"。丹麦反腐中坚持的原则有一点:"Control is good, but trust is cheep."这一信条提升了社会的普遍公信度。刑法规定,向丹麦官员行贿是一种犯罪行为。2000年,该国刑法还把犯罪范围扩大到行贿外国官员。对于官员收受贿赂,刑法也做出了相应规定。① 行贿和受贿将受到同样的惩处,这已经成为丹麦社会生活中的共识。当然,相比当下中国普通公务员的工资收入,丹麦的公务员和公共雇员工资高,整个国家高薪养廉。丹麦人口500多万人,经济发达,法制完善,免费优质的教育一直以来是丹麦人的骄傲,这些人文资源形成合力,促成了丹麦人的廉洁意识和廉洁基础。丹麦前驻华大使裴德盛反复强调"丹麦的幸运,因为丹麦的文化、社会里就没有腐败问题,甚至在历史传统上,我们也没有腐败问题。所以我们根本就不用抗击腐败或避免腐败。这是植根于我们的文化中的,我们的文化不相信贿赂、敲诈和腐败。"②

二、完善的财产公开和申报制度有助于丹麦实现零腐败

丹麦的税务部门负责统计丹麦个人和公司的财产,并对其经济价值作出评估,因此税务部门对丹麦民众和公司的财产状况了如指掌。丹麦有完善的个人所得税和财产税征收体系,税额很高。③ 如一个教授的工资差不多50%要交税。裴德盛表示,在丹麦,人们的住房、财产、土地都是经过所有者注册的,财产登记部门不会允许任何瞒报的事情发生,在当今的电子信息时代,你要想隐瞒你的某处财产、土地或其他资产都是几乎不可能的事情。④

三、公共开支监管富有成效

丹麦政府的行政透明度在全球享有很高的赞誉度,对公共开支的有效监督是反腐的保障途径。在丹麦,使用公共财政的部门必须公开预算和决算情况。丹麦国家审计局负责对预算和开支进行调查、研究,检察是否有违规和滥用的情况发生,并把相应情况上报给丹麦议会。在每年的年度预算白皮书中,每个市民

---

① 李梓新:《香港廉政公署廉洁的奥秘》,《传奇·传记(文学选刊)》2013年3月1日。
②④ 颜颖颛:《"世界第一清廉国"丹麦:我们就没有腐败传统》(丹麦驻华大使裴德盛《新京报》专访),《新京报》2010年12月12日。
③ 李梓新:《香港廉政公署廉洁的奥秘》,《传奇·传记(文学选刊)》2013年3月1日。

都可以看到所有公共资金的分配和使用情况。所有的公共开支信息也会在互联网上公布，以利于公众监督。①

四、丹麦完善的福利体系减少了个人的逐利行为

丹麦作为全球幸福指数很高的国家，其幸福的制度保障是社会福利。丹麦的教育、医疗、生育保障、廉租房制度、失业津贴免除了民众的基本生计后顾之忧。没有太多生存顾虑的丹麦人虽然身居北欧，冬日漫长，他们酷爱运动，享受可怜的阳光，也心无旁骛富有创造力地工作，所以，丹麦设计也是丹麦人的骄傲。有了坚强的经济基础为后盾，"丹麦的社会非常有活力，人们在丹麦从事的是他们感兴趣的工作，而不是赚钱多的工作。在很多国家，许多人工作"向钱看"，追逐高薪工作，但在丹麦，人们却是为了自己的兴趣而工作，做最让自己"快乐"的工作。人们知道税收很高，你很难在这种社会中真正成为大富翁，因为不论你赚多少，高税收都会"均贫富"。因此，金钱的诱惑减少了，人们就更趋向于做他们感兴趣的工作，这也使得丹麦的社会非常有创新精神和活力。"②

腐败是一种历史现象，也是全世界一个普遍存在的问题。中国近年来在反腐、廉政建设方已经迈出坚实的步伐。自中共十八大召开以来，中国共产党和中国政府对腐败问题更加显示出"零容忍"的决心。新一届中央在反腐败方面的所作所为受到党内外、国内外的普遍关注。首先，着力修订和颁布实施有关党纪法规的制度体系，构建反腐败的制度和法规体系。比如，2012年，《中国共产党章程》进行了重新修订，其中不仅强调了坚持标本兼治、综合治理、惩防并举、注重预防的反腐败方针问题，而且还强调了建立健全惩治和预防腐败体系，坚持不懈反对腐败，加强党风和廉政建设的重要性。此外，还对党员、党的干部、各级党组织的职责、权利、义务、行为规范等进行了清楚的界定。紧接着，2013年12月31日出台了《中国共产党纪律处分条例》，其中对违纪、纪律处分、纪律处分的运用规则，对违法犯罪党员的纪律处分、违反政治纪律的行为，违反组织、政治纪律的行为，违反廉洁自律规定的行为，贪污贿赂行为，破坏社会主义经济秩序的行为，违反财经纪律的行为，失职、渎职行为，侵犯党员权利、公民权利的行为，严重违反社会主义道德的行为，妨害社会管理秩序的行为等进行了非常明确的规定。

---

① 参见葛凤、唐莲英：《丹麦执政党廉政建设的经验启示》，《新疆社会科学》2015年第4期。
② 颜颖颛：《"世界第一清廉国"丹麦：我们就没有腐败传统》（丹麦驻华大使裴德盛《新京报》专访），《新京报》2010年12月12日。

2015年8月3日，又对2009年7月2日印发的《中国共产党巡视工作条例》进行了修订并重新印发全党，并开始在全党实施。此外还对原先存在的《中国共产党党员领导干部廉洁行政若干准则》(2010年1月18日)、《中国共产党纪律处分条例》(2003年12月31日)、《中华人民共和国行政检查法》(2010年修正)重新颁布，着力建构系统全面反腐败的党纪法规制度体系。

其次，在如上的党纪法规制度建设的基础上，还开始强化对纪律审查的力度和广度，强化巡视工作的制度性和规范性，加强对各类违反党纪法规、违反"八项规定"、违反领导干部廉洁从政规定以及各类利用职务之便违反纪律等行为进行监督和曝光的程度和频率。据中纪委统计，仅2015年1月—8月，全国查处违反中央"八项规定"精神问题共计20 027件，处理的人数有27 041人，给予党政纪处分的人数达到17 027人。而有关针对国家机关、中央企业的巡视无论是从巡视的地区省市范围、巡视频率还是巡视的深度和详细程度等都比以前大大增强。此外，还编制了反腐败、追逃的国际合作网络，强化对腐败官员的追逃、对赃款的追缴等行动。尤其是十八届三中全会通过的《中共中央关于全面深化改革若干重大问题的决定》，用了大量篇幅指出要加强反腐败体制机制创新和制度保障。《决定》中关于反腐工作的新要求和工作方向主要有[①]：

形成科学有效的权力制约和协调机制。完善党和国家领导体制，坚持民主集中制，充分发挥党的领导核心作用。规范各级党政主要领导干部职责权限，科学配置党政部门及内设机构权力和职能，明确职责定位和工作任务。加强和改进对主要领导干部行使权力的制约和监督，加强行政监察和审计监督。推行地方各级政府及其工作部门权力清单制度，依法公开权力运行流程。

加强党对党风廉政建设和反腐败工作统一领导。改革党的纪律检查体制，健全反腐败领导体制和工作机制，改革和完善各级反腐败协调小组职能。落实党风廉政建设责任制，党委负主体责任，纪委负监督责任，制定实施切实可行的责任追究制度。各级纪委要履行协助党委加强党风建设和组织协调反腐败工作的职责，加强对同级党委特别是常委会成员的监督，更好发挥党内监督专门机关作用。推动党的纪律检查工作双重领导体制具体化、程序化、制度化，强化上级纪委对下级纪委的领导。查办腐败案件以上级纪委领导为主，线索处置和案件查办在向同级党委报告的同时必须向上级纪委报告。各级纪委书记、副书记的提名和考察以上级纪委会同组织部门为主。全面落实中央纪委向中央一级党和国家机关派驻纪检机构，实行统一名称、统一管理。派驻机构对派出机关负责，

[①]《中共中央关于全面深化改革若干重大问题的决定》，《人民日报》2013年11月16日。

履行监督职责。改进中央和省区市巡视制度,做到对地方、部门、企事业单位全覆盖。

健全反腐倡廉法规制度体系,完善惩治和预防腐败、防控廉政风险、防止利益冲突、领导干部报告个人有关事项、任职回避等方面法律法规,推行新提任领导干部有关事项公开制度试点。健全民主监督、法律监督、舆论监督机制,运用和规范互联网监督。

习近平指出,"阳光有七种颜色,世界也是多彩的。人类在漫长的历史长河中,创造和发展了多姿多彩的文明","人类文明因多样才有交流互鉴的价值"。[①]不仅在历史上各国创造了独特的文明,而且当今世界各种文明多样共存,即使到将来各种文明也应长期共存,在竞争比较中取长补短,在求同存异中共同发展。丹麦廉政建设经验确实值得中国有关部门学习借鉴。但也有丹麦学者指出,丹麦真正实现社会现代转型经历了差不多200年的历史,而中国的改革开放不过30多年,因此,丹麦的经验不能简单"嫁接"到中国,这个见解是深刻的。我们知道1849年6月5日,丹麦颁布了第一部民主宪法,确立了"有限君主制",设立议会,国王与议会共享权力,议会拥有立法权和征税权,由全国男性公民普选产生,大臣虽由国王任命,但必须对议会负责,同时实行司法独立。[②] 丹麦由此成为世界上较早颁布成文宪法,并确立宪法日的国家,在依宪治理方面被公认为世界楷模,这其中的磨难与经历确实不是我们所能感受和体验的。丹麦廉政建设有其源远流长的政治原因、制度原因、文化原因和历史原因,他们的廉政建设经验我们不能生搬硬套,正如习近平在中央党校开学典礼上强调:"对待西方经济学、政治学等方面的理论著作和资本主义经济发展的经验,要注意分析、研究并借鉴其中有益的成分,但决不能离开中国具体实际而盲目照搬照套。"[③]但他山之石可以攻玉,对异域国度的廉政建设研究"他者之光"的或许能给我国廉政建设带来些许启示。

---

① 参见陶文昭:《学习习近平关于吸收借鉴人类优秀文明成果讲话中的哲学思想》,《北京日报》2014年6月16日。
② 参见华炳啸:《现代化转型:丹麦的宪治之路》,《社会科学报》2014年3月17日。
③ 参见陶文昭:《学习习近平关于吸收借鉴人类优秀文明成果讲话中的哲学思想》,《北京日报》2014年6月16日。

图书在版编目(CIP)数据

丹麦廉政建设 /张喜华,马驰编著. —上海:上海社会科学院出版社,2018
ISBN 978 - 7 - 5520 - 2192 - 9

Ⅰ.①丹… Ⅱ.①张…②马… Ⅲ.①廉政建设-研究-丹麦 Ⅳ.①D753.434

中国版本图书馆 CIP 数据核字(2017)第 300764 号

丹麦廉政建设

张喜华　马　驰　编著
责任编辑:章斯睿
封面设计:周清华
出版发行:上海社会科学院出版社
　　　　　上海顺昌路 622 号　邮编 200025
　　　　　电话总机 021 - 63315900　销售热线 021 - 53063735
　　　　　http://www.sassp.org.cn　E-mail:sassp@sass.org.cn
照　　版:南京前锦排版服务有限公司
印　　刷:上海龙腾印务有限公司
开　　本:720×1020 毫米　1/16 开
印　　张:15.75
插　　页:1
字　　数:279 千字
版　　次:2018 年 1 第 1 版　2018 年 1 月第 1 次印刷

ISBN 978 - 7 - 5520 - 2192 - 9/D・470　　　　定价:49.80 元

版权所有　翻印必究